조선가

조선가

1판 1쇄 인쇄 2020. 8. 10.
1판 1쇄 발행 2020. 8. 15.

지은이 정광
발행인 고세규
편집 고정용 디자인 지은혜 마케팅 신일희 홍보 반재서
발행처 김영사
등록 1979년 5월 17일 (제406-2003-036호)
주소 경기도 파주시 문발로 197(문발동) 우편번호 10881
전화 마케팅부 031)955-3100, 편집부 031)955-3200 | 팩스 031)955-3111

값은 뒤표지에 있습니다.
ISBN 978-89-349-9274-5 93910

홈페이지 www.gimmyoung.com 블로그 blog.naver.com/gybook
페이스북 facebook.com/gybooks 이메일 bestbook@gimmyoung.com

좋은 독자가 좋은 책을 만듭니다.
김영사는 독자 여러분의 의견에 항상 귀 기울이고 있습니다.

이 도서의 국립중앙도서관 출판시도서목록(CIP)은 서지정보유통지원시스템 홈페이지
(http://seoji.nl.go.kr)와 국가자료공동목록시스템(http://www.nl.go.kr/kolisnet)에서
이용하실 수 있습니다.(CIP제어번호 : CIP2020029143)

조선가

朝　鮮　歌

정광 지음

일본에 울려 퍼진
조선 도공의 망향가

김영사

차례

일러두기

1 이 책에 등장하는 연호年號는 해당 사료를 기준으로 표기 및 서술하였다.

2 [ ] 안의 서술은 원 사료에 협주夾註로 달리거나, 주필朱筆로 기록된 내용이다.

3 ( ) 안의 서술은 저자의 설명이다.

4 외국 인명과 지명은 국립국어원 외래어표기법을 따랐으나, 의미의 혼동을 피하고자
   예외를 두기도 하였다.

5 모든 주석은 저자 주註이다.

이 책은 필자가 1990년 2월에 일본 교토京都에서 간행한《薩摩苗代川傳來の朝鮮歌謠(사쓰마 나에시로가와에 전래된 조선가요)》를 우리말로 번역한 것이다. 원저原著의 내용은 임진왜란 때에 전라도 남원에서 일본으로 납치된 조선 도공陶工들의 이야기로서 그들이 평소 부르던 〈조선가朝鮮歌〉에 대하여 연구한 것이다.

조선 남원에서 납치되어 일본으로 끌려간 조선인들은 사쓰마薩摩의 나에시로가와苗代川에 정착하여 일본만이 아니라 세계 도예사陶藝史에서 이름을 날린 사쓰마도기薩摩燒き를 만든 사람들이다. 그들은 왜란에서 가장 악독했던 시마즈군島津軍에게 잡혀 그들의 영지인 일본의 사쓰마에 끌려간 조선의 도공들이었다.

1980년 일본 교토대학에 유학하던 필자가 우연히 발견한 〈조선가〉는 이들의 망향가望鄕歌이며 전쟁에 휘말려 적국에 끌려온 피랍被拉 조선인들의 평화를 갈구하는 반전反戰의 한恨 맺힌 노래였다. 이 슬픈 노래를 부르던 나에시로가와의 조선인들이 일본으로 피랍된 경위를 조사하면서 왜란의 참상을 일본인에게 알려야겠다고 생각하여 책을 썼다.

일본에서 간행된 원저는 일본에서 나에시로가와의 피랍 조선인들에 대해 많은 연구가 이루어지는 계기가 되었지만 정작 한국에서는 책을 간행한 것이 전혀 알려지지 않았다. 이번에 원저를 번역하여 한국어판을 내면서 이 책을 출판하는 여러 동기에 대하여 부록으로 붙인 '한국어판을 내면서'에서 원저의 주제와 관계없는 부끄러운 뒷이야기까지 솔직하게 언급하였다.

그렇다면 30년이 되도록 왜 한국에서 우리말로 된 책을 출판하지 않았는지 먼저 설명하지 않을 수 없다. 이미 한국은 식민지 시대의 일제 만행으로 반일 감정이 팽배해서 국내에서는 더 이상 임진왜란의 참상까지 알릴 필요가 없다고 생각했기 때문이다. 임진왜란 당시 왜군의 잔혹한 모습을 일본에서 일본인에게 알리면 됐지 굳이 한국에서까지 이런 이야기를 할 필요가 있을까 하고 생각했던 것이다.

그런데 요즘 일제의 식민통치를 통하여 한국의 근대화가 이루어졌다는 주장이 여러 식자識者들에 의하여 회자되는 것을 보면서 임진왜란이야말로 일본 근대화의 초석이었다고 주장한 필자의 원저를 우리나라에서도 출판할 필요가 있다고 생각하게 되었다. 이 책에서 일본의 근대화를 이룬 원동력이 임진왜란 때에 납치해간 조선인들과 그 기술이었다고 주장했기 때문이다.

이 책의 한국어판 출판이 30년이나 늦어진 또 하나의 이유는 원저의 일본어를 우리말로 옮기는 일이 쉽지 않았기 때문이다. 원저에서 인용한 일본의 고문서 자료들이 우리의 이두吏讀와 같은 문체인 조잡한 한문으로 쓰였고 더욱이 가나假名와 한문이 혼용된 문체여서 내용은 이해할 수 있지만 이를 번역하여 한글로 옮기는 일은 그렇게 쉬운 일이 아니었다.

실제로 일본 고문서는 소로체候体 서간문 형식으로 쓰이기도 하였고 우리의 이문吏文과 같은 독특한 한문 문체로 쓰인 것도 있었다. 또 여기에 쓰인 한자들은 지방마다, 표기하는 개인마다 독특하게 읽는 법이 있어서 이를 정확하게 한글로 옮기는 것은 매우 어려운 일이었다. 혹시 이번 번역서에서 잘못 읽은 것이 있더라도 독자 여러분의 너그러운 양해를 구한다.

이 책은 임진왜란에 납치된 조선 도공들의 슬픈 이야기이며 참혹했던 임진왜란의 또 다른 모습을 보인 것이다. 이어지는 원저의 '1장 들어가기'에 언급할 E. H. 카Carr의 저서 《역사란 무엇인가》에서 주장한 대로 역사는 사실만으로 쓰이는 것이 아니고 보는 사람의 시각에 따라 달리 서술될 수 있다는 평범한 진실을 이 책에서 다시 한번 확인하기 바란다.

朝鮮歌

1
장

들어가기

한국과 일본은 지리적으로 인접해 있을 뿐만 아니라, 유라시아 대륙의 북방 문화와 대해양大海洋의 남방 문화가 서로 부딪치는 지정학적 위치 때문에 지금까지 장구한 역사 속에서 수많은 전쟁을 불러왔다.

E. H. 카는《역사란 무엇인가》에서 "인간과 인간, 사회와 사회, 국가와 국가는 각각 관계를 맺어가며 다양한 사건을 일으켜왔지만 그중에서 역사가의 주관적인 사고방식에 의해 주로 나쁜 사건만을 기록한 것이 인류의 역사라고 본다"라고 주장하였다.

한국에서도 일본과의 관계사는 E. H. 카의 이론대로 불행한 사건만을 중심으로 기록되어 있다. 그중에서 가장 불행한 사건 가운데 하나는 한국사에서 말하는 임진·정유의 왜란,[1] 즉 도요토미 히데요시豊臣秀吉가 일으킨 두 번의 조선 침략일 것이다.

7년이나 계속된 조선 침공은 도요토미 히데요시에게는 그가 싸워온 여

---

[1] 일본에서는 임진·정유의 왜란을 각각 '분로쿠文禄'·'게이초慶長'의 난이라고 부른다.

러 전쟁 중의 하나에 지나지 않았겠지만 조선 측에서 본다면 미증유의 국가적인 대재난이었다. 재산의 손실은 물론이고 셀 수 없는 인명 손상은 커다란 타격이었다. 전투 중에 수많은 사람이 살상을 당했지만 이 전쟁에 의해서 도공, 활자공活字工, 철공鐵工, 목공木工 등의 많은 기술자가 일본으로 납치되었다.

조선시대 후기의 문화가 전기에 비해 훨씬 침체되었던 것은 이러한 인적 자원의 손실이 하나의 원인이라고 할 수 있다. 반면에 일본은 조선을 침략하며 얻은 인적 자원으로 여러 부문, 특히 도자기와 활자 인쇄술, 건축 기술, 철기 제조 등에서 비약적인 발전을 이룩하여 근대화의 기초를 다졌다고 본다.

본서에서 다룬 도자기에 관한 것만을 보더라도 임진왜란 때 납치해간 도공들이 발전시킨 일본 도자기가 서양에 알려져 대량 수출되며 많은 자금을 벌어들였다. 이렇게 벌어들인 자본이 바로 일본의 근대화를 촉진하는 밑천이 된 것으로 필자는 본다.

이 책은 이 전란으로 인해 일본의 사쓰마 지방으로 끌려간 조선인 도공들과 그 후예들이 망향望鄕의 노래와 전쟁을 혐오하는 노래를 부르며 대대손손 전해온 〈조선가〉에 관한 연구를 종합한 것이다.

역사학자도 아닌 언어학을 전공으로 하는 필자가 이처럼 역사상의 사건에 관심을 두게 된 데에는 뜻밖의 계기가 있었다. 필자는 1982년 일본 국제교류기금國際交流基金의 선임연구원으로서 일본에 갈 기회를 얻어 교토대학에서 연구에 종사하게 되었다. 당시 필자의 연구 대상에 사쓰마 나에시로가와에 있는 조선어 자료의 연구가 포함되어서 그에 관한 자료 수집과 연구를 수행하기 위한 것이었다.

이 자료들은 당시 교토대학 문학부 언어학연구실의 도서열람실, 즉 분에쓰文閣에 소장되었는데, 이 문서들을 조사하는 사이에 찾은 것이다. 이 도서관에 수장된 풍부한 자료들을 통하여 필자는 일본 사쓰마 나에시로가와에 정착한 피랍 조선인과 그 후예들의 생활에 대하여 많은 것을 알게 되었고 각별한 흥미를 느꼈다.

교토대학 문학부 분에쓰의 어두컴컴한 1층 서고에서 처음으로 조선 자료에 포함된 〈조선가〉와 만난 1982년 7월의 어느 무더운 날을 필자는 잊을 수가 없다. 피랍 조선인과 그 자손들에 의해 이어져온, 망향의 괴로움과 전쟁의 혐오를 담은 이 슬픈 노래를 필자는 눈물 없이는 읽을 수가 없었기 때문이다.

그 후 필자는 1986년 겨울에서 1988년 봄까지 교토대학 문학부의 초빙 외국인 학자로서 세 번에 걸쳐 일본에 갈 기회를 얻었다. 필자가 교토대학에 가게 된 주목적은 서울에서의 학위논문 〈조선 사역원司譯院의 왜학倭學 연구〉에 필요한 자료를 수집하고 논문을 집필하는 것이었다. 이 학위논문은 1988년 9월 태학사에서 한 권의 단행본으로 간행되었다.

필자는 6개월간 교토에 체재하는 도중에 전술한 〈조선가〉에 스며들어 있는 피랍 조선인들의 망향의 슬픔을 1987년에 교토대학 국어학국문학과, 즉 일본어문학과에서 발행하는 일본어문학 전문 학술지 《고쿠고고쿠분國語國文》(제57권 제6호, 1987)에 〈薩摩苗代川傳來の朝鮮歌謠に就いて(사쓰마 나에시로가와에 전래된 조선가요에 대하여)〉라는 제목으로 발표하였다. 이 책은

바로 이 논문을 토대로 하여 새로운 자료와 그로부터 얻은 여러 정보를 보충해 한 권의 책으로 엮은 것이다.

원저는 신무라 이즈루 기념재단新村出記念財團(이하 '신무라재단'으로 약칭)의 지원과 1989년도 이 재단의 도서간행조성금圖書刊行助成金에 의해서 인쇄되었다. 일본의 저명한 언어학자인 신무라 이즈루新村出 박사는 필자가 먼 이국異國에서도 오랫동안 사숙私淑하던 분이었는데 그분을 기념하는 신무라재단으로부터 지원을 받아 책을 출판한 것은 필자로서는 여간 기쁜 일이 아닐 수 없었다. 더욱이 〈조선가〉는 신무라 이즈루 박사가 나에시로가와에 갔을 때 이를 직접 수집하여 교토대학에 수장收藏한 자료이기 때문이다.

그리고 이 책의 내용에서부터 일본어의 표현에 이르기까지 자상한 조언을 아끼지 않은 일본의 오랜 친구 후지모토 유키오藤本幸夫 씨와 미우라 구니오三浦國雄 씨에게 고맙다는 말을 전하고 싶다. 특히 한국에도 서지학자로 널리 알려진 후지모토 씨는 이 책의 한국어판의 출판에서 일본의 인명, 지명 그리고 관직명을 읽고 한글로 표기하는 일도 감수監修하였다.

또한 이 책의 부록으로서 교토대학 문학부 언어학연구실에 진장珍藏되어 있는 〈조선가〉 및 《표래지조선인서문집漂來之朝鮮人書文集》을 게재하고 인용하도록 허가한 동 대학 언어학 강좌 교수 니시다 다쓰오西田龍雄 박사와 여러 관계자에게 감사의 뜻을 표하지 않을 수 없다. 외국인 연구자에게 이러한 혜택을 주는 것은 결코 예사로운 일이 아니다.

특히 한국의 국보인 간송미술관澗松美術館 소장 《금합자보琴合字譜》 및

16

서울대학교 규장각奎章閣 소장《양금신보梁琴新譜》를 사진으로 촬영하도록 허락한 관계자 여러분께도 깊이 감사드린다. 이 자료들은 일본 연구자들이 쉽게 접할 수 없는 귀중한 자료이며 이로 인하여 교토대학 소장의 〈조선가〉에 대한 연구가 한층 높은 차원에서 정교하게 수행될 수 있었다고 자부한다.

전게 필자의 논문과 이 책의 간행을 위해서 여러 자료를 찾아주었을 뿐만 아니라 여러 방면으로 조언을 아끼지 않은 교토대학 문학부의 야스다 아키라安田章 박사의 국경을 넘은 학은學恩에 대하여 충심으로 감사를 드린다. 이 책은 물론 필자가 작성한 것으로 그 문책文責은 어디까지나 필자에게 있지만 야스다 교수가 없었다면 이 책은 세상에 나오지 못했을 것이다.

朝鮮歌

2
장

교토대학에 소장된
〈조선가〉

1. 〈조선가〉 연구 자료

교토대학 문학부 언어학연구실에 소장되어 있는 나에시로가와 전래의 조선어 학습 자료 중에 〈조선가〉라고 제목을 붙인 한 책의 필사본이 있다. 이 책에는 조선 이두식 표기법을 혼합하여 한자로 쓴 4연聯의 가요歌謠가 있고 각 구의 왼쪽에는 언문諺文, 오른쪽에는 가타카나片仮名로 조선어가 표기되어 있다.

이 가요에 대해서는 신무라 이즈루 박사의 〈남만에 관한 속요와 기타南蛮に關する俚謠その他〉(《마음의 꽃》, 1920. 9.)를 비롯해[1] 무토 쵸헤이武藤長平의

---

1 나에시로가와의 조선어 자료에 관해서는 이보다 먼저 신무라 이즈루 박사가 1917년 5월에 교토대학 언어연구회에서 발표한 적이 있다. 이것이 나에시로가와의 조선어 학습 자료에 대한 최초의 연구발표인 것 같다. 즉 《게이분藝文》 제8권 제8호에 실린 휘보彙報에 "1917년 5월 21일 오후 6시 반부터 학생집회장에서 제4회 언어연구가 열려 제일 먼저 신무라 교수의 '사쓰마薩摩, 오스미大隅의 두 지역에 있는 조선부락'이라는 제목의 강연이 있었다. (중략) 마지막으로 언어에 대한 설명이 있었고 최근에 이들 부락에서 발견된 어학서 25권이 소개되었다"라는 기사가 있다. 이 기사에 의해 1917년에 이 자료 등에 관한

〈조선부수의 유족朝鮮俘囚の遺族〉(《서남문운사론西南文運史論》, 1926. 6.)과 오구라 신페이小倉進平의 《증정조선어학사增訂朝鮮語學史》(1940. 5.)에서도 언급하고 있다.

그리고 앞에서 거론한 〈사쓰마 나에시로가와에 전래된 조선가요에 대하여〉(1987)에서는 조선 전기에 한반도에서 간행된 《금합자보》의 평조平調 만대엽慢大葉에 수록된 〈오느리〉가 〈조선가〉의 원가原歌라고 주장하였다.

한편 나에시로가와의 피랍 조선인들에게 〈조선가〉와 함께 전승된 〈학과 거북 춤의 노래[鶴龜舞ノ歌]〉에 대해서는 나에시로가와에 정착한 피랍 조선인의 후예이자 사쓰마의 향토사가였던 마쓰다 미치야스松田道康의 여러 연구가 있다.

또 나이토 슌스케内藤雋輔의 《분로쿠·게이초 전쟁에서 잡힌 포로들의 연구文禄·慶長役における被擄人の研究》(도쿄: 도쿄대학 출판회, 1976) 및 후지이 시게토시藤井茂利의 〈사쓰마 옥산궁에 남은 '학과 거북 춤의 노래'薩摩玉山宮に殘る'鶴龜ノ舞歌'の表記〉(《國語國文薩摩路》, 제30/31 합병호, 1987. 3.)와 〈사쓰마 옥산궁의 '학과 거북 춤의 노래' 재고薩摩玉山宮の'鶴龜ノ舞歌'再考〉(《國語國文薩摩路》, 제32호, 1988. 3.)에서도 〈조선가〉와 〈학과 거북 춤의 노래〉에 대한 연구

연구 발표가 있었음을 알 수 있다. 한편, 교토대학에 소장되어 있는 나에시로가와의 조선어 학습 자료 전반에 관해서는 야스다 아키라 박사의 〈나에시로가와의 조선어 사본류에 대하여—조선 사료와의 관련을 중심으로 苗代川の朝鮮語寫本類について—朝鮮資料との關連を中心に〉(《朝鮮學報》, 제39/40 합병 특집호, 1965)에서 자세하게 언급되었다. 이 논문은 〈苗代川の朝鮮語寫本〉으로 개명되어, 야스다 아키라의 《朝鮮資料と中世國語》(도쿄: 笠間書院, 1980)에 재수록 되었다.

가 있다.

한국에서도 사쓰마 나에시로가와 전래의 학과 거북 춤(鶴龜舞)의 노래에 대해서는 음악적인 면에서부터 연구가 있었다. 장사훈張師勛 박사의 《국악논고國樂論攷》(서울: 서울대학교 출판부, 1966)와 《한국음악사韓國音樂史》(서울: 정음사, 1976) 등에서 나에시로가와의 〈학과 거북 춤의 노래〉(이하 〈학구무의 노래〉로 약칭)가 언급되었다.

필자도 한국에서 열린 제30회 전국 국어국문학 연구발표대회(1987년 5월 31일, 서울 숭실대학교)에서 '임진왜란 피랍인 사쓰마 도공의 후예들의 국어학습 자료'라는 제목으로 나에시로가와의 조선어 학습 자료를 소개하면서 〈조선가〉에 대해서 언급한 적이 있다. 이때의 발표 요지가 한국 국어국문학회에서 간행하는 《국어국문학》 제97호(1987)에 수록되었다.

필자는 전술한 한국 국어국문학회의 발표에서 나에시로가와 전래의 조선가요 〈오느리〉가 마치 타임캡슐처럼 지금부터 400년 전에 조선에서 유행했던 가요를 온전하게 보존하고 있으며 이 자료가 조선시대 음악과 문학 등의 연구에서 매우 귀중한 자료임을 강조하였다. 그리고 〈조선가〉가 바로 조선가요 〈오느리〉를 읊은 노래임을 밝혔다.

이 발표 후에 한국의 남원에 전해졌던 노래 〈오느리〉가 세상의 관심을 끌었고 결국 한일 양국에 이름이 알려져 있던 가수 조용필도 이 노래를 부르게 되었다(《아사히신문》 1988년 9월 2일 석간과 같은 날 저녁 9시의 아사히TV 방송 참조). 그 외에 일본에서도 나에시로가와 전래의 〈학구무의 노래〉가 임진왜란·정유재란 때 끌려간 도공들이 전했던 조선 전기의 전통음악이었

다는 논문이 1989년 구사노 다에코草野妙子에 의하여 발표되었다.[2]

필자도 이보다 앞선 1987년에 일본에서 교토대학에 소장되어 있는 〈조선가〉를 고찰하여 나에시로가와 전래의 〈학구무의 노래〉라는 것이 〈조선가〉이며 조선 이두식의 한자와 한글, 가타카나로 당시 조선에서 유행하던 노래를 적은 것이라고 발표하였다. 그리고 이 가사는 임진왜란 때에 잡혀간 조선 도공들의 망향가이며 평화를 기원하고 전쟁을 혐오하는 감정을 읊은 노래임을 강조하였다.

또 임진왜란 이전에 조선에서 간행된《금합자보》의 평조 만대엽에 실린 〈오느리〉와 〈조선가〉의 제1연이 매우 흡사하다는 점을 주목하여 조선에서 이 가요의 전승傳承 과정 및 가사의 변화를 추구하고 임진왜란 이전의 이 노래가 왜란으로 일본에 납치된 조선인들의 평화를 기원하며 망향의 한이 서린 노래가 되었다고 주장하였다(전게 졸고, 1987).

이 책에서는 앞에 든 졸고 〈사쓰마 나에시로가와 전래의 조선가요에 대하여〉(1987)에서 서술한 내용을 중심으로 자료를 더 보충해서《금합자보》의 〈오느리〉와《양금신보》중대엽 中大葉의 속칭 〈심방곡心方曲〉으로 불린 노래와 비교하려고 한다. 그리고 이를 통하여 〈조선가〉의 제1연을 정확하게 해석하고 그 외의 3연의 가사에 대해서도 고찰하고자 한다.

---

2 구사노 다에코의 〈일본 속의 한국 전통음악의 잔영—도공들이 전한 '오느리나'를 고찰하다 日本のなかの 韓國傳統音樂の殘影—陶工たちが傳えた'オノリナ'を考察する〉(《文學》, 岩波書店, 제57호, 1989. 6.) 참조.

2. 나에시로가와 피랍인 연구 자료

임진왜란·정유재란 때에 납치된 조선인들이 일본에서 집단적으로 만들어낸 이상적인 도향陶鄕인 나에시로가와의 고려인 마을에 관해서는 지금까지 여러 종류의 향토鄕土 자료가 발굴되면서 연구가 진행되어왔다.

그중에서 먼저 나에시로가와 전래의 〈지난해에 조선에서 건너와 나에시로가와에 머문 기록先年朝鮮より被召渡留帳苗代川〉이라는 기록물이 있는데 본서에서는 이를 〈묘대천유장苗代川留帳〉으로 약칭하였다. 다음으로 〈고기류, 바다를 건너온 이래의 사건古記留渡海以來事件〉도 나에시로가와에 전래된 고문서이며 본서에서는 이를 〈고기류古記留〉로 약칭하여 인용한다.

이 두 편의 자료가 나에시로가와 고려인 마을의 유래에 관한 연구에서 가장 바탕이 되고 주목받는 문헌들이다. 전게한 〈묘대천유장〉이란 기록물은 〈고려전 도기 기원 제조서高麗傳陶器起元製造書〉, 〈고려전 사쓰마도기 제조도高麗傳薩摩焼陶器製造圖〉, 〈지난해에 조선에서 건너온 유래기, 가사노하라先年朝鮮より被召渡由來記笠野原〉와 함께 4편으로 되어 있다.

〈묘대천유장〉(본문 18장)에는 나에시로가와의 조선인들이 일본으로 처음 건너갔을 때부터 사쓰마번薩摩藩의 시마즈 미쓰히사島津光久[3] 시대까지 상세하게 기록되어 있지만 교호享保 8년(1723) 이후의 기사가 빠져 있다.[4]

---

3 아버지 시마즈 요시히로島津義弘와 함께 왜란에 참전한 시마즈 이에히사島津家久의 장남으로 사쓰마번의 19대 한슈藩主이다. 그는 간에이寬永 15년(1638) 5월에 가독家督을 이어받고 조쿄貞享 4년(1687) 7월에 물러나게 된다.

4 〈묘대천유장〉은 메이지 5년(1872) 4월 25일에 마을 관원이 제출한 것으로 그 원본은 일본 국립박물관에

〈고기류〉라는 기록물은 메이지明治 5년(1875)에 옮겨 적은 것으로[5] "분로쿠 원년(1592) 히데요시 공이 금년부터 조선국을 정벌하다文禄元年秀吉公今年より征朝鮮國"라는 문장으로 시작하여 덴포天保 13년(1842)까지 나에시로가와에서 일어난 크고 작은 사건을 기록하고 있다.[6]

〈고기류〉는 나에시로가와의 향토사가 마쓰다 미치야스가 소장하고 있던 책이었다. 나이토 슌스케는 전게한 그의《분로쿠·게이초 전쟁에서 잡힌 포로들의 연구》(1976)에서 이 두 책 모두를 고찰하여 분로쿠·게이초의 전쟁, 즉 임진왜란과 정유재란에서 포로가 된 조선인에 대하여 고찰하였다. 그의 연구에 의하면 이 두 책은 상호 관련이 있고 서로 보완하는 내용이므로 서로 교차하여 참조할 필요가 있다고 한다.

더욱이 〈고기류〉의 기사를 보완하는 것으로서 〈나에시로가와 문서 소역일기苗代川文書所役日記〉(이하 〈소역일기〉로 약칭)와 〈다테노 및 나에시로가와 야키모노 고려인의 도래를 첨부한 유래기立野並苗代川燒物高麗人渡來在附由來記〉(이하 〈유래기〉로 약칭)라는 문헌이 있어[7] 나에시로가와의 유래와 더불

보관되어 있다고 한다. 원본 이외에도 나에시로가와의 옥산신사玉山神社의 사사社司인 마쓰다 미치야스의 사본이 있어 이용되고 있다.

5 이 고문서의 첫머리에 "明治五年 寫事"라는 기록이 있고 그 왼쪽에 '古記留—渡海以來事件'이라는 제목이 있다.

6 분로쿠 원년(1592)은 도요토미 히데요시가 임진왜란을 일으킨 해이다.

7 이것은 나에시로가와苗代川 마을의 유래에 관하여 비교적 개관적인 자료의 하나로 보인다. 필자가 참고한 것은 모두《일본서민생활사료집성日本庶民生活史料集成》(三一書房版, 1970. 5.)에 수록된 것이다.

어 메이지유신 전까지 그들의 생활을 살펴볼 수가 있다.[8]

〈소역일기〉는 전술한 마쓰다 미치야스에 의하여 야쿠닌役人(관원)인 고다마가(児玉家—朴泰潤家)의 창고에서 발굴된 고문서이고 〈유래기〉는 사쓰마번의 관리인 무라타 모토아미村田元阿弥와 나에시로가와의 슈도리主取[9]였던 박평의朴平意 두 사람이 공사公私 양면으로 기록한 책이다.

〈유래기〉는 나에시로가와 마을의 유래에 관한 비교적 객관적인 자료 중의 하나로 보인다. 필자가 참고한 것은 〈소역일기〉와 〈유래기〉 모두 《일본서민생활사료집성日本庶民生活史料集成》(도쿄: 三一書房版, 1970. 5.)에 수록된 것이다.

〈유래기〉는 지금까지의 나에시로가와에 관한 연구에 사용된 적이 없는 것 같다. 그 외에 《부현도기연혁도공전통지府縣陶器沿革陶工傳統誌》, 《가고시마명승고鹿児島名勝考》, 《지리찬고地理纂考》 등을 참조하여 본서에 인용하였는데 이 자료들은 모두 《대일본사료大日本史料》, 제12편의 제2, 게이초慶長 9년(1604) 3월 조에 수록되어 있는 것이다.

또한 이미 일본에서 고전 여행기로 널리 알려진 후루카와 고쇼켄古川古松軒의 《서유잡기西遊雜記》를 비롯하여 다치바나 난케이橘南谿의 《동서유기東西遊記》, 사토 주료佐藤中陵(사토 세이유)의 《중릉만록中陵漫錄》, 다카기 젠스케高木善助의 《사쓰요왕반기사薩陽往返記事》[10] 등의 여행기와 《야옹이

---

8 그 외에 사쓰마번의 공사公私 양면의 기록문서인 〈어내용만류御內用萬留〉가 〈소역일기〉와 더불어 나에시로가와의 고문서로서 연구에 사용되고 있다.

9 일본에서 다이묘, 즉 영주領主의 가신家臣을 말한다. 5장 각주 8 참조.

10 《사쓰요왕반기사》 4책, 《사쓰구니치삼주경력지기사薩隅日三州経曆之記事》 1책, 그리고 《서수화첩西陲画

야기野翁物語》,《매옹수필梅翁随筆》등 여항閭巷의 수필도 참고하였다.

한국 측의 자료로는 임진왜란·정유재란 직전에 간행한 안상安瑺의《금합자보》를 비롯해 임진왜란 중에 남원에서 편찬한 양덕수梁德壽의《양금신보》, 신성申晟의《금보琴譜》등 여러 악보樂譜와《조선왕조실록》,《비변사일기備邊司日記》등의 사료 그리고《오주연문장전산고五洲衍文長箋散稿》등을 참고하였다.

한편, 조선시대에 유행했던 노래 가사에 대해서는《진본청구영언珍本青丘永言》을 비롯해《악학궤범樂學軌範》,《해동가요海東歌謠》,《가곡원류歌曲源流》등의 시조집 자료를 주로 참고하였다. 또한 임진왜란·정유재란 때 잡혀 일본에 끌려간 조선인들의 기록으로서 강항姜沆의《간양록看羊錄》, 정희득鄭希得의《월봉해상록月峰海上錄》등을 인용하였다.

정희득의《월봉해상록》은 이 책의 고본稿本인〈만사록萬死錄〉을 그의 증손인 정덕림鄭德林이 125년 후에〈월봉해상록〉으로 개명한 것으로 그로부터 다시 40여 년이 지난 뒤에 겨우 책으로 간행되었다. 정희득(호를 월봉이라 함)은 1597년 9월 27일에 전라도 영광군 칠산도 앞바다에서 왜군 하치스카 이에마사蜂須賀家政 부대의 대장인 모리 고시치로森小七郎에게

帖) 1책은 다카기 젠스케 야스유키高木善助庸之의《서유기西遊記》라는 여행기이다. 다카기는 오사카 텐마大阪天満에서 태어났으며 옥호屋號를 히라노야平野屋라고 칭하였다. 고가번古河藩에 상품을 납품하는 일을 한 적이 있다. 그는 덴포天保 개혁의 중심인물이던 히라노야 고헤이平野屋五兵衛의 측근 중 한 사람으로 히라노야平野屋에서 분가分家하였다. 그가 사쓰마에 드나든 것은 분세이文政 11년(1828) 11월부터 덴포 10년(1839) 1월까지의 전후 6회로, 약 8년에 걸친 일이다. 이 책들은 막말幕末에 일본의 주고쿠, 규슈 지방의 민속, 경제, 역사 연구에 있어 가장 뛰어난 기행문이며 기사 내용도 정확하다.

붙잡혀 일본으로 끌려갔던 인물이다.

그는 도쿠시마德島의 성곽에 있는 어느 병졸 집에 유치留置되어 있었는데 아와阿波의 유력자인 동악선사東岳禪師의 도움으로 조선으로 쇄환刷還되었다. 그는 1598년 11월 21일에 도쿠시마를 떠나 쓰시마對馬를 거쳐 1599년 6월 29일 부산에 도착하여 3년 만에 귀국하게 된 것이다.《월봉해상록》은 정희득이 하치스카군蜂須賀軍에 잡혀 일본으로 끌려갔을 때부터 조선으로 쇄환될 때까지의 사건들을 일기식으로 기록한 책이다.

월봉을 도와준 동악선사는 아와의 고승高僧으로 스스로 동수좌東首座 또는 반운자半雲子라는 호를 붙였다. 또한 그는 하치스카 이에마사의 보다이지普提寺[11]인 후쿠주지福聚寺의 주지로서 아와의 한슈藩主 이에마사와는 이부형제異父兄弟의 관계였다. 그는 구류된 정희득을 동정하여 몇 번이나 그를 도와주었고 그의 쇄환에도 큰 역할을 하였다고 한다.

그리고 전쟁에서 포로가 된 조선인의 쇄환에 대해서는 포로 쇄환사刷還使의 여행기인《경칠송해사록慶七松海槎錄》을 비롯해《오추탄동사상일록吳秋灘東槎上日錄》,《이석문부상록李石門扶桑錄》, 강홍중姜弘重의《동사록東槎錄》등을 참고하였다.[12]

본서는 이러한 자료들을 바탕으로 먼저 임진왜란·정유재란 때에 납치된 조선인과 그들 가운데 남원에서 피랍되어 일본으로 끌려간 도공들이 어떻게 사쓰마에 나에시로가와라는 도향陶鄕을 이룩하였는지 고찰하고

---

11 절 안에 위치하여 선조 대대의 위패를 모신 곳을 말한다.

12 이 자료들은 모두《해행총재海行摠載》에 수록되어 있는 것을 참고하였다.

고려인의 마을에 대한 유래를 검토할 것이다.

아울러 이렇게 피랍된 조선인들 및 그들의 자손들이 적국인 일본에서 어떻게 생활하였는지를 살펴볼 것이며 또한 오늘날까지 계속해서 그곳 사람들에 의하여 불리고 있는 나에시로가와의 조선가요가 전래된 경위와 전승 과정 그리고 가사의 해독에 관해서도 고찰할 것이다.

3
장

사쓰마의
피랍 조선인

일본 사쓰마 나에시로가와의 고려인 마을에 살고 있는 피랍 조선인과 그 후예들에 대하여는 그들이 일본 도예사陶藝史에서 독자의 위치를 점하는 사쓰마도기薩摩燒き의 시조였기 때문에 많은 연구가 있었다.

그간의 연구에 의하면 임진왜란·정유재란에서 납치된 조선인들은 사쓰마의 한슈藩主인 시마즈 요시히로島津義弘와 이에히사 부자父子가 왜란 때에 납치하여 끌고 온 조선인들로서 그들 모두를 나에시로가와에 정주定住시켰다고 한다. 나에시로가와는 현재 일본 가고시마현鹿児島県 히오키군日置郡 히가시이치키쵸東市來町 미야마美山라고 부르지만 원래는 사쓰마번 이쥬인무라伊集院村 오아자大字 나에시로가와였다.

임진왜란·정유재란 때 사쓰마군薩摩軍에 납치되어 나에시로가와에 정착한 조선인 도공들은 당시 왜군에 잡혀서 일본에 끌려온 많은 조선인 가운데 극히 일부에 지나지 않는다. 먼저 임진왜란과 정유재란 때에 얼마나 많은 조선인이 납치되어 끌려갔는지 살펴보기로 한다.

이에 대하여는 전게한 나이토 슌스케의 《분로쿠·게이초 전쟁에서 잡힌 포로들의 연구》에서 집중적으로 연구되었고 그 외에도 일본에서는 많은 연구가 있으나 우리 학계에서는 이렇다 할 연구가 보이지 않는다. 본서에서는 이제까지의 연구와 필자가 새로 찾은 자료를 중심으로 고찰하고자 한다.

1. 임진왜란·정유재란에서 납치된 조선인

먼저 임진왜란과 정유재란에서 포로로 잡혀가거나 납치되어 끌려간 민간인들은 과연 얼마나 될까? 대부분 농사를 짓거나 자신들의 기술로 제조업을 하던 조선인들은 전쟁과는 관련이 없는 양민良民들로서 이들을 전쟁포로라고 하기에는 부적절하다. 이들은 주로 침략자인 왜군들에 의해 일본에 필요한 노동력과 기술자를 얻기 위하여 납치된 것으로 본다.

일본에서는 모두 왜란의 포로로서 이들을 연구하였으나 엄밀한 의미로서 그들은 포로가 아니었다. 특히 본서의 주제인 도공들은 전쟁과는 관련이 없었던 양민들로서 대부분 필요에 의하여 의도적으로 납치한 것이다. 그들은 일본에 끌려와 일본인의 노예로 살았으며 개중에는 매매되는 일도 있었다고 한다. 이에 그에 대하여 우선 살펴보기로 한다.

사쓰마 나에시로가와에 살고 있던 임진왜란·정유재란 때의 피랍 조선인들과 그들의 후예에 대해서는 앞에서 언급한 바와 같이 그들이 일본의 도예사陶藝史에서 독자적인 위치를 차지하는 사쓰마도기의 시조였기 때문에 상당한 연구가 축적되어 있다.

그 연구들에 의하면 임진왜란·정유재란 때에 남원에서 납치한 조선 도공들을 사쓰마번의 영주인 시마즈 요시히로와 시마즈 이에히사 부자가 자신의 영지領地인 사쓰마로 끌고 와서 황무지였던 나에시로가와에 정주시켰다고 한다.

원래 이곳은 '노시토코ノシトコ', '나에시로ナエシロ' 등으로 불리던 곳으로서 한자로 '묘대苗代'로 적히고 여기에 냇가란 의미의 '가와川'를 덧붙여 '나에시로가와ナエシロカワ'가 되었다. 그리고 이를 한자로 적은 '나에시로가와苗代川'로 지명이 정착되었다. 일본에서 지명은 비록 한자로 적었으나 그 읽는 방법은 여러 가지가 있어서 현지인들이 아니면 제대로 읽기 어렵다. 이 책에서는 일단 현지에서 읽는 대로 '나에시로가와'로 부르고자 한다.

임진왜란과 정유재란은 도요토미 히데요시의 죽음으로 종국終局을 맞이하였지만 그의 사후에도 여전히 조선의 남부 사천泗川이나 순천順天에서는 격전이 계속되고 있었다. 이윽고 선조宣祖 31년(1598) 11월 18일 노량해전을 마지막으로 7년간의 전쟁이 겨우 막을 내리게 되었다.

이 7년간 왜란의 마지막 전투였던 사천과 노량에서의 해전에 참가했던 일본의 시마즈군이 1598년 11월 말에 거제도를 출발하여 부산포를 거쳐 일본 규슈九州의 하카타博多에 도착한 것이 같은 해 12월 10일이었다. 따라서 시마즈군이 사쓰마에 귀향한 것은 같은 해의 연말경이었을 것이다.

이때에 사쓰마번의 영주로 조선에 출병하여 시마즈군을 이끈 시마즈 요시히로와 그 아들 시마즈 이에히사가 데려간 조선인은 전부 80여 명으로 22개의 성姓을 가진 양민들이었다고 한다.[1] 이에 대해서 전술한 《지리찬고》(권4)의 〈사쓰마쿠니薩摩國 히오키군日置郡〉 조에 다음의 기사가 있다.

이쥬인고伊集院鄕 나에시로가와 마을의 도자기 제작소苗代川村陶器製作所: 이 한 마을에 조선에서 귀화歸化한 종예種裔가 한 촌락村落을 이루었다. 이 지역을 항아리를 파는 곳〔壺店〕이라고도 부른다. 이 미개인들은 도공을 잘하여 항아리와 병류〔壺瓶類〕를 제작하는 데 재주가 있었다. 그리하여 항아리 파는 점포〔壺店〕라는 이름을 얻고 여기 사는 사람〔土人〕을 항아리 만드는 사람〔壺人〕이라고도 불렀다. 이 야만인〔蕃人〕들이 이곳에 오게 된 것은 도요토미 히데요시의 조선 정벌 때인 게이초 3년(1598) 10월 말일〔朔日〕, 시마즈 요시히로와 그의 자식 이에히사가 조선 사천의 새 요새〔新寨〕에서 명군明軍을 크게 이기고 3만 8,717개의 수급首級을 얻었으며, 그 귀를 잘라서 일본으로 보냈다. 그러던 차 개선하던 날에 귀항歸降한 조선인 22성姓 남녀 80여 명을 끌고 와서 처음에는 배가 닿은 곳〔着船〕인 구시키노串木野에 두었으나, 후에 가고시마鹿児島 등에 흩어져서 살았다. 게이초 8년(1603)의 겨울에 구시키노에서 지금의 땅으로 옮겼다. 또 간분寬文 9년(1669)에 가고시마 등에 흩어져서 살고 있던 사람도 마찬가지로 이곳으로 옮겼다.

---

1 사쓰마에 납치된 조선인들의 수에 대해서는 다음에서도 논할 예정이지만 70여 인, 21성姓으로 계산한 논고가 많다. 《지리찬고》에는 22성이라고 밝혔지만 그 뒤에 나열되어 있는 성을 세어보면 '선뢰'을 포함시켜도 20성밖에 안 된다.

또한 〈묘대천유장〉에도 "게이초 3년(1598) 무술戊戌 겨울 바다를 건너온 조선인들이 구시키노의 시마다이라嶋平, 이치키市來의 가미노가와神之川, 가고시마의 마에노하마前之濱 등 세 곳에 착선着船하다"라고 되어 있어 두 차례의 왜란이 끝난 1598년 겨울에 배로 사쓰마번의 영지에 도착한 22성姓 80여 명의 조선인을 구시키노, 이치키, 가고시마의 세 곳에 분리하여 게이초 8년(1603) 겨울까지 그곳에 머물게 하였음을 알 수 있다.

사쓰마로 끌려간 조선인은 정유재란 때의 80여 인뿐만 아니라 임진왜란 때에도 상당수가 납치되어 끌려왔던 것으로 보인다. 즉,《가고시마현사鹿兒島縣史》제2권 제4절의 〈도예陶藝〉 조에는 임진왜란 때인 1595년에 도공 김해金海가 시마즈 요시히로와 함께 이치키의 가미노가와에 왔었고 그들이 결국 아와노粟野에서 도자기를 만들기 시작했다는 기사가 있다.

더욱이 나이토의 전게서에서 인용된《이치키기市來記》[2]의 다음 도해渡海 허가서許可書를 인용하였다.

사쓰마薩摩 선두船頭 구단범九端帆

中乘	94명
加子	11명
조선인	24명

---

2 《이치키기》는 나가야마 도키오永山時英의 편編으로 다이쇼大正 8년(1919) 7월에 간행된 《동서이치키마을향토사東西市來村鄕土史》에 수록되어 있다.

합   131명

위의 선박이 귀국했다. 별다른 일 없이 통행할 수 있다.

4월 16일   시마즈 마타하치로[3]

船手御奉行中

이에 따르면 조선에서 일본으로 온 사쓰마의 배 안에는 조선인 24명이
타고 있었음을 알 수 있다.

여기에 적힌 '4월 16일'을 나이토는 분로쿠 4년(1595)의 날짜로 보아야
한다고 말하고 있어 정유재란 이전의 임진왜란 때에도 역시 다수의 조선
인이 사쓰마로 연행되었다고 볼 수 있다.[4]

그러나 전술한 《월봉해상록》에 의하면, 정유재란 때 조선 삼남三南 지
방으로부터 이곳으로 납치된 사람들은 그 숫자가 임진왜란의 10배나 된
다고 쓰여 있어 조선에서 피랍된 사람이 정유재란 때에 훨씬 더 많았음을
알 수 있다.

임진왜란·정유재란에 출병한 일본의 다이묘大名 중에서 조선인들을 가

---

3 시마즈 마타하치로島津又八郎는 시마즈 요시히로의 아들인 이에히사家久(타다쓰네忠恒라고도 함)를 가리킨
다. 이 고문서는 가미노가와의 어민漁民인 시마우에몬右衛門의 선조先祖 시마스케志摩助에게 준 것으
로 선박관리(船奉行) 앞으로 보내는 도해면장渡海免狀이다.

4 전술한 《부현도기연혁도공전통지府縣陶器沿革陶工傳統誌》에 "원래부터 사쓰마도기에 대해 사전史傳에서
는 먼저 시마즈 요시히로를 거벽巨擘으로 하며, 귀화한 한인 호추芳仲 박평의를 그다음으로 친다. (중략)
분로쿠 원년에 시마즈 요시히로가 한인을 이끌고 돌아온 것과 관계가 있다. 다음의 《지리찬고》에 보이
는 것처럼 또 요시히로가 호추를 시켜서 조사고帖佐郷 나베구라 鍋倉에 가마를 축조하게 한 것은 게이초
2년(1597)의 조항에 기록되어 있다"라는 기사가 있어 분로쿠 원년(1592), 즉 임진왜란 때에도 요시히로가
조선인 포로를 연행했던 사실을 말해주고 있다.

장 많이 납치한 것은 사쓰마번의 시마즈군으로 보인다. 시마즈 요시히로의 시마즈군은 정유재란 때에 왜군의 선봉에 서서 전라도 남원을 함락시키며 가장 많은 공을 세웠고 도요토미 히데요시가 죽은 후에 철수할 때도 사천이나 순천에서의 육상 전투뿐만 아니라 이순신 장군의 최후의 격전지였던 노량해전에서도 왜군의 주력부대로서 활약하였다.

강홍중이 쓴《동사록》의 을축년乙丑年 1월 29일 조에 "또한 사쓰마 사람들은 성질이 상당히 사납고 독하여 전투에 가장 능하며 반드시 붉은 수건으로 머리를 싸맨다고 한다. 임진왜란 때에 홍두왜紅頭倭(붉은 머리 왜군)가 가장 악독했다는 얘기를 전해 들었는데 이들이 바로 사쓰마 사람이다 且聞薩摩人, 性甚獰毒, 最長於戰鬪, 必以紅色裹頭云. 曾聞壬辰之亂, 紅頭倭最惡, 必是薩摩人也"라는 기록이 있어 '홍두왜'라고 불리던 시마즈군이 이 전쟁에서 조선인들이 가장 두려워했던 왜군이었음을 알 수 있다. 그들이 얼마나 많은 조선인을 살상하고 납치했는지는 예상이 되고도 남는다.

더욱이 광해군 2년(1610) 4월에 일본으로 잡혀간 피랍인의 쇄환사로서 정사正使였던 여우길呂祐吉의 기사에 의하면 일본에서 납치되었다가 쇄환된 조선의 피랍인 정방경鄭邦慶이 남긴 "본국의 피랍인은 사쓰마섬에 가장 많다"라는 보고가 있다고 한다(舊朝鮮総督府編:《朝鮮史》에 의함).

한편《사쓰마총서薩摩叢書》제3《구전집舊傳集》에 수록되어 있는 시미즈 모리카清水盛香의《성향집盛香集》권1에 〈고려왕자지사高麗王子之事〉라는 제목으로 조선인 포로에 관한 기사가 있다.

이쥬인伊集院 고우칸幸侃(시마즈의 가신, 이쥬인의 다다무네의 별명)이 고려로부터 7, 8세의 아이를 잡아서 일본으로 돌아온 후, 아들인 겐지로源次郞의 짚신을 들고 다니는 종복(草履取)으로 부리도록 하였다. 나중에는 승려로 출가시키기 위해서 조사帖佐의 텐후쿠지天福寺로 보내두었다. 그러던 차에 조선으로부터 관리가 여럿이 와서 삿슈薩州에 조선의 왕자王子가 거주하고 있다고 전해 들었으니 돌려보내 달라고 호소했다. 영지의 안을 샅샅이 찾아다닐 수 있게 해주었지만 위와 같은 사람이 없었으나 텐후쿠지에서 발견했다. 음식에 굶주려 있을 것이 틀림없으리라는 것으로 조사를 한 결과 의심할 여지 없이 이 사람이 왕자라고 판명되었다. 그를 맞이하기 위해 조선인들이 의관衣冠을 단정하게 하고 텐후쿠지로 가서 아홉 번 절(九拜)을 올렸는데 위엄과 예의가 바르게 보였다. 물론 조선인들의 환희歡喜는 한량이 없었으며, 모두 감격의 눈물을 흘리고 있는 모습이 외부인의 눈에도 슬프고 안타깝게 느껴져, 이를 기회로 고려로부터 잡아 온 사람들 중에 귀국을 원하는 사람들은 모두 돌려보내주실 것이라고 유신惟新(시마즈 요시히로를 말함)님이 말씀하셔서 그러한 한슈藩主의 명령을 모두 매우 기뻐했다. 한편 또 이보다 앞서 조선으로부터 붙잡혀 온 사람들 중에 출가한 사람들을 주인이 나중에 풀어주었기 때문에 모두 히라마쓰노이와쓰루기이오리(平松乃岩釰庵) 아래에 오두막을 짓고 수행하고 있었다. 위와 같은 조선인들 대부분이 한곳에 모여 있었으며, 나중에는 30명 정도가 탁발托鉢을 하면서 매일매일을 견디고 있었다. 이를 유신님이 들으시고 기특하게 생각하시어 모든 사람에게 쌀을 내려주시었다. 위의 왕자가王子家를 비롯해 이들 모두를 합쳐 여기저기서 100여 명을 귀국시키도록 하셨다. 고려(조선을 말함)로부터 잡혀 온 사람들도 언어가 전혀 통하지 않고 벼슬을 주어 쓰려고 하여도 도움이 되지 않았다. 여기서 (조선으로) 돌아가려는 무리가 모두 주인으로부터 말미를 얻기를 신청하였고 조선인은 남아 있지 않고 모두 돌아가게 하였다. 그 안에 사무라이가 되어 (남아 있는) 마에가와 이센과 야스오카 이즈 두 사람은 일가가 모두 전사하여 돌아가더라도 이야기를 나눌 사람이 없고 또 이들의 상전인 유신님의 뜻을 저버리기도 어려워 여기에 남아서 은혜에 보답하려고 잔류하겠다고 한다.

이 기사는 사쓰마에 조선 왕자라고 불리던 사람이 있었고 승려를 중심으로 30명 정도가 모여서 탁발을 하고 있었다는 것, 그리고 사쓰마의 한슈藩主 시마즈 요시히로가 그들에게 쌀과 소금을 배급하였고 왕자 등을 포함해 100여 명을 귀국시켰다는 것 등을 적어놓은 것이다.

사쓰마의 피랍인 중에 조선 왕자라고 불리는 사람이 있었다는 이야기에 대해서는 일찍이 나카무라 히데타카中村栄孝가 〈조선 왕자 김광의 송환에 대하여朝鮮王子金光の送還について〉(《青丘學叢》 제13집)에서 논한 적이 있다. 이에 의하면 조선 왕자라는 사람은 실제로는 경상도 하동河東의 유학幼學[5] 김광金光이었다고 한다. 《선조실록》(권50) 선조 27년 4월 신해辛亥조에 추국청推鞫廳의 계啓가 수록되어 있는데 그 장계 안에 장명수張命壽, 김광 등의 공술供述이 적혀 있어 이 사실을 확인할 수가 있다.

김광은 일본으로 납치되어 사쓰마에 억류되었을 때 왕자라고 거짓으로

---

[5] 유학은 조선에서 아직 과거에 급제하지 못한 유생을 가리킨다.

말한 것이 귀국 후에 발각되어 먼 섬으로 유배된 것 같다.《선조실록》(권 178)의 선조 37년 9월 무오戊午 조에 "김광을 제주에 정배하다定配金光于濟州"라는 기사가 있으므로 아마도 그는 제주도로 유배를 가는 처벌을 받은 것으로 보인다.

피랍 조선인들의 송환送還은 에도江戸시대의 초기에 조선과의 국교 재개再開를 목적으로 이루어진 것이다. 사쓰마번에서 관리로 근무하며 조일朝日 외교를 담당하고 있던 승려僧侶 겐포玄方[6]가 기록한《이에야스공 초명화목차제 병신사래조사家康公初命和睦次第幷信使來朝事》[7]에 의하면 쓰시마의 도주島主인 소 요시토시宗義智나 그의 신하 야나가와 시게노부柳川調信(平調信이라고도 함)는 신속한 국교회복을 위해 포로의 쇄환을 계획하였고 규슈나 주고쿠中國, 시코쿠四國에 있는 포로 중에서 귀국을 희망하는 자들을 뇌물을 써가며 불러들여 귀국시키기로 했다고 한다.

이것은 임진왜란·정유재란 이후 도쿠가와德川 막부幕府와 조선의 국교 재교섭에서 조선의 일본에 대한 감정을 완화하는 효과를 가져왔다. 이러한 쇄환의 전후 사정에 대해서는 앞에서 언급한 시미즈 모리카의《성향집》에서 상세히 다루고 있다.

---

6 쓰시마번對馬藩의 외교 승려였던 겐포에 대해서는 다시로 가즈이田代和生의 《고쳐 쓴 국서書き替えられた國書》(中央公論社, 1983)와 이즈미 조이치泉澄―의 〈이테이안 제2세, 기하쿠 겐보 화상의 만년—만지 원년~간분 원년, 사면 후의 교토, 오사카에서의 나날 以酊庵第二世, 規伯玄方和尚の晩年—万治元年(1658)~寬文元年(1661), 赦免後の京·大坂における日々〉(《封建社會と近代》, 1989. 3)을 참조할 것.
7 '도쿠가와 이에야스德川家康가 처음에 명하여 화목을 하게 된 순서와 통신사가 일본에 온 일'이란 뜻.

2. 피랍된 조선인 수효

그런데 당시 사쓰마에 어느 정도의 조선 납치인이 있었는가? 나이토 슌스케는 〈분로쿠・게이초의 전쟁에서 조선 포로인의 유문文禄慶長役における朝鮮被擄人の遺聞〉(《朝鮮學報》, 제44호, 1968. 10.)에 5만~6만이라고 서술하고 있지만 나이토의 《분로쿠・게이초 전쟁에서 잡힌 포로들의 연구》(1976)에서는 "3만~4만이라는 숫자가 당시 소문으로 널리 퍼졌던 숫자이다"라고 정정하였다.

그러나 임진왜란・정유재란 때에 일본으로 연행되어 끌려간 포로의 수는 이외에도 많았던 것 같다. 실제로 일본군에게 잡혀 일본으로 끌려간 강항의 《간양록》(《수은집》이라고도 함)에 당시의 정황이 자세하게 기록되어 있다.[8] 수은睡隱 강항은 조선 선조 즉위년(1567)에 태어나서 광해군 10년 (1618)에 생애를 마감한 성리학자로 정유재란 때에 왜군의 포로가 되어 2년 8개월을 적지인 일본에서 지내다가 선조 33년(1600) 5월에 쇄환되었다.

---

8 강항은 도도 다카토라藤堂高虎 군대에 잡혔을 때의 상황에 대해 《간양록》의 〈섭란사적涉亂事迹〉에서 "당시 육로陸路는 이미 막혀 있었고 9월 14일에 적(왜군)은 영광靈光을 분략焚掠해 인민을 마구 잡아들이고 있어서 나는 밤중에 노환老患의 부모를 모시고 배에 탔으나 배가 작아서 백부伯父의 배로 갈아탔는데 이것도 역시 비좁았다. 더욱이 두 형과 형수나 아내의 부모, 내 아내와 첩, 게다가 동생의 아내 일가도 탔기 때문에 배가 앞으로 잘 나가지 못했고 사방에 피난하려는 배가 100여 척이나 보였다. 겨우 서쪽 해상으로 옮겨갔는데 도중에 진월도珍月島 부근에서 노부모가 탄 배가 한때 보이질 않았다. 이윽고 논잠포論岑浦를 향해 갔지만, 한쪽에서 일본의 병선兵船이 쫓아와 도저히 도망갈 수 없다는 것을 알고 나는 바다에 뛰어들었고 일가 처자형제妻子兄弟의 대부분은 물에 빠져 배 밑에 엎드려 있던 자가 적군에 의해 구출되는 상황이었다. 이때 어린아이와 첩도 바닷물에 휩싸였다. 이 아이는 내가 30세에 처음으로 얻은 자식, 덧없는 인생 모든 것이 예측할 수 없구나"라고 적었다.

강항은 왜란의 정유재란 때에 호조판서 이광정李光庭의 종사관이 되어 전라도 남원에서 조선군의 식량 보급에 힘쓰다가 남원성이 함락되자 고향인 영광靈光으로 돌아와서 김상준金尙寯과 함께 의병을 모집하여 왜적과 싸우다가 영광마저 왜군에 유린되자 가족을 이끌고 바닷길로 피란을 떠나게 된다. 그러나 도중에 적선賊船을 만나 포로가 된 것이다.[9]

《간양록》의 〈섭란사적涉亂事迹〉에 그가 왜군에 잡혀갈 때의 일이 비교적 소상하게 기술되었다. 강항은 1598년 9월 23일에 조선의 남해 진월도珍月島(전라도에 속함)에서 도도 사도노카미 다카토라藤堂佐渡守高虎, 즉 도도 다카토라 군대에 붙잡혀 일본 시코쿠의 이요伊豫에 호송될 때까지의 경위를 잘 묘사하였다.

> [23일] 대낮에 당두唐頭에서 또다시 논잠포論岑浦로 향했으니 아버지께서 행여나 논잠포에 계신가 해서였다. 이때 안개 속에서 황당선荒唐船 한 척이 갑자기 나타나 쏜살같이 달려오니 사공이 놀라 왜선이라고 외쳤다. 나는 스스로 벗어날 길이 없다고 생각해 이내 옷을 벗고 물속에 몸을 던졌다. 처자 형제 등의 배에 탄 남녀 태반이 나를 따라 함께 물에 빠졌다. 그러나 물가라 물이 얕아 적이 모두 건져내어 배에 눕히고 묶어 세웠다.

---

9 강항은 왜군에 잡혀가 오쓰성大津城에 갇혀 있다가 오사카를 거쳐 교토 후시미성伏見城으로 이송되었다. 강항은 그곳에서 승려이자 학자인 후지와라 세이카藤原惺窩와 교유했으며, 사서오경을 일본어로 번역, 간행하는 일에 참여하는 등 일본의 주자학 발전에 기여했다. 훗날 일본 주자학의 태두가 되는 후지와라는 강항에게 학문적 영향을 받았을 것이다.

[二十三日] 朝巳時, 自唐頭又向論岑浦, 爲老親或在論岑浦也. 海霧中忽見荒唐船
一隻突出飛來, 篙卒呼曰'敵船也', 余自變不能免, 解衣墮水中, 一家妻子兄弟一般男
女太半同溺, 艤岸水淺, 敵盡句出, 臥船獎縛立之.

이때에 잡혀간 다른 포로들도 거의 이와 비슷했을 것이다. 그는 이어서
9월 24일에 일본군에게 연행되어 고국을 떠날 때의 일을 다음과 같이 적
었다.

[24일] 무안현務安縣의 한 해곡海曲에 이르렀다. 이름은 낙두落頭라고
한다. 적선 수천 척이 바다와 항구에 가득 찼다. 홍백紅白의 깃발이 햇살을
받아 반짝인다. 우리나라의 남녀가 많이 섞여 있다. 양변에는 시체가 산같이
쌓여 있다. 통곡 소리는 하늘에 닿았고 바닷물도 오열하였다.
[二十四日] 至務安縣一海曲, 名曰落頭, 敵船數千艘, 充滿海港, 紅白旗照耀天日,
我國男女太半相雜, 兩邊積尸狼藉如山, 哭聲徹天海潮鳴咽.

이 글을 보면 당시의 참담한 정황을 실감할 수 있다. 또한 이 기사에 의
하면 적선 수천 척에 조선인 포로가 타고 있었다고 되어 있는데 이 글의
앞에 쓴 〈적중봉소敵中封疏〉에는 600~700척이라고 되어 있어 수천 척과
는 서로 차이가 있다. 즉,《간양록》의 〈적중봉소〉 조에는 강항이 조국을 떠
날 때의 일을 다음과 같이 적었다.

배가 돌아 무안현의 한 해곡에 이르렀다. 적선 600~700척이 몇 리에 이

르도록 가득 차 있었다. 우리나라의 남녀들이 일본인 수효와 거의 반이나 되게 섞여 있었다. 배마다 통곡하여 그 소리는 바다와 산을 뒤흔들었다.

回船至務安縣一海曲, 賊船六七百艘瀰滿數里許. 我國男女與倭幾相半, 船船呼哭, 聲震海山.[10]

여기에서는 적선의 수를 600~700척이라고 적고 있다. 어쨌든 상당수의 배에 조선인 포로가 타고 있었다는 것은 분명하다. 또한 포로만을 태운 100여 척의 배도 있었던 모양으로 같은 책에 이렇게 적었다.

영산창营山倉 우수영右水営을 지나 순천順天에 이르렀다. (중략) 납치된 사람들이 탄 배가 100여 척이나 바다 위에 떠 있다.

過营山倉右水営至順天, (中略) 俘入所乘船百餘艘浮洋中.

강항은 일본 도착 후 오쓰성大津城에 갇혀 있다가 오사카大阪를 거쳐 교토 후시미성伏見城으로 이송되었다. 그는 에히메현愛媛縣의 오쓰大津에 도착했을 때의 일을 다음과 같이 쓰고 있다.

사도佐渡에 있는 마을은 성城이 세 개가 있으며, 오쓰는 그중의 하나입니

---

10 정희득의 《월봉해상록》(권1)의 〈적중에서 부산으로 돌아와 머문 날에 올린 상소自賊倭中還泊釜山日封疏〉에도 "二十七日(丁酉年 9月 27日을 가리킴), 狩遇賊船, 老母及姉妹妻子皆投海而死, 老父及二稚子. 同二十九日以老弱放于海隅, 兄臣爲賊所縛, 未及就死. 賊引船回于昌原, 賊陣前洋, 見賊船弥滿海面. 我國男女與倭幾相半, 船船呼泣, 声震海山"이라고 하는 《간양록》과 비슷한 기사가 있다.

다. 이리저리 끌려와서 도착해보니 우리나라 남녀들이 전란을 전후해서 끌려온 자가 무려 1,000여 명이었는데, 새로 온 자들은 아침저녁으로 항구의 거리에서 소리 내어 울면서 무리를 지어 다녔으며 이전에 온 자는 이미 절반은 왜倭가 되어 돌아가려는 계책은 끊어졌습니다.[11] 신이 암암리에 몸을 던져 동분서주하여 깨우쳐주었으나 응하는 자가 아무도 없었습니다.

佐渡者之私邑三城, 大津其一也. 既至則我國男女, 前後被擄來者, 無慮千餘人. 新來者, 晨夜巷陌嘯哭成群, 曾來者半化爲倭, 歸計已絶. 臣暗以挺身西奔, 一事開諭, 莫有應者.

이 기사도 상당수의 조선인들이 끌려갔다는 것을 증언하고 있다.

또한 정희득도 도쿠시마성德島城 주변에 구류되었을 때의 일을 앞에서 언급한 《월봉해상록》에서 "다리 위에서 하천극河天極을 만났는데 아와성阿波城 아래에 긴 강이 있고 강 위에 홍교虹橋가 있다. 다리 위에서 만나는 10명 가운데 8, 9명은 우리나라 사람이다橋上逢河天極, 阿波城下有長江, 江上有虹橋. 橋上每逢十人, 八九我國人也"라고 적고 있다.

이 기사는 정희득이 아와성 밑에 있는 강에 놓은 무지개 모양의 다리

---

11 이것과 같은 기사가 《월봉해상록》에도 보인다. 〈적중에서 부산으로 돌아와 머문 날에 올린 상소〉 조에 "신이 도착하니 우리나라 남녀가 임진왜란과 정유재란에 포로가 되어 끌려온 사람들이 무려 1,000여 명입니다. 왜인의 졸개가 되어 사역을 하거나 새로 온 자들은 아침이나 저녁에 길거리에서 무리를 지어 소리를 내어 울부짖고 (잡혀 온 지) 오래된 자는 왜인으로 변하여 돌아갈 생각은 이미 끊어졌습니다臣既到則我國男女, 前後被擄人去者, 無慮千餘人. 尽爲倭卒廝役, 新到者晨夜巷陌嘯哭成群, 久留者化而爲倭, 歸計已絶"라는 기사가 있다.

홍교虹橋[12] 위에서 조선인 포로 하천극과 만났으며 이 다리 위에서 만난 사람 10명 중 8, 9명이 피랍 조선인이었을 만큼 조선에서 끌려온 사람들이 이 지역에도 많이 있었음을 보여준다.

정희득은 귀국 도중에 들른 나고야名古屋에서도 "시장에서 만난 사람들은 태반이 우리나라 사람이다市上逢人, 太半我國人"라고 하였고 사쓰마에서도 "성 아래에서 만난 사람의 반은 잡혀 온 사람이었다城下逢人, 半是被擄人"라고 적었다. 이러한 기사들에 의하면 임진왜란·정유재란 때에 일본으로 끌려간 조선인의 수효는 상상을 초월하는 숫자였던 것 같다.

이러한 주장을 뒷받침하는 한 가지 예를 더 들자면 펠 펄고니Pel Fulgoni가 편찬한 〈조선선교자료집朝鮮宣教資料集〉(1801)[13]의 제2편에 수록된 그레

---

12 홍교는 이름이 '조임교助任橋'라고 하는 큰 다리로 지금은 화강암으로 만들어진 훌륭한 돌다리石橋가 되었다고 한다.

13 이 자료는 로마의 바티칸도서관에 비장秘藏된 기록으로 1801년에 로마 교황청의 허가를 얻어 출판되었다. 다소 오래된 고어체古語體의 이탈리아어로 기록되어 있었던 것을 한국어로 번역하여 출판한 동아문화연구소(서울대학교 문리과대학 부설)의 간행본 《임진왜란사자료집壬辰倭亂史資料集》에 수록된 것을 참조하였다. 그레고리오 데 세스페데스의 조선 파견에 대해서는 야마구치 마사유키山口正之의 〈일본 예수교 선교사 세스페데스의 조선 왕래─조선 기독교사 연구日本耶蘇教宣教師セスペデスの渡鮮─朝鮮基督教史研究〉《靑丘學叢》 제2호, 1930. 11)와 샤를르부아Charlevoix 〈일본의 역사와 일반 모습Histoire et Description générale du Japon〉 9 vol. Paris, 1727. Tome Ⅳ (p. 247). M. 쉬타이헨Steichen 〈크리스천 다이묘들─일본에서 종교적 정치적 역사의 한 세기The Christian Daimyos─A century of religious and political history in Japan(1549~1650)〉, Tokyo, pp. 192~247. 그리고 야마구치 마사유키의 〈예수회 선교사의 조선 포로 구제 및 교화耶蘇會宣教師の朝鮮俘虜救済及敎化〉《靑丘學叢》 第4號, 1931. 5.)에 실린 '日本西教史'에 의하면 "1598년(게이초 3)에 조선 원정에 종군한 선교사는 그 지역에서 1,000명에게 세례를 하였고 이들을 노예로서 일본에 이주시켰다"라는 기사도 참고하였다.

고리오 데 세스페데스[14]의 기사에 다음과 같은 피랍 조선인들에 대한 증언이 있다.

조선의 포로들이 처음으로 일본에 도착한 지 얼마 안 되는 1596년, 그 포로 중 100여 명이 나가사키에서 성대한 예식에 의해 세례를 받았다. 그들의 주인과 종교, 풍습이 서로 달라도 그들은 천주교도가 된 것이다. (중략) 그리고 하나의 번藩의 노력으로 무려 2,000명이나 세례를 받는, 커다란 열매를 맺는 데 성공했다. (중략) 그다음 해인 1597년에도 수천 명의 세례자가 나왔는데 그들의 종교에 대한 열의는 때로는 정상이 아닌 듯이 보이기도 하였다. (중략) 그다음 해에도 조선으로부터 수많은 포로가 연행되어 왔고 시모 Ximo(사쓰마를 가리킴) 섬에서만도 수천 명이 세례를 받게 되어 그 외의 일본인 신도 1,180명보다 훨씬 많은 수가 되었다. 그들 모두는 조선에서 세례를 받아 입교하였으며 일본으로 연행된 동포들과 함께 대부분은 신앙 때문에 순교하였다. 그러나 일본인 신도들처럼 이름이 알려져 있는 자는 지극히 드물었고 우리가 대충 기억하고 있는 숫자만을 말하자면 조선인 순교자는 5,000명에 달한다.

이 기사에 따르면 사쓰마에서 천주교 신도로서 순교한 피랍 조선인만

---

14 그레고리오 데 세스페데스Gregorio de Céspedes,(1522~1611)는 스페인의 마드리드 출신으로 1569년 예수회에 입회하였다. 1577년에 일본에 가서 임진왜란·정유재란의 종군 신부神父로서 고니시 유키나가小西行長의 진영에서 활약했다.

도 5,000명에 달한다고 한다.

그렇다면 도대체 어느 정도의 조선인들이 임진왜란·정유재란 때 일본으로 끌려간 것일까? 나이토의《분로쿠·게이초 전쟁에서 잡힌 포로들의 연구》에서는 5만~6만 명 이상으로 보았다가 후에 3만~4만 명 이상으로 줄였으나 이 숫자도 확인된 것은 아니다.

피랍 조선인의 수효에 대해서는 일본의 기록에 의거하여 다시 한번 살펴보도록 하자. 정유재란 때 오타 히다노카미 가즈요시太田飛驒守一吉의 의승醫僧으로서 종군한 스님 게이넨慶念의 노래일기〔歌日記〕《조선일일기朝鮮日々記》에 조선인 포로의 연행에 관한 기사가 상세하게 적혀 있다. 즉, 이 책의 게이초 2년(1597) 7월 9일과 10일 조에 다음과 같은 기사가 있다.

9일, 부산포의 거리에 상륙하여 구경하자니 일본의 각 구니(지방)에서 온 상인들을 볼 수 있었는데, 부산포의 거리는 (일본의) 여러 영지에서 온 마이하이인들이 귀천노소 없이 요란스럽게 떠들어대는 모습이다.[15]

10일, 감시선이 거제도의 입구와 그 밖의 섬에 이르러 있었으므로 가토加藤 성주城主 또는 휴가日向·사쓰마薩摩·아와阿波 성주, 도사土佐 성주, 히

---

15 이 일기는 승려 게이넨이 정유재란 때에 쓴 종군기從軍記로 그의 깊은 신앙체험을 바탕으로 한 전쟁관이 적혀 있다. 이 책의 원명은 《日々記》였으나 나이토 슌스케가 이를 교주校註하면서 '朝鮮日々記'로 고친 것 같다(內藤雋輔, "朝鮮日々記"《朝鮮學報》 제35집). 저자 게이넨은 일본 우스키臼杵에 있는 안요지安養寺의 주직住職으로 정유재란 때에 우스키성臼杵城의 성주인 오타 가즈요시의 명을 받고 이미 환갑을 지낸 노령임에도 의승으로 왜란에 종군하였다. 신용태 역 게이넨 著, 나이토 슌스케 교주《임진왜란종군기壬辰倭亂從軍記》(서울: 경서원, 1997) 참조.

다飛禪 성주를[16] 필두로 적선을 무찌르고 불태워서 적병을 남김없이 죽이니 그 이후부터 적선은 마침내 물러났다. 도도藤堂[17] 성주께서 배의 선두를 이끄는 대장이셨지만 처음에는 공을 세우지 못하셨다. 전체의 형세에 의하여 비로소 선두의 전열을 가다듬을 수 있으셨다.

또한 11월 19일과 20일 조에도 다음과 같은 기사가 있다.

19일, 일본에서 온갖 상인들이 왔는데 그중에 사람을 사고파는 자도 있어서 본진의 뒤를 따라다니며 남녀노소를 사들여서 줄로 목을 묶어 모아서 앞으로 끌고 가는데 걷지 못하면 뒤에서 몽둥이를 들고 쫓아가 두들겨 패는 모습이 마치 (저승사자가) 죽은 죄인을 야단치는 것도 이와 같을 것이라고 생각될 정도이다.[18] 몸이 하는 일은 마음에서 연유하는 것이라고는 하지만 온갖 상인들이 모여 있구나. 숨어야 하고 나오면 몸을 묶어 모아 끌고 가서 넘긴다. 이와 같이 사람들을 사서 모아 마치 원숭이의 목에 줄을 매어 걸어

---

16 휴가는 현 일본의 미야자키현宮崎県, 아와는 도쿠시마현徳島県, 도사는 고치현高知県에 있는 지명을 말하며, 히다 성주는 규슈 우스키성의 성주인 오타 히다노카미 카즈요시를 말한다.

17 도도는 당시 왜군의 장수 도도 사도노카미 다카토라, 즉 도도 다카토라를 말한다. 당시 사도佐渡는 현 일본 니가타현新潟県 관할의 섬이었다.

18 밑줄 친 부분은 이 책의 원저에 인용된 일본어 원문이 "さきへおひたて, あゆひ候ハねハあとよりつにへておつたてうちはしらかすの有り様ハ, さなからおほうせつの罪人をせめけるもかくやとおもひ侍る"이다. 신용태의 전게 번역서에서는 이것을 "앞으로 몰고 가는데, 잘 걸어가지 못하면 뒤에서 지팡이로 몰아붙여 두들겨 패는 모습은 지옥의 아방阿防이라는 사자가 죄인을 잡도리하는 것도 이와 같을 것이다 하고 생각될 정도이다"(신용태, 1997:122)로 번역하였다. 어떻게 이런 번역이 가능한지, 다른 판본을 보았는지 알 수 없다.

다니거나 소나 말처럼 끌어 가고 짐을 들게 하는 등 다루는 정도가 너무 지나쳐 보는 눈에 너무 애처로운 일이로다.

같은 달 20일, 그중에서도 더욱 무서운 것은 배로부터 본진에 이르기까지 무거운 짐을 봉래산과 같이 가득 싣게 하여 끌고 와서 마침내 본 진영에 도착하면 이제 소는 필요 없다 하면서 곧바로 죽여 가죽을 벗기고 먹어버리는 것이 오로지 축생도畜生道라 나쁘지 않다고 생각할 뿐인 것 같다. 무거운 짐을 지게 하여 끌고 돌아다니다가 쓸모가 없으면 죽여버리는 것을 생각하면 이 세상의 인과因果는 소가 끄는 작은 수레가 돌려서 돌아오는 것인데 이처럼 여러 가지 어처구니없는 광경, 인간 세계에서 지은 두렵고 어이없는 일은 없을 것이다.[19](밑줄 필자)

이에 의하면 부산포에는 조선인들을 잡아가 일본에서 파는 '마이하이인(의미 불명)'이 있었으며 그들은 납치하려는 조선 사람들의 목을 새끼줄로 묶어 끌고 다니다가 한꺼번에 일본으로 데려갔다고 한다. 마치 서양의 노예 상인을 연상시키는 위의 인용문에서 이 전쟁으로 인해 아마도 일본의 주고쿠, 시코쿠, 규슈의 각지에서 인신매매 상인 부대라고 표현할 수

---

19 밑줄 친 부분의 번역도 역시 신용태(1997)의 것과 많이 차이가 난다. 원저에 인용된 원문 "同廿日, なかにも殊におそろしきハ, 船戸よりも奥陣ことごとくおもき荷物をほうらいのやうにとりつけて, 引めくり来て, やうやうと本の陣所につきけれハ, いも牛ハいらさる物よといゝて, さてうちごろし, かわをはき, 食物とする事ハ, たゝちく生道にてハあらすやとおもひ侍るはかり也. おもき荷をおほせまわりてこさるゝ見る目もうしとおもへは世の中の因果はうしの小車のめくり来てこゝてしするは, かやようにいろいろあさまし有り様, たゝ人界のさほうほとおそろ敷つたなき物ハなかりした也"를 참고하기 바란다.

밖에 없는 사람들이 조선에 들어와 다수의 조선인들을 잡아갔음을 알 수 있다.

한편, 《광해군일기光海君日記》(태백산본, 권114) 광해군 9년 정사丁巳 4월 19일 계축癸丑 조에 나오는 경상도 겸사복兼司僕[20]의 일원이었던 정신도鄭信道의 상서上書는 왜란 때에 포로로 잡혀간 전이생全以生의 보고를 인용하며 다음과 같이 적고 있다.

경상도의 겸사복 정신도가 상소하기를, "신이 지난 신해년 봄에 포로로 잡혀간 전이생 등의 편지를 얻어 보았는데, 그 가운데 국가에 있어 중대한 내용이 있었습니다. 신이 그에 대해 상세하게 말해보겠습니다. 전이생과 같은 처지의 사람들로서 사쓰마주薩摩州에 잡혀 있는 자가 3만 700여 명이나 되는데, 별도로 한 구역에 모여 산 지 장차 24년이 되어갑니다. 이들은 배운 것이라고는 창이나 칼을 쓰는 법이며, 연습한 것이라고는 싸움터에서 진을 치는 법뿐이어서 모두가 한 사람이 만 명을 당해낼 수 있습니다. 그런데 살아서 돌아가기가 이미 글렀으므로, 한갓 눈물만 흘리고 있으면서, 쇄환시켜달라는 한마디 말을 만 리 먼 길에 보내왔습니다. 그러니 그들의 고향을 그리는 정성이 애처로울 뿐만 아니라, 나라에 대한 충성심을 여기에서 볼 수가 있습니다. 더구나 지금은 바닷물을 내뿜는 큰 고래와 같은 자들이 비록 무기를 버렸다고는 하지만 배를 타고 오가면서 행상行商한다고 핑계 대고

---

20 겸사복은 조선시대 금군禁軍의 한 부대로 왕궁의 호위를 맡았다.

는 몰래 허실을 엿보면서 다시 꿈틀대려고 하고 있습니다. 그러니 동쪽 변
방에 대한 걱정을 어찌 하루인들 잊어서야 되겠습니까. 그들은 국가의 이해
利害에 대해 두루 알고 있으며, 또 진을 치는 법과 창칼 쓰는 법에 뛰어납니
다. 만약 그들을 쇄환해서 돌아오게 하고 잘 어루만져주면서 쓴다면, 국가에
보탬이 됨이 어찌 적겠습니까? 삼가 바라건대 전하께서는 이번 회답사의 행
차에 그들을 쇄환해 오라는 명을 함께 내려보내소서. 그럴 경우 한 가족이
서로 상봉하게 되어 어찌 마음속에서만 감격스러워하겠습니까. 국가에 충
성을 바치고자 하는 것이 10년 동안 충성하라고 가르친 것보다 더할 것입니
다. 전이생 등의 편지 역시 봉하여 올리니, 그들의 사정은 그 안에 모두 들어
있습니다. 감히 이상과 같이 아룁니다" 하였다. [이생以生 등의 편지는 내려
주지 않아 수록하지 않는다.] (밑줄 필자)

慶尙道兼司僕鄭信道上疏曰: 臣頃於辛亥春, 得見被虜人全以生等書, 其中有
關重於國家者, 臣請詳言之. 夫以生之類, 在薩摩州者, 三萬七百餘人, 別置一區,
將至二紀. 而所學者, 刀鎗也, 所習者, 戰陣也, 奚足當百. 皆可敵萬. 而生還已
矣, 徒自痛泣, 刷還一語, 遠寄萬里, 懷土之誠, 非但可矜, 向國之誠, 於此可想.
而況噴海長鯨, 雖曰已戢, 往來風帆, 托以行商, 陰伺虛實, 謀欲再動, 則東邊之
憂, 豈可一日忘? 渠等周知國之利害, 又善於戰陣刀鎗之才, 若推刷而還之, 撫
愛而用之, 則有補於國家, 豈淺淺哉? 伏願殿下今於回答之行, 兼寄刷還之命, 則
一家相逢, 豈惟感激于心? 願忠於國, 猶勝於十年之教訓也. 以生等書亦爲封上,
渠等情事具在於此. [以生等書未下不錄.] (敢此上聞.)

이 기사 가운데 밑줄 친 부분을 보면 "전이생과 같은 자 중에 사쓰마에

있는 자들은 3만 700여 명입니다"라고 하였으며 이어서 "별도로 한 구역을 설치하여 이미 2기紀(24년)에 이르려고 하고 있습니다. 배우는 것은 도창刀鎗과 전진戰陣인데 일기백당—騎百當이며 모두 만 명과 싸울 수 있다고 합니다. (중략) 엎드려 부탁드리옵건대 전하께서 이번에 회답을 가지고 올 사신 편에 쇄환의 명령을 내려주신다면 바로 일가—家가 서로 상봉하게 됩니다. 어찌 그냥 마음속으로 감격하지 않겠습니까? 충성을 국가에다 바치는 것 또한 10여 년의 교훈보다 가치 있을 것입니다"라고 말하고 있다.

이 글은 사쓰마에 3만여 명의 조선인 포로가 있는데 그들을 쇄환하여 자비를 베풀면 국가를 위해 상당히 유용하게 쓰일 것이라는 내용을 담고 있다. 이러한 보고는 일본 회답사回答使로서 파견된 오윤겸吳允謙의 사명감에 더욱 큰 기대를 안기게 하였다.[21]

그러나 사쓰마의 조선인 포로를 3만 700여 명이라고 전하는 전이생의 보고가 정유재란 때 사천의 싸움에서 시마즈군이 조선인을 죽여서 일본에 보낸 귀의 숫자를 잘못 듣고 쓴 것이라는 설도 있다. 즉, 나이토 슌스케는 전게서(《분로쿠·게이초 전쟁에서 잡힌 포로들의 연구》, 1976)에서 이 3만 700여 명이라는 조선인 포로의 숫자에 대해 다음과 같이 주장하고 있다.

---

21 오윤겸은 광해군 9년 1월 17일에 회답사겸 포로쇄환사回答使兼 捕虜刷還使의 정사正使로서 일본에 파견되었는데 이 사행使行의 중요한 임무는 조선인 포로를 쇄환하는 것이었다. 이 사행의 일본 왕복에 대해서는 《오추탄동사상일록吳秋灘東嗟槎上日錄》에 자세히 서술되었다.

아무래도 이 숫자는 좀 너무 많은 것 같다고 생각했지만 그 외에 여러 관련 기사를 종합해 5만~6만이라고 추정해보았다. 그렇지만 그 후에 사쓰마 현지에 직접 가서 조사해봤더니 이시다 미쓰나리石田三成가 다테 마사무네 伊達政宗에게 사천 전투의 승리를 보고한 서장書狀에서 "시마즈군이 성에 이르러 한 번 싸움에 3만 5,000여 수를 죽이고 포로로 잡았으며 진주천의 끝까지 쫓아갔는데 죽여서 그냥 버린 것은 그 수효를 알 수 없습니다於島津 城際逐一戰, 味方得勝利, 切崩三萬五千餘首討捕, 晉州川端迄追詰, 討捨不知其數" 라는 기사가 〈다테문서伊達文書〉에 있다.

같은 내용이 〈사쓰마사담집薩藩史談集〉에 "적군의 목 1만 108은 가고시 마 지역의 무리들이 토포한 것이고 목 9,520은 조사 지역의 무리들이 죽인 것이며 목 8,383은 도미노스미富ノ隈의 무리들이 죽인 것이다. 목 6,560은 이쥬인 겐지로伊集院源次郎가 토포한 것이고 목 4,146은 혼고 사쿠자에몬北 鄕作左衛門의 손으로 토포한 것이다. 합하여 3만 8,717이고 그 외에 목을 잘 라버린 자는 수를 알 수가 없다首一萬百八, 鹿兒島方之衆討捕. 首九千五百貳拾, 帖佐方之衆討捕. 首八千三百八十三, 富ノ隈方之衆討捕. 首六千五百六拾, 伊集院 源次郎手討捕. 首四千百四拾六, 北鄕作左衛門手討捕. 合三萬八千七百拾七, 此外 切捨者不知其數"와 같이 적혀 있다.

또한 덴포 14년(1843)에 간행된 《삼국명승도회三國名勝圖繪》에도 "게이 초 3년(1598) 10월 30일에 송령공松齡公(시마즈 요시히로), 자안공慈眼公(시 마즈 이에히사)이 사천 신새新塞에서 크게 전투를 벌여 적군을 격살擊殺하여 목을 땄는데 3만 8,717개, 그 귀를 잘라서 일본으로 보내셨다"라는 기사가 있다. 따라서 전술한 전이생이 전하는 사쓰마의 조선인 포로의 수를 3만

700여 인이라고 말한 것도 이 사천 전투에서 시마즈군이 조선인을 살해해서 일본으로 보낸 귀의 숫자를 잘못 듣고 그렇게 전한 것이라고 생각된다.

나이토 슌스케의 《분로쿠·게이초 전쟁에서 잡힌 포로들의 연구》(1976)에서의 이러한 주장을 뒷받침하는 기사가 있다.

앞에 든 《지리찬고》(권4) 〈사쓰마쿠니 히오키군〉 조에 "처음에 이 야만인들이 이곳에 온 것은 도요토미 히데요시가 조선 정벌 때인 게이초 3년 (1598) 10월 말일(朔日), 시마즈 요시히로의 자식인 이에히사가 사천 신새 新塞에서 크게 명군明軍을 물리치고 3만 8,717개의 수급을 얻어 그 귀를 잘라 일본으로 보냈다"라는 기사로부터 추측건대 시마즈군이 사천의 전투에서 3만 명의 목을 베어 일본에 보고했다는 것은 아주 유명한 이야기였을 것으로 보인다.

그렇지만 《월봉해상록》(권1) 〈적중에서 부산으로 돌아와 머문 날에 올린 상소〉의 말미에는 "또 우리나라 남자들이 전후 왜란에 포로로 잡힌 자들로 총을 쏘는 것을 배우고 (중략) 이제 찾아서 그 숫자를 총괄하면 무려 3만~4만 명이고 늙은이와 어린이의 수효는 그 배가 된다又況我國男子之前後被擄者, 習於放炮, (中略) 今若劃數搜括, 則無慮三四萬名, 而老弱者厥數倍之"라는 기사가 있어 임진왜란·정유재란 때 끌려간 조선인의 수는 앞에서 인용한 나이토의 처음 논문에서 추정되었듯이 조선군만 3만~4만 명을 포로로 데려갔고 민간인 노약자를 포함하면 그 배가 된다고 하였으니 적어도 5만~6만 명에 이를 것으로 보인다.

3. 왜군은 왜 조선인을 납치했을까?

그런데 왜군들은 왜 이토록 많은 조선인을 일본으로 납치해갔을까? 이에 대해 나이토의 전게서《분로쿠·게이초 전쟁에서 잡힌 포로들의 연구》는 일본 국내의 노동력 보충, 다도茶道의 유행과 도공의 수요, 미모 혹은 재능 있는 소년과 여자, 전란 중 일본군에게 협력한 자, 조선에서 왜군이 조선인 부인을 데리고 간 것 등의 이유를 들고 있다.

그러면 이렇게 많은 인원을 일본으로 끌고 간 실제 이유는 무엇일까? 일본에서는 왜란 중의 조선인 납치에 대하여 많은 연구가 있다. 여기서는 그간의 논의를 중심으로 왜군이 조선인을 납치해간 이유에 대하여 고찰하기로 한다. 일본에서의 연구가 비교적 객관적인 시각으로 논의하였기 때문에 이를 일별一瞥하는 것도 의미가 있다고 생각한다.

일본 국내에서 필요한 노동력의 보충을 위해 조선인 포로가 필요했다는 지적에 대해서 먼저 살펴보겠다. 임진왜란·정유재란 때에는 전체 일본군의 절반에 가까운 병사들을 출정出征시켰다고 본다. 전쟁터에서도 식량 자급을 위한 농지 경작이나 성을 쌓는 일 등의 필요한 노동력에 현지 조선인들을 투입했다는 점에 대해서는 앞서 언급한 승려 게이넨의《조선일일기》에서도 자세히 다루고 있다.

한편 일본 국내에서는 전쟁터의 병참兵站, 식량, 군수물품 등을 보급해야 할 필요성 때문에 일본의 농어촌으로부터도 상당수의 일반인들이 동원되었고 그 때문에 일본 국내의 노동력이 부족해졌을 것이다. 그 부족한 노동력을 보충하기 위하여 조선으로부터 오는 납치인이 필요했다는 것이다.

이 납치된 조선인들의 대부분은 '시역厮役, 시신厮薪, 시양厮養, 노복奴僕' 등으로 불렸던 것처럼 노예로서 허드렛일에 종사한 것으로 보인다. 이들의 수가 가장 많았다는 사실은 이경직李景稷의 《이석문부상록》[22]에 의해서도 알 수 있다.

즉, 통신사행 보고서인 《이석문부상록》의 정사丁巳(1617) 8월 23일 조에 다음과 같은 기사가 있다.

> 또 일본인들의 풍속에 가장 긴요한 것은 사환인데 조선의 포로가 된 사람들 태반이 노복이 되었다. 일본 주인이 (이들에게) 매번 공갈하기를 '조선인들의 쇄환자刷還者, 즉 고국으로 되돌아간 자들을 (조선에서) 혹은 죽이고 혹은 역도逆徒라 하여 절도絶島에 보낸다'고 하였다. 또 사신使臣들이 각자 불러 모으는데 (그들이 말하기를) '바다를 건너간 다음에는 많고 적음에 따라 쉽게 노예나 사환으로 만들어버린다'고 하였다.
>
> 且倭人之俗, 最緊使喚之人, 朝鮮被擄太半爲人奴僕. 主倭每喝: '以朝鮮人刷還者, 或殺或逆諸絶島. 且於使臣各自召募, 渡海之後随其多小, 便作己奴使喚. 云云.

---

22 《이석문부상록》은 석문石門 이경직이 광해군 9년(1617) 7월 4일에 포로쇄환사행捕虜刷還使行의 종사관從事官으로서 일본으로 건너가 동년 10월 18일에 귀국한 것을 일기 형식으로 적은 수기이다. 이 사행使行에 대해서는 정사正使 추탄秋灘 오윤겸의 《오추탄동사상일록》에도 소개되었다.

이처럼 납치된 조선인들은 노예로서 혹사를 당하는 한편 주인들이 피랍인들에게 조선으로 귀환하면 죽이든지 유배를 보낸다고 공갈하기도 했다는 것이다. 또한 그들이 일본에서 노예처럼 노동력으로서 매매되기도 했다는 사실은 앞서 든 게이넨의 《조선일일기》에서 이미 살펴본 바 있다.

더욱이 오윤겸의 《오추탄동사상일록吳秋灘東槎上日錄》[23]의 정사(1617) 7월 12일 조에는 다음의 기사가 있어 납치된 사람들 중에 팔려간 이들도 있다는 사실을 뒷받침해준다.

> 조흥이 대답하기를 "우리는 조부 때부터 대대로 조선의 두터운 은혜를 받아서 실제로는 조선인입니다. 항상 (통신사) 사행을 수행하였습니다. 또 이 일은 (납치된 조선인들의 쇄환은) 빈손으로는 불가하고 반드시 재물이 있어야 가능한데 그동안 팔아 없앤 사람도 없지 않습니다"라고 하였다.
>
> 調興答曰: "吾自祖父世受朝鮮厚恩, 吾實朝鮮人. 常隨使行終始往還, 嘗極力周旋云. 且此事不可空手, 而爲必有財可爲, 其間不無買出之人"云.

또한 《간양록》의 〈적중에서 듣고 본 것賊中聞見錄〉 가운데 "그때에 비전備前의 중납언中納言 벼슬을 하는 풍수가(도요토미 히데이에)라는 자가 있었는데 그는 수길秀吉의 양녀와 결혼한 그의 사위로 처음에 적성赤城이라고

---

23 오윤겸의 《오추탄동사상일록》은 그가 광해군 9년(1617) 7월부터 동년 10월까지 포로쇄환사행捕虜刷還使行의 정사正使로서 일본을 왕복한 것을 일기 형식으로 쓴 수기이다. 여기에 인용한 것은 《해행총재》에 수록된 것이다.

하는 파마수播磨守의 휘하에 있다가 서울에 들어와서 남별궁南別宮을 공격할 때에 (왜군이) 살육하고 약탈하는 것을 만류하였고 우리나라 어린 소년들을 다수 사로잡아 일본으로 데리고 돌아갔다有日備前中納言豊秀家者, 秀吉之養女壻也. 初以赤城播磨守之麾下, 入京昕南別宮. 頗禁殺掠, 多生摛我國年少男子以歸"라는 기사가 있다.

이에 의하면 비젠備前[24]의 주나곤中納言 벼슬에 있던 도요토미 히데이에豊臣秀家가 한양에 침입해 남별궁[25]을 공격했을 때 살략殺掠을 금하고 나이 어린 남자를 다수 데려갔음을 기록하였다. 히데이에는 도요토미 히데요시의 양녀와 결혼한 우키타 히데이에宇喜多秀家를 지칭하는 것 같다. 그는 히데요시의 사위가 되어 도요토미豊臣란 성성姓을 받았다. 아카기赤城라고 하는 하리마노카미播磨守의 휘하에서 왜란에 참가했음을 알 수 있다.

이처럼 나이 어린 남자를 데려간 것은 일본 국내의 노동력을 보충하기 위해서였다고 봐야 할 것이다. 정희득처럼 도쿠시마德島의 유식有識 계급으로부터 우대받았던 납치인도 자신이 하는 일에 대해 "고통을 감당하기 어렵고 슬픈 사연은 얼크러진 실타래와 같다不堪其苦, 悲辭萬端"(《월봉해상록》선조 3년 2월 11일 조)라고 말한 것처럼 피랍된 조선인들은 고된 노동에 시달리고 있었던 것이다. 사족士族으로서 대우를 받던 월봉 정희득조차 이러한 상황에 있었으니 일반 납치인들은 노예 그 자체였음을 알 수 있다.

---

24 현 일본의 오카야마현岡山県의 일부를 가리키는 옛 지명.

25 남별궁은 조선 한양의 송현松峴에 세워진 왕의 별궁으로 선조 26년(1593)에 한때 종묘를 여기에 안치했었으나 정유재란 때 약탈을 당하여 그 이후에는 청清 사신의 숙소가 되었다.

다음은 다도茶道의 유행과 도공의 수요를 위하여 조선인을 납치한 것에 대해서 살펴보겠다. 도요토미 히데요시의 조선 침략은 '도자기전쟁'이라고 불릴 정도로 전란 중에 왜군들은 도자기를 약탈하기 위하여 혈안이 되었다. 당시 일본의 영주(藩主)들은 조선의 도자기에 흥미를 두었고 일본에서는 찻잔 하나가 성城 하나 정도의 가치를 지녔었다고 한다. 그렇기 때문에 질 좋은 도자기를 영구적으로 얻기 위해 조선인 도공을 잡아가려고 하였던 것이다.

앞에서 소개한 〈고려전 도기 기원 제조서〉의 머리말에 "분로쿠 연간에 옛 주인(시마즈 요시히로를 말함)이 조선의 전쟁터에 머물고 있을 당시, 도자기 제조에 뛰어난 자를 찾아서 게이초 3년(1598)에 귀국할 때, 조선인을 많이 데리고 와서 가고시마, 또는 히오키군日置郡 구시키노, 이치키 가미노가와 등지에 두었습니다. 바로 이곳이 그들이 착선着船한 장소입니다"라는 기사가 있는데 이에 의하면 그들이 납치하여 일본에 데려와 내려놓은 가고시마, 구시키노, 가미노가와 등지는 사쓰마번의 시마즈 요시히로의 영지領地였으며 이곳에 조선에서 납치한 조선인들을 내려놓았음을 알 수 있다.

잡혀 온 도공들의 출신지는 조선의 전라도 남원과 경상도 성산星山 등 조선에서 유명한 도자기 산지였다. 그들은 이후에 나에시로가와에 모두 옮겨져 그곳의 고려인 마을에 살게 되는데 이에 대해서는 '4장 사쓰마의 고려인 마을'에서 자세히 고찰하도록 하겠다.

왜군들은 미모 혹은 재능이 있는 소년과 여자를 전리품으로서 취급하여 임진왜란·정유재란 때에 다수의 소년과 여자를 잡아 납치해갔다. 도요토미 히데요시는 한문漢文에 재능이 있었던 우후虞侯 이엽李曄을 총애했고 이성립李成立, 김춘복金春福을 환자宦者(환관)로서 히데요시의 정처正妻인 기타노만도코로北政所의 시중을 들게 했다. 이들은 임진왜란·정유재란 때 잡혀간 피랍 조선인 중에 섞여 있던 재능이 있는 소년들이었다.[26]

이렇게 끌려온 재동才童들 가운데는 부유한 상인의 양자養子가 된 자도 있었고 차방주茶坊主(권력자 옆에서 손님 접대 등의 일을 하는 사람)로서 영주들의 측근에서 시중드는 자도 있었다. 도쿠가와 이에야스德川家康의 시종〔侍者〕이 된 소년 윤복允福이나 와키자카 야스하루脇坂安治(별명은 中書)의 차방주였던 박승조朴承祖 등이 그러한 예이다. 이들 납치된 재동의 이름은 일본에 온 포로 쇄환사관刷還使官의 수기手記에 세 차례 등장한다.

본국으로 쇄환되어 사역원司譯院의 왜학역관倭學譯官이 된 강우성康遇聖도 납치된 재동 중의 한 사람이었다. 그는 10세 때인 임진년(1592)에 진주성晉州城이 함락될 때에 납치되었다가 10년 후인 선조 34년(1601)에 쓰시마의 다치바나 도모마사橘智正가 피랍 조선인을 쇄환할 때에 조선에 돌아온 것으로 보인다.

그는 조선에 돌아와 일본어 역관으로 활약하였다. 광해군 원년(1609)에

---

26 이엽은 왜란 때에 기요마사군淸正軍에 잡혀 도요토미 히데요시에게로 보내졌다. 히데요시는 그의 재능을 사랑하여 그를 오구라가大藏家에 맡겨 비단옷을 입히는 등 총애하였다. 이엽은 후에 납치된 조선인으로 일본어를 아는 장사壯士와 합세하여 히데요시가 준 은전銀錢으로 배를 사서 도주를 도모했지만 수일 후에 오구라에게 발각되어 수륙水陸으로 추격을 당하고 잡히게 되자 자살했다고 《간양록》에 적혀 있다. 그 외에 이성립, 김춘복 등도 모두 강항의 《간양록》과 강홍중의 《동사록》 등에 그 이름이 보인다.

실시된 만력기유萬曆己酉의 증광시增廣試 역과譯科 왜학倭學에 응시하여
합격하였다. 이후 광해군 5년(1613)부터 동래東萊 부산포釜山浦의 왜학훈
도를 지냈고 왜학역관으로 포로쇄환捕虜刷還의 사행使行을 세 번이나 수
행하였다.

즉, 광해군 9년(1617)에 오윤겸을 정사正使로 한 '정사회답겸쇄환사丁巳
回答兼刷還使'와 인조 2년(1624)에 정립鄭岦을 정사로 한 '갑자甲子회답겸쇄
환사', 그리고 인조 14~15년(1636~1637)에 임광任絖을 정사로 하여 일본에
간 통신사행의 수행이 그것이다. 그리고 사역원 왜학의 일본어 교재인
《첩해신어捷解新語》를 저술하여 이는 왜란 이후 일본어 교육의 유일한 교
재로 사용되었다(졸저,《역학서의 세계》, 박문사, 2017).

그리고 일본 다이묘나 그 밑의 사무라이의 시녀, 또는 처첩妻妾이 된
여인으로는 도요토미 히데요시의 정처正妻를 시중들던 남충원南忠元의 부
인을 들 수 있다.[27] 또한 전 선공감繕工監 판관判官이던 박우朴佑의 두 딸
중의 한 명은 도쿠가와 이에미쓰德川家光의 시녀가 되었고 다른 한 명은
이와쿠니岩国의 태수太守인 깃카와 히로이에吉川廣家의 시녀가 되었다고

---

27 남충원에 대해서는 강홍중의 《동사록》 갑자년 11월 23일 조에 "계유 일에 포로로 잡힌 이성립, 김춘복
이란 자는 일찍이 강康, 박朴 두 역관과 서로 알았다. (중략) 또 이들은 환자宦者, 즉 내시일 뿐 아니라 일
찍이 기타노만도코로의 물자 공급 사령이었으며 남충원의 여자와 며느리도 역시 그곳에 있어 모두 신
임을 받았다. 그러나 기타노만도코로가 9월에 죽고 이제 의탁할 곳이 없게 되어서 지금 간파쿠關白의
분부를 기다리고 있는 중이다. 이(성립)는 무장茂長 사람이고 김(춘복)은 진주 사람으로 일찍이 사직동에
사는 내관의 양자가 되었다가 임진년에 포로가 되었다고 한다. 기타노만도코로는 히데요시의 본처를
말한다癸酉有被擄人李成立, 金春福者 曾與康, 朴兩譯相知. (中略) 且言渠輩但以宦者, 曾在北政殿供給使令, 南忠元女子
及子婦亦在其處, 皆見信任. 而北政殿已於九月身死, 故今無所托, 當待關白分付以處云. 李即茂長人, 金是晋州人, 曾爲養子
於社稷洞居內官, 被擄於壬辰云. 北政殿即秀吉本妻也"라는 기사 참조.

한다.²⁸

그 외에 조선 종실宗室의 여자로 히고肥後 태수 휴가노카미日向守의 여동생의 시녀가 된 사람도 있었고, 히라도平戶 태수의 첩은 창원 양반의 자녀였다고 한다. 그리고 고니시 유키나가小西行長의 부장部将이었던 오카다 쇼겐岡田将監의 부인은 조선인이었고²⁹ 이키노시마一岐島 도주島主의 부인과 그 일족인 마쓰우라 구로우도松浦藏人의 생모는 모두 창원 출신의 피랍 조선인으로 자매였다고 한다.³⁰

쓰시마의 사자使者로서 종종 조선에 온 바 있는 다치바나 도모마사의 부인도 조선인이고³¹ 국서國書 변경의 큰 사달을 일으켰던 야나가와 시게

---

28 납치된 박우에 대해서는 이경직의 《이석문부상록》에 "22일 갑인 비가 오다. (중략) 포로가 된 4인이 들어와 보였는데 하나는 자칭 (조선의) 전 선공감 판관 박우라고 하고 일본 이름은 휴암休庵이라고 하며 승려가 되어 의업醫業을 한다고 한다. 이즈시마嚴島에 있으며 이와쿠니의 태수인 깃카와가吉川家의 히로이에廣家에게 의탁하고 있었다고 하는데 전라도 나주 사람이라고 한다. (중략) 박우가 스스로 말하기를 (중략) 배 한 척을 얻어 살던 곳으로 돌아가려고 했으나 처와 자식을 데리고 있어 중로에 잡혔다고 한다. 자녀가 6, 7인이 있는데 한 딸은 에도 쇼군将軍의 측실이라고 한다 二十二日甲寅 雨, (中略) 被擄人四人來謁, 而一則自稱前繕工監判官朴佑, 倭名休庵, 爲僧業医. 在嚴島, 托於岩國太守吉川家廣家, 全羅道羅州人也. (中略) 朴佑則自言: (中略) 若得一隻舡, 営還所居, 携妻孥追及中路. 有子女六七人, 一女則在江戸将軍之側, 一女則廣家之側"(이 책의 정사년 9월 조)라는 기사 참조.

29 이에 대해서는 강홍중의 《동사록》갑자甲子년 11월 20일 조에 "20일 경진 맑음, 해가 떠서 출발하여 사도가와佐渡河의 부교를 지나 여염의 객사인 묵가관墨街館에 이르다. 역시 미노슈美濃州 지방으로 쇼군将軍 직속의 땅이다. 오카다 쇼겐岡田将監이란 자가 오가키大垣에서 일부러 와서 접대를 하였는데 이 사람은 임진년에 평행장(고니시 유키나가를 말함)을 수행하여 평양을 왕래한 사람이다. 스스로 자기 처가 조선인이라고 말하고 아들을 낳아 이미 장성하였으며 지금 에도江戸에 산다고 하였다 二十日庚辰晴, 日出後發行, 過佐渡河浮橋, 至墨街館於閭閻店舎. 亦美濃州地方, 而将軍藏入之地也. 岡田将監自大垣來臨支待, 此人即壬辰年随平行長, 往來平壤者也. 自言其妻乃朝鮮人, 生子巳長, 今住江戸云"라는 기사 참조.

30 황호黃㦿의 《만랑동사록漫浪東槎錄》의 병자丙子년 10월 25일 조 참조.

31 이경직의 《이석문부상록》정사丁巳년 10월 6일 조의 "다만 이 섬에 있는 조선인들은 전에 이미 모두 쇄

오키柳川調興의 경우도 전술한 오윤겸의 《오추탄동사상일록》의 기사(정유년 7월 10일 조) 중에 "나는 실제로는 조선인이다吾實朝鮮人云云"라고 서술되어 있는 점으로 보아 그의 어머니는 피랍인이었거나 그 전에 조선에서 건너간 사람이었을 것으로 보인다.

　일본에 머물러 있으며 쇄환에 응하지 못한 자들로서 전란 동안 일본군에게 협력한 자, 즉 조선인 배반자들이 있다. 이들에 대해서는 〈묘대천유장〉에 "조선인은 모두 다테노立野 근처에 두어야 한다고 지시를 내리셨지만, (정유재란의) 남원성南原城이 함락될 때에 왜군에게 길을 인도해주었던 가의嘉儀라고 불리는 자가 먼저 배를 타고 가고시마에 와서 거주하고 있다는 것을 듣고 <u>그자와 함께 거주하는 것이 어떨까 여기어</u>[32] 시마다이라에 거주하고 싶다고 부탁드렸습니다"라는 기사가 있다. 여기에 나오는 '가의'는 〈유래기〉에서는 주가희朱嘉喜라고 적혀 있다.[33]

　이 기사로부터 정유재란으로 남원이 함락되었을 때 조선인 '주가의'라는 자가 시마즈군을 남원성으로 안내하여 결국 낙성落成에 이르게 하였고 왜군이 일본으로 돌아갈 때에 동행하여 사쓰마의 가고시마에 살고 있었

환되었고 지금 빠진 자들은 모두 돌아가기 어려운 약간 명인데 예를 들면 다치바나 도모마사의 정처正妻와 같은 사람들이다但在此島者, 前己尽還, 尚今遺落者, 皆是難便之約干人, 如橘智正正妻者也"라는 기사 참조.

32 밑줄 친 부분의 원문은 원저에서 "その者と一所に罷居候事を如何に存"로 옮겨 적었다.

33 이에 대해서는 〈유래기〉의 "게이초 3년(1598) 남녀 40여 인이 조선국으로부터 건너올 때 가고시마의 다테노에 거주하도록 하라고 명령하였으나, 먼저 온 배로 조선을 배반한 적이 있는 사람들이 와 있었기 때문에 [남원성이 함락될 때 인도한 주가의朱嘉儀라는 자가 아닐까] 그들과 한곳에 있을 수 없으니 배가 도착한 구시키노에 그대로 머물게 해달라고 부탁해 6년 정도 그곳에 머물렀다"라는 기사를 참조할 것.

음을 알 수 있다. 따라서 남원성의 함락으로 납치된 조선인 도공들은 그를 불구대천不俱戴天의 원수로 알았을 것이다.

일본군에 조력했던 자는 주가의뿐이 아니었다. 정유재란 때 일본의 휴가日向로 끌려온 진주의 신응창愼應昌은 탈출해서 오사카에 도착했으며 마찬가지로 일본으로 끌려온 임천林川의 사족士族 이문장李文長과 함께 배를 구하여 1615년 9월에 사쓰마까지 탈출했다. 그러나 이문장은 귀국하면 벌을 받게 될 것이 두려워 사쓰마번에 투항하여 귀국을 포기했고 신응창만 귀국하게 되었다고 한다.[34] 아마도 이문장 또한 전란 중에 일본군에게 협력한 일이 있었을 것이다.

왜란 때에 잡혀간 조선 피랍인 가운데는 전란 중에 가족이 모두 몰사하였기 때문에 돌아가도 연고緣故가 있는 가족이 없어 일본에 주저앉은 사람도 있었던 것 같다.

선조 31년(1598)에 시마즈 요시히로 군대에 피랍되어 일본의 사쓰마로 끌려간 80여 조선인 가운데 20여 명이 가고시마鹿兒島의 앞바다인 마에노하마前之浜에 상륙했다고 하는 기사가 있다(〈先年朝鮮より被召渡留帳〉).

이 중에 섞여서 이곳에 내린 강위천姜渭川은 유학자儒學者로서 요시히로가 중용하여 손자인 미쓰히사의 한문 교사로 발탁하였고 그의 자손들은 사쓰마번의 사무라이〔藩士〕로 대접을 받게 하였다. 또 전술한 《성향

---

34 이에 대해서는 《비변사등록備邊司謄錄》 광해군 9년(1617) 정월正月 을해乙亥·병신丙申 조의 기사 참조.

집》[35]에 다음과 같은 기사가 있다.

고려(조선을 말함)로부터 잡혀 온 사람들도 언어가 전혀 통하지 않고 벼슬을 주어 쓰려고 하여도 도움이 되지 않았다. 여기서 (조선으로) 돌아가려는 무리가 모두 주인으로부터 말미를 얻기를 신청하였고 조선인은 남아 있지 않고 모두 돌아가게 하였다. 그 안에 사무라이가 되어 (남아 있는) 마에가와 이센과 야스오카 이즈 두 사람은 일가가 모두 전사하여 돌아가더라도 이야기를 나눌 사람이 없고 또 이들의 상전인 유신님惟新樣(시마즈 요시히로를 말함)의 뜻을 저버리기도 어려워 여기에 남아서 은혜에 보답하려고 잔류하겠다고 한다.

高麗より捕來候者も言語然と不通, 召仕候でも用に不立候. 出家の類は皆々主人より暇出し爲申由候. 朝鮮人不殘罷歸候. 內に士には前川爲仙, 安岡伊豆兩人故國に而一門ことごとく戰死仕, 罷歸候ても無詮事に候. 其上於此方, 惟新樣御意難有被仰付候間, せめて御國に罷在可奉御恩と申て殘留爲申由.

내용은 조선(고려라는 표현은 이런 뜻으로 쓰임)에서 잡혀 온 사람들도 언어가 전혀 통하지 않아 일을 시켜도 도움이 되지 않기 때문에 여기서 나가려고 한 무리들도 주인으로부터 돌아가게 하였으니 조선인은 모두 돌아

---

35 《성향집》은 일본 메이와明和 7년(1770)에 시미즈 모리카가 사쓰마번의 16대 영주 요시히사義久로부터 20대 쓰나타카綱貴까지의 5대에 걸친 영주와 가신家臣들의 명언이나 선행善行을 모아놓은 책으로 권1에는 왜란 때에 납치된 조선인들의 동향이 〈고려왕자지사高麗王子之事〉란 제목으로 정리되었다.

가서 남아 있지 않게 되었다는 것이다.

그 가운데 사쓰마번의 사무라이가 되어 남아 있는 마에가와 이센과 야스오카 이즈 두 사람은 전란 중에 일가가 모두 전사하여 이제 돌아간다 하여도 고국에서 말을 나눌 사람이 없다고 하였다. 이 사람들의 상전인 유신님의 뜻을 거스르기가 어려워 고국에 돌아가지 않고 은혜를 갚기 위하여 잔류하고자 한다는 뜻이다.

이 내용을 보면 사쓰마에 잡혀 온 조선인 가운데 이미 일본에서 사족土族의 대접을 받고 정착한 사람들은 고국에 돌아가기를 꺼렸던 것이다. 그리고 이미 일본에 귀화하여 일본에서 살아갈 준비가 된 경우이다. 전게한 강항의 《간양록》에 "일찍이 온 자들은 반은 왜인이 되어 돌아갈 계획이 없어졌고 신이 암암리에 몸을 던져 아무리 깨우쳐도 응하는 자가 아무도 없습니다曾來者半化爲倭, 歸計已絶. 臣暗以挺身西奔, 一事開諭, 莫有應者"라는 기사나 정희득의 《월봉해상록》에 "오래된 자는 왜인으로 변하여 돌아갈 생각은 이미 끊어졌습니다久留者化而爲倭, 歸計已絶"라는 기사에서 알 수 있는 것처럼 그들은 일본에 정착하여 돌아갈 생각이 없었던 것이다.

강홍중의 《동사록》[36]에 잡혀간 조선인들이 일본 주인의 감시 때문에 쇄환에 응할 수 없음을 알려주는 기사가 있다. 앞에서 살펴본 갑자년의 일본 사행은 일본의 요청에 따라 에도 막부의 쇼군 도쿠가와 이에미쓰德川家光가 습직襲職한 것을 축하하는 하사賀使였으나 왜란에 잡혀간 피랍 조

---

36 강홍중은 정립을 정사正使로 하는 갑자년(1624) 일본 사행의 부사副使였다. 그가 귀국하여 조정에 보고한 내용을 책으로 간행한 것이 《동사록》이다.

선인의 쇄환도 중요한 임무의 하나였다.

갑자년 통신사행通信使行은 인조 2년(1624) 8월 20일에 서울을 떠나 9월 16일에 부산에 닿았고 27일까지 그곳에 체류하다가 28일에 배를 타고 일본으로 출발하였다. 쓰시마에서 다치바나 도모마사가 왜倭 사공 12명을 이끌고 일행을 안내하러 왔다. 10월 2일에 출범해서 쓰시마의 구지라우라鯨浦에 도착하였다. 쓰시마 도주島主의 숙부叔父와 평조신平調信, 즉 야나가와 시게노부가 마중을 나왔고 4일 저녁에 도주島主 요시나리義成와 그의 부하들을 만났다.

풍랑 때문에 20일까지 쓰시마에 머물렀는데 15일 조의 기사를 보면 숙소인 해안사海晏寺에 소동小童 등이 와서 말하기를 "한 여자가 있는데 나이가 50여 세이고 (중략) 지나가던 하인과 만났더니 자기는 전라도 옥과玉果 사람으로 붙잡혀서 쇼군에게 끌려온 지 28년이 되었다고 한다. 본국으로 돌아가고 싶지만 이곳의 법령이 엄중해서 자유롭지 못하니 사행使行이 돌아갈 때에 동지 여러 사람과 몰래 도망가고 싶다"라고 하였다. 다만 이 일은 비밀로 해주면 좋겠다고 하였다고 한다.

강홍중 부사副使가 사행의 소통사小通事로 하여금 그 여인이 있는 곳을 찾아보도록 하였으나 본인은 이미 사라졌고 보이지 않았다고 한다. 이를 보면 왜란 중에 납치된 사람 중에서 돌아가고 싶어도 일본 주인이 허락하지 않고 또 도망하려 해도 감시가 엄중하여 돌아갈 수가 없었음을 알 수 있다.

강홍중이 부사였던 갑자甲子(1624) 사행에서는 이미 왜란 때에 피랍된 조선인의 쇄환이 쉽지 않았음을 말한다. 이 사행이 쓰시마의 도주島主와 그 부하들을 만났을 때에 자신들의 임무 중에 왜란의 피랍 조선인들을 쇄환하는 일이 가장 중요함을 강조하였으나 쓰시마 측의 답변은 부정적이었다.

즉, 피랍인의 쇄환이라는 사행의 임무는 강홍중의 《동사록》에 "(부사가 말하기를) '이런 일은 전에도 있었지만 들리는 바에 의하면 이 섬에도 아직 피랍 조선인들이 많다고 한다. 그들을 우리 일행에게 면회시키지 않는 것은 왜인들이 방해해서 보여주지 않기 때문이다. 너희가 이 일을 각지에 명령하여 방해하지 않도록 노력하라'라고 말했으나 쓰시마 측에서는 '교시敎示하신 대로 이루어지도록 진력盡力하겠으나 다만 쇄환의 일을 만일 미리 포고를 내어도 아마 방해가 있어서 좋게 끝나지 않을 것을 걱정합니다. 원하옵건대 조용하게 이 일을 진행해서 사행이 돌아갈 때에 여러 곳에서 들어보고 알리는 것이 차질이 없겠습니다'라고 하였다"라는 기사가 있어 쓰시마에서도 납치인의 쇄환을 즉시 시행할 것을 거부하였음을 지적하고 있다.

또 강홍중은 《동사록》에서 에도江戸에 가는 도중에 몇몇 피랍 조선인을 만났지만 그들은 돌아갈 생각보다 고국에 있는 친척들의 안부에 관심이 있을 뿐 당시 조선의 사정을 몰라서 귀국을 결정하지 못하는 경우가 많다고 기술하였다. 이미 30년 가까운 세월이 흘러서 있던 곳을 떠나 가볍게 귀국을 결정하기가 어려웠을 것이다.

4. 피랍인의 쇄환과 사쓰마의 피랍 조선인

임진왜란·정유재란 때 다수의 조선인이 납치되어 일본으로 끌려갔다는 것과 특히 사쓰마번의 시마즈군이 많은 조선인을 납치해서 사쓰마에 끌고 갔다는 것에 대해서는 앞에서 고찰하였다. 다음으로 일본으로 끌려간 피랍 조선인들은 그 후 어떻게 되었으며, 그들의 쇄환 상황은 어떠했는지 등의 문제를 살펴보도록 하겠다.

임진왜란·정유재란은 히데요시의 죽음과 함께 종료되었지만 이 전쟁은 그동안 조선과 일본, 명나라에 각각 상당한 인명피해와 물자 손실, 국토의 황폐화를 가져왔다. 그중에서도 전쟁터였던 조선의 피해가 가장 컸다는 것은 두말할 나위도 없다. 전쟁이 계속되는 와중에 빠르게도 선조 25년(1592) 임진년 8월 말부터 철병撤兵 강화講和의 교섭이 있었지만 합의를 보지 못하고 정유재란을 초래했다.

그러나 도요토미 히데요시가 사망하자마자 화의和議는 급속하게 진행되었고 왜군은 12월까지 전원 일본 규슈의 하카타博多에 귀환하였다. 강화의 교섭은 종래의 관계상 고니시 유키나가와 쓰시마의 소 요시토시가 주로 알선했는데 이 교섭 과정에서 조선인 포로의 송환 문제도 의논되었다.

여러 해에 걸쳐 이루어진 교섭 경과에 관해서는 나카무라 히데타카의 〈에도시대의 일선관계江戸時代の日鮮關係〉(岩波講座《日本歷史》에 실림)와 《일선관계사 연구日鮮關係史の研究》, 도쿠토미 소호德富蘇峰(德富猪一郎)의 《근세일본국민사近世日本國民史》와 《조선전쟁朝鮮役》 등에 상술되어 있으므로 여기에서는 그 개요만을 적어두겠다.

임진왜란·정유재란이 끝나고 왜군의 철병이 완료된 지 얼마 안 되는 게이초 3년(1598) 말에 쓰시마 도주島主인 소 요시토시와 조선의 관리 및 조선 출병의 명군明軍 사이에 강화 교섭이 시작되었다.《선조실록》(권115) 선조 32년 7월 신유 조에, 만력萬曆 27년(1599) 7월 23일부의 부산첨사釜山僉使 이종성李宗誠 및 명군 경리經理 만세덕万世德(朝鮮軍務都察院) 앞으로 온 도요토미豊臣[37] 시게노부調信의 글에 다음과 같은 기록이 있다.

일본의 서계는 다음과 같다. "일본국 도요토미 시게노부는 삼가 조선국 부산釜山 영공令公 대인에게 [이때 이종성이 첨사僉使였다] 서신을 보냅니다. 명군 장수의 질관質官 3명과 차관差官 하응조河應潮·왕양汪洋, 그리고 가정家丁의 장사종張思宗·왕경王慶·소학蘇學 등을 선주船主 도시미智實에게 차임하여 귀국으로 호송하게 하였습니다. 우리나라의 다이코太閤 전하[38]가 죽고 사자嗣子 히데요리秀賴가 계승하였는데, 온 나라의 형세는 다이코 전하가 있을 때에 못지않습니다. 이것은 모두 명나라 사람들이 목격한 일입니다. 지난해에 명군明軍의 장수 제위와 약속한 데 따라 철병하였는데, 아직까지 귀국의 사신이 바다를 건너오지 않으니 그 무슨 일 때문인지 알 수 없습니다. 만약 명군의 장수가 약속을 변경하면 싸움이 그치지 않을 것인데, 어찌 일개 사신을 아끼다가 만민의 생명을 죽이려 합니까. 지난 섣달에 선주船主 이에쓰구康近를 차임하여 명군의 질자質子와 차관差官 3명을

---

37 원래 성은 야나가와柳川이다.

38 도요토미 히데요시를 가리킨다.

부산으로 보냈는데 귀국이 억류하였고, 이에 앞서 요시라要時羅를 차임하여 왕경王京에 사신으로 보냈는데 이 역시 돌려보내지 않으니, 무엇 때문인지 알 수 없습니다. 비록 1,100명의 사신을 억류해둔다 하더라도 일본은 애탈 것이 없습니다. 이런 일은 소인小人의 처사로서 관대하고 어진 도리는 아닐 듯합니다. 돌려보내고 돌려보내지 않는 문제는 반드시 조정의 의논이 있을 터이니 일본이 어떻게 억지로 요구할 수 있겠습니까마는, 태평을 이루는 기책奇策은 사신을 건너보내는 한 가지 일만이 있을 뿐입니다. 시게노부가 귀국에 대해 충성을 바친 것이 지금까지 한두 번이 아닙니다만 지금은 더욱 가만히 참고 있을 수 없어 누누이 심정을 말씀드리는 바이니 이 말을 예조禮曹 대인에게 갖추어 진달하시기 바랍니다.

또 지난해 왜장이 전라도를 함락할 때 도요토미 시게나리豊臣茂成가 귀국 사람을 잡아 왔었는데, 지난겨울 시게나리를 떠나서 쓰시마에 도착한 사람들인 유욱柳澳과 [처 곽씨郭氏 및 처제]·정희득鄭喜得(希得의 잘못으로 보임)·정경득鄭慶得·[자녀]·정증鄭憕·주현남朱顯男·정호인鄭好仁·유여굉柳汝宏·유여녕柳汝寧·임득제林得悌 [처]·유흥남柳興男·정호례鄭好禮 [여자 4인]을 지금 배편으로 보냅니다. 금후로 두 나라가 우호관계를 맺으면 떠나간 자나 도망간 자, 또는 이곳에 머문 자들을 반드시 배로 내보낼 것인데, 이 사실 또한 예조 대인에게 진달하면 좋겠습니다. 나머지는 하나하나 양해를 구하면서 황공하여 머리 조아리며 이만 줄입니다."

倭書契: 日本國豐臣調信, 謹寄書朝鮮國釜山令公大人足下. [時李宗誠爲僉使] 天將質官三位, 差官河應潮·汪洋, 家丁張思宗·王慶·蘇學等, 差船主智實, 送到貴國. 吾邦大閤殿下 [指平秀吉] 薨矣, 嗣子秀頼立, 合國事勢, 不減于殿下在日, 蓋是天朝人

所見也. 去歲, 因天將諸位約束, 日本撤兵. 爾來貴國使价, 未能過海, 不知其事如何? 天將約命若變, 干戈不止, 何愛一介使臣, 欲奪萬民性命乎? 去臘, 差船主康近, 送天將質子, 差官三名, 到釜山, 貴國留之, 先是, 差要時羅使于王京, 是亦不放還, 不知何謂乎? 縱留使价千百人, 亦日本不足傷之, 恐是小人之事, 而不寬仁之道乎! 至於其歸不歸, 則必在廷議, 日本豈可強求之乎? 太平奇策, 只止于使价過海一事而已. 調信致丹誠於貴國者, 終始不可以一二計焉, 今也猶不獲默止, 縷陳卑臆. 請以此言, 具達禮曹大人.

又前年倭將陷全羅道之日, 豐臣茂成捉貴國人來, 去冬辭茂成, 到陋嶋之徒柳澳, [妻郭氏及妻弟] 鄭喜得, 鄭慶得. [女子] 鄭憕, 朱顯男, 鄭好仁, 柳汝宏, 柳汝寧, 林得悌[妻] 柳興男, 鄭好禮[女四人] 今附于船尾以送之. 自今以往, 兩國屬和, 則或辭去者, 或逃去者, 又在此地者, 必差船送之, 是亦達禮曹大人則好矣. 餘一一恕宥. 惶恐頓首. 不宣.

이 기사를 보면《월봉해상록》을 써서 왜란의 참상을 알린 정희득도 그들의 가족과 함께 쇄환되었음을 알 수 있다. 그는 도쿠시마의 영주였던 하치스카 이에마사에게 피랍되었다가 이때에 쇄환된 것으로 보인다. 본서의 2장에서 그가 정유재란이 시작된 선조 30년(1597)에 전라도 영광 앞 바다에서 하치스카군의 부장副將인 모리 고시치로에게 붙잡혀 그들의 영지로 끌려갔다고 하였다.

정희득의 쇄환에 도움을 준 사람은 앞에서 언급한 도쿠시마의 영주領主인 하치스카 이에마사의 이부異父 형제로 일본에서 성리학자로 이름이 높은 동악선사東岳로 알려진 인물이다. 그의 도움으로 (정희득은) 도쿠시마를 떠나 나고야를 거쳐 쓰시마에서 앞에 언급한 기사대로 가족들과 함께 조선으로 떠나 선조 32년(1599)에 부산에 도착하여 귀환하였다.

선조 31년(1598) 12월에 선주船主 이에쓰구가 조선에 파견된 것을 시작으로 이듬해인 선조 32년(1599) 3월에는 쓰시마의 사신使臣이 건너와 우호적인 국교 회복을 요청하였다.[39] 거기다가 같은 해의 6월에는 선주 미나모토 도시미源智實가 명나라의 질관質官인 왕건공王建功 등의 사자使者인 하응조, 왕양 및 조선인 포로를 동승시켜 부산에 도착한 다음 부산 첨사僉使인 이종성과 명나라 측에 인도하였다.

이때에 월봉 정희득 등도 쇄환되었는데 이것이 최초의 공식적인 포로 쇄환이었던 것 같다.[40] 그러나 미나모토 도시미는 한양漢陽에 보내져 논의 끝에 명나라 장수의 손에 넘겨서 억류되었다.[41]

또한 선조 33년(1600) 2월에 조선이 일본군의 포로를 돌려주며 서계書契를 보내 강화講和의 뜻을 알리자 일본은 같은 해 4월에 선주船主 조시調次(石田甚衛門)를 사자使者로 하여 명나라의 질관質官 및 쓰시마의 소 요시토시, 야나가와 시게노부가 조선의 예조禮曹 앞으로 보내는 서계書契를 전달

---

39 임진왜란·정유재란 때 조선 남원의 의병장이었던 조경남趙慶男의 《난중잡록亂中雜錄》(권4), 선조 기해년(1599)의 3월 조에 "日本遣使, 請復修隣好, 却之"라는 기사 참조.

40 정희득도 이때 쇄환되었으므로 그의 《월봉해상록》 기해년 6월 3일 이하의 여러 구절을 참조. 특히 같은 달 29일 조에는 쓰시마를 출발한 배가 부산에 도착했는데 그때 데려온 사람들을 각각 인수시킨 일이 자세하게 기록되어 있다.

41 《선조실록》(권115) 선조 32년 7월 21일 조의 도요토미 시게노부(실제로는 야나가와 시게노부를 가리킴)의 서계를 참조할 것.

하게 하였다.

이에 대하여 《선조실록》(권124) 선조 33년(1600) 4월 정해丁亥에 실린 만세덕萬世德의 게첩揭帖에서 관련 기사를 옮겨보면 다음과 같다.

일본국 쓰시마 도주 태수 도요토미 요시토시豊臣義智(실제로는 소 요시토시)는 조선국 예조 대인 각하께 두려운 마음으로 삼가 아룁니다. 무술년·기해년·경자년에 명나라 조정의 노야老爺들이 보낸 네 사람의 차관差官 편에 번번이 합하閤下에게 편지를 전했는데 답장이 없어 사신들이 머물고 있으니 이 무슨 경우입니까? 네 사신이 우리나라(일본을 말함)에 온 지 이제 3년이 경과했건만 귀국은 아직 한 번도 사신을 차송하지 않았습니다. 이 이상 더 그들을 억류하면, 천조에 대해 아무래도 무례한 일이 될 것입니다. 이에 히데요리의 군명君命을 받들어 선주船主 조시를 차임하여 회송하게 했는데, 유야劉爺는 여기서 객사했고, 모야茅爺는 삿슈薩州 태수太守 요시히로(시마즈 요시히로)에게 명하여 복건福建을 통하여 송환하도록 하였습니다. 우리나라의 형세는 먼젓번의 편지에 소상히 말하였습니다. 속히 한 명의 사신을 차송하여 전쟁을 그치도록 해주시기 바랍니다. 그렇게 하지 않는다면 전쟁이 어느 때에 그치겠습니까? 이제 우리나라는 귀국에 대해 화해하는 것 한 가지 일 외에는 바라는 것이 없습니다. 이것은 다이코께서 남긴 유명이니 의심하지 마십시오. 자세한 내용은 두 사신이 이야기를 할 것이니 자세한 말씀은 드리지 않겠습니다. 이만 줄입니다. 만력 28년(1600) 경자 3월 28일.

日本國對馬州太守豐臣義智, 誠恐謹禀朝鮮國禮曹大人閤下. 戊戌, 己亥, 庚子, 每送天朝諸老爺所度與四士差官, 必傳書至閤下, 欠報章留使者, 未審是何謂乎? 四士

今雖經三霜, 貴國未差一使. 於是强留之, 則於天朝, 恐是無禮生者乎? 因茲奉秀賴君命, 差船主調次送回之, 此內劉爺客死矣, 茅爺乃命薩州太守義弘, 從福建路送之. 於本邦事勢, 則先書說盡矣. 伏望速差一使, 偃干戈. 若其不然, 干戈何時而止乎? 今也, 本邦於貴國, 更無他望, 只止乎和好一事而已. 蓋是以大閤遺命也. 勿疑. 縷縷, 定在二士清話, 不能細陳. 誠恐不宣. 萬曆二十八年庚子三月二十八日.

이 서계의 취지는 무술戊戌(1598) 이래 사자使者를 보낸 것에 대해 답변이 없었던 것을 추궁하며 사신을 보내 야만스러운 싸움을 그만둘 것을 요구하고 또한 바라는 바는 화평수호和平修好임을 알리는 데 있었다.

조선의 조정朝廷은 겨우 답서를 작성하여 예조 참의參議가 소 요시토시, 데라사와 마사나리寺沢正成, 고니시 유키나가, 야나가와 시게노부에게 회답하는 형식을 취해 동래부사東萊府使로 하여금 쓰시마에 전달케 하였다.

선조 33년(1600) 5월에 동래부사가 김달金達(軍功正), 박명근朴命根(軍功參奉), 이희만李希萬(通事)에게 예조의 서계를 들려 쓰시마의 사자使者인 선주 조시와 동행시키기로 한 것이다. 이것이 임진왜란·정유재란 이후 조선에서 보낸 최초의 공식적인 외교 문서였다.[42] 이 무렵 전술한《간양록》의 저자 강항이 쇄환되어 부산항에 도착하게 된다.

그러나 조선은 지금까지의 강화 요청이 일본 본국에 의한 것이 아니라

42《선조실록》(권125) 선조 33년 5월 갑인甲寅 조의 비변사備邊司 계문啓文 "甲寅 備邊司啓曰: (中略) 臣等考其繕寫書契, 則以禮曹參判姓名回答. 考之前例, 諸殿倭修答, 則判書, 小二殿, 則參判, 諸州太守, 則參

국교 단절로 궁핍해진 쓰시마의 요구에 지나지 않는다고 생각하고 있었기 때문에 이 회답 이상의 교섭에는 진전이 없었다. 그렇지만 선조 33년(1600) 9월의 일본 세키가하라關ヶ原 전투 이후, 도쿠가와 이에야스의 권력이 확립되자 조선과의 수호를 회복하려고 하는 적극적인 움직임을 보이기 시작하였다. 이때쯤 조선인 포로였던 하동河東의 교생校生 강사준姜士俊이 송환되어 세키가하라 전투의 전후 사정이 조선에도 자세하게 전해지게 된다.[43]

쓰시마의 도주島主인 소 요시토시는 김달·박명근 등이 예조참의의 서계를 갖고 온 이유를 먼저 막부의 쇼군인 도쿠가와 이에야스에게 알렸다. 그리고 그는 도쿠가와로부터 강화를 진행시키라는 허가를 받아 야나가와 시게노부 등에게 화의和議를 지속시켰으며 유력한 포로들을 송환送還하여

議, 諸酋受圖署者, 則正, 佐郎回答, 各有次第矣. 今者行長, 正成, 則平時不來, 調信則以沙火同刷還論功, 授嘉善同知, 義智則平時以國王使臣副官出來, 今爲對馬州太守. 以此觀之, 義智, 正成, 行長, 則當依前例, 以參議答之, 調信則不書其職, 當以正, 佐郎修答矣. 令禮曹改磨鍊改書後, 可信通事逢授, 傳給東萊府使, 使之附送賊使爲當. 敢啓. 傳曰: 允"이란 기사나 같은 곳 을묘乙卯 조의 비변사와 예조의 계문을 참조할 것.

43 《선조실록》(권136) 선조 34년 4월 경오庚午의 "慶尙右兵使金太虛書狀: 逃還本國人十一名及倭子一名推問, 則日本國中亂起, 平行長因戰致死云云. 傳曰: 此人等出來之事, 無乃有意外奸謀乎? 令備邊司, 更議回答"란 기사와 4월 임신壬申의 "備邊司啓曰: 此人等出來之事, 無乃有意外姦謀乎? 令備邊司, 更議回啓事, 傳敎矣. 偵探細作, 有非常情所能測度者, 難以逆料其保無是事矣. 二三兩朔, 絕無一箇逃還之人, 今始出來, 故有此疑慮, 而以常情言之, 我國之人, 或有一人爲倭偵探者, 則有之, 至於十餘人, 同心出來, 似無是慮. 設使果有是慮, 先令尤甚迷劣老弱者, 發還原籍, 使之發還於各道舊居, 只令若干人, 上京盤問, 且使同來倭一人, 付之於金歸順管下, 常加譏察, 則同來徒衆, 解散各處, 雖爲偵探, 似無歸報之路. 此等曲折, 詳盡指揮施行爲當. 敢啓. 傳曰: 所可疑者, 非偵探也. 縱使還歸, 詭言誑我, 緩我防備, 弛我人心, 是可或慮也. 且傳敎所無之語, 爻周矣"란 기사를 참조할 것.

강화의 뜻을 전달하는 계기를 만들려고 노력하였다. 이를 통해 하동의 교생 강사준과 전前 하동현감 남충원 등이 송환될 수 있었던 것이다.

선조 34년(1601) 6월에는 다치바나 도모마사가 피랍 조선인 250명을 데리고 부산에 들어왔다. 이어서 그는 같은 해 12월에 소 요시토시, 야나가와 시게노부의 서계를 들고 조선으로 건너와 총, 창, 물소 뿔 등의 물건을 헌납하고 강화를 요구하였다.

즉,《선조실록》(권143) 선조 34년 11월 무오戊午 조의 비변사備邊司 장계에 다음과 같은 기사가 있다.

> 비변사가 아뢰기를, "삼가 경상좌수사慶尙左水使 이운룡李雲龍의 장계와 평의지平義智(쓰시마 도주 소 요시토시를 말함) 등의 서계를 보건대, 화의하기를 독촉하며 공갈 위협하는 정상이 한두 가지가 아닙니다. 우리로서 오늘날 대응하는 도리는 특별히 구처區處할 만한 것이 없을 듯합니다. 오직 사실에 의거하여 '전에 와서 청함으로 인하여 사유를 갖추어 중국 조정에 신품申禀하였으나 아직까지 결말이 없습니다. 아마도 세전歲前에는 반드시 회답이 내려오지 않을 것이고 내년 봄쯤에 가서야 결말이 있을 것입니다. 우리나라는 빠르고 늦음을 막론하고 중국 조정의 처분이 있어야만 결말을 말할 수 있습니다. 중국 조정에서 오늘이라도 회답을 보내오면 본국에서는 내일이라도 반드시 비선飛船을 차송하여 통보하겠습니다……'라고 문구를 만들어 답해야 할 뿐입니다. 의지義智(요시토시) · 조신調信(시게노부)이 바친 총과 창 및 귤지정橘智正(다치바나 도모마사)이 바친 흑각黑角 등에 대해서는 본처本處의 변장邊將에게 참작해서 값을 정하여 호피虎皮 · 응련鷹連이나 기타 토

산물로 상 주도록 분부하는 것이 마땅할 듯합니다"하니, 전교하기를, "그리하라. 이 왜적이 어찌 화의를 독촉하기 위해서 이처럼 급히 서둘겠는가. 오직 정탐하기 위하여 겨울철에 나와서 형세를 엿보는 것이다. 지정智正은 적의 주모자이니 어찌 염려할 만한 자가 아니겠는가. 그가 중국 장수를 거론하면서 은근히 비웃기까지 한 정상을 본다면 중국 군사가 철수하는 것을 적이 이미 알고 있는 듯하다. 명년의 방비를 극히 잘 조치해야 할 것이니 내 말을 잊지 말라. 그리고 속히 돌려보내라"하였다.

備邊司啓曰: 伏見慶尙左水使李雲龍狀啓及平義智等書契, 其催和恐脅之狀, 不一而足, 在我今日應接之道, 似無別樣區處. 唯當據實措辭曰: 前因來請, 具由申稟於天朝, 時無發落. 料之歲前, 必未回下, 必當於春間, 方有發落. 我國無論早晚, 當待天朝處分, 有所決語. 天朝回下, 今日來到, 則明日本國, 必當發差飛船以報云云, 以此措辭爲答. 義智, 調信所獻銃鎗及智正所獻黑角等物, 分付本處邊將, 參酌折價, 或用虎皮鷹連雜他土産以賞, 似爲宜當. 傳曰: 允. 此賊豈因催和, 如是急急? 只欲偵探, 而出來於冬月, 以覘形勢. 智正是賊謀者, 豈非可慮? 觀其擧天將, 而微哂之狀, 則天兵之撤, 賊似已知之矣. 明年防備, 宜極措置. 毋忘予言, 且速爲還送.

또 같은 해 11월 신유辛酉 조에 이덕형李德馨의 계문啓文에 다음과 같은 기사가 있다.

겸 경상 등도 도체찰사 이덕형이 아뢰기를 "귤지정이 다시 온 것은 화의를 재촉하기 위한 것이 아니라, 오로지 우리나라의 모든 사정을 엿보려는 것이니 그를 응접하는 데 있어 진실로 삼가서 하지 않을 수 없고, 의지·조신에게 답하는 서계도 깊이 생각하고 자세히 헤아려 문구를 만듦에 있어 명쾌하고 솔직하게 하여 저들의 간사한 계모計謀를 막아버리고 화의의 이익으로 꾀어 그들의 비위를 맞추어주어야 합니다. 그래야만 새해에 정탐하는 사람을 들여보낸다 하더라도 증거를 삼아 말할 수 있는 소지가 됩니다. 그리고 전후 포로가 되었던 사람들이 모두 말하기를 '강화하는 일은 가강家康(이에야스)이 아는 바가 아니고 다만 의지·조신의 무리가 중간에서 가탁하여 거론하는 것일 뿐입니다'라고 합니다. 그런데 저 적들은 한결같이 가강을 핑계 삼고 있습니다. 지금 적이 우리나라 변경에 중국 군사가 없는 것을 알고 있습니다. 하지만 우리나라의 책응策應하는 방도에 있어 매양 중국 장수를 끌어대어 답하더라도 어찌 해로울 것이 있겠습니까? 지난해 중국의 위관委官이 조신과 서로 강화할 때에 말하기를 '조선은 온갖 미세한 일까지도 일체 중국 장수의 분부를 따르고 털끝만큼도 스스로 단정하는 일이 없습니다' 하였으니, 이는 실로 저 적들이 익히 들어 잘 아는 일입니다. 따라서 '이번 강화하는 일에 있어서 우리나라에서는 허락하고 싶은 생각이 있으나 중국 장수에게 견제되어 쉽게 결단하지 못한다'라고 한다면 조신이 혹 그렇게 여길 것이고 물러갈 가망도 있습니다. 그리고 조만간에 강화한다 하더라도 약속을 정할 때에는 반드시 중국 관원이 와서 참여하기를 청해야만 큰 근심을 면할 수 있습니다. 만일 중국 조정의 위세를 빌리지 않는다면 어떻게 저 적들의 재촉과 공갈, 위협하는 말에 답할 수 있겠습니까? 또 그들이 병기를 보내와 바친 것은 현저히 우리나라를 깔보는 의사가 있습니다. 품질이 좋은 강한 활을 수량에 맞게끔 그들에게 주고 호피 등의 물품을 곁들여주는 것이 마땅할 듯합니다. 그리고 왜인은 문법文法을 깊이 알지 못하니 답하는 서계

書契를 작성할 때에는 문장의 꾸밈새는 그다지 중요하지 않고 오직 말이 조리가 있고 사리가 곧으면서 알기 쉽게 하는 것이 절실합니다. 신이 망령되이 얕은 소견을 가지고 대충 초하여 아뢰오니, 만일 채택할 만한 말이 있으면 묘당廟堂에 내려 의논하여 처리하게 하는 것이 어떻겠습니까? 왜사倭使를 떠나보내는 것이 일각이 시급한데 우리나라의 일은 으레 지체되니 매우 염려스럽습니다. 황공함을 견디지 못하여 감히 아룁니다" 하니 답하기를, "비변사로 하여금 의논하여 처리하게 하라. 다만 전일 계사啓辭 및 서계의 답을 쓰는 일의 내용에 대해 경의 주의主意도 그러할 줄 알았는데, 지금 계사를 보니 경은 이 일을 아예 알지 못한 듯하구나. 나라에 도체찰사가 있는데 비변사가 어찌 감히 이러할 수 있단 말인가?" 하였다.

兼慶尙等道都體察使李德馨啓曰: 橘智正之再來, 非是催和, 全爲窺覘我國諸事. 其應接, 固不可不愼, 而義智, 調信處所答書契, 亦當深思細量, 措語快直, 以塞奸謀, 啗之和利, 兼中其意, 然後開年, 雖入遣偵探人, 而庶有憑依下語之地. 且前後被擄人, 俱說講和, 非家康所知, 只義智, 調信輩, 居中假稱云, 而彼賊一向. 以家康爲托. 今賊雖知我國邊上, 無天兵, 而其在我國策應之方, 每引天將答之, 豈有所害乎? 往年天朝, 委官與調信相講時, 輒說朝鮮凡微細之事, 一從天將分付, 毫無自斷. 此實彼賊稔聞而熟知. 今此和事, 我國有欲許之意, 而爲天將所梗, 不得易決云, 則調信或以爲然, 進退可望. 且雖早晩講和, 而定約之時, 必請唐官來莅, 可免大虞. 如不借重天朝, 則何以答彼賊催促哄脅之言乎? 且其送獻兵器, 顯有輕弱我國之意. 若以品好强弓, 量數而給之, 加以虎皮等物, 恐爲宜當. 且倭人不深解文法, 修答書契, 作文不關, 唯以辭順理直, 而易解見爲切. 臣妄將淺見, 草創竝稟, 若言有可採, 下于廟堂議處如何? 倭使之發送, 一刻爲急, 我國之事, 例至稽緩, 深可慮也. 不勝惶恐敢啓. 答曰: 令備邊司議處.

但前日啓辭及書契修答, 意以爲, 卿之主意如此, 今見啓辭, 則卿似不曾知之. 國有都體察使, 備邊司豈敢如是乎?

　기사의 내용대로 귤지정, 즉 다치바나 도모마사 일행은 같은 해 12월 19일에 답서와 하사품을 받고 귀환하였다.[44] 이후 조선에서도 김계신金継信 등을 쓰시마에 파견해 일본의 정황을 정탐케 하였다.[45] 그 후 쓰시마에서는 계속해서 피랍 조선인들을 쇄환시키기 위한 사자使者를 여러 차례 조선으로 보냈다.

　선조 36년(게이초 8년, 1603)에 도쿠가와 이에야스가 정이대장군征夷大將軍 (막부의 쇼군) 자리에 오르자 국내 정치 체제의 확립을 위해 조선과의 관계 개선을 필요로 했다. 이에 따라 쓰시마에서의 강화 조약은 더욱더 활발해졌으니 이보다 앞서 선조 34년(1601) 6월에 쓰시마 도주島主 소 요시토시는 조선의 통신사 파견을 요청하는 서계를 조선 예조에 보낸 바가 있었다.

　즉,《선조실록》(권163) 선조 36년 6월 기해 조에 수록된 쓰시마 도주의 서계에는 다음과 같은 내용이 있다.

　　"일본국 쓰시마 태수 평의지는 삼가 조선국 예조 대인大人 합하閤下께

---

44 《선조실록》(권144) 선조 34년 12월 임진 조의 주기 참조.
45 《선조실록》(권145) 선조 35년 정월 경술 조의 이덕형 계문 참조.

상서합니다. 평조신平調信(야나가와 시게노부)도 쓰시마로 돌아왔고, 누추한 곳(쓰시마)의 사세도 전일과 다름없습니다. 두 나라의 화호和好에 관한 일에 대해서는 저 평의지 이외에는 별도로 명령을 받은 사람이 없습니다. 도쿠가와 이에야스의 수압手押⁴⁶에도 말하기를 '평의지는 이것으로 증험을 삼아 다른 이들의 [또는 어떤] 방해도 막도록 하라'고 했는데, 이 일에 대해서는 꼭 평조신의 서계도 있었습니다. 삼가 바라건대 귀국은 천조天朝(명을 말함)에 품하고서 시급히 신사信使를 차출하여 화호和好하는 증험을 보이는 것이 좋겠습니다. 나머지는 사자 귤지정이 구두로 말씀드릴 것입니다. 황송하게 여기며 머리를 조아리며 삼가 말씀드립니다"라 하였는데, 평조신의 서계도 같았고, 박수수朴守水의 서계도 역시 같았다.

> 日本國對馬島太守平義智, 謹上書朝鮮國禮曹大人閣下. 調信歸島, 陋邦事勢, 無異前日. 兩國和好之事, 除義智外, 別無受命人之旨. 家康手押謂曰: 義智, 以之爲驗塞(他)〔何〕妨云云. 此事必有調信書. 伏乞貴國, 稟天朝, 速差信使, 爲和好之驗, 可也. 餘在使者橘智口舌端. 惶恐頓首謹言. 調信書同, 朴守水書, 亦同.

이 서계에 대하여 조선은 신중하게 생각했지만 선조 39년(1606) 이후에는 쇄환된 피랍 조선인들이나 일본으로 파견된 승려들로부터 일본의 상황을 들었을 뿐만 아니라 왜학倭學역관 유승서柳承瑞, 박대근朴大根 등이 귤지정, 즉 다치바나 도모마사와 문답을 통하여 양국의 신의信義와 화

---

46 직접 수결하여 내린 명령서를 말함. 조선의 수결手決과 일본의 가오花押를 결합하여 만든 신조어로 보임.

목和睦의 필요성을 느끼게 된다.[47]

그리고 실록에 기재된 서계의 내용대로 선조 39년 11월에 다치바나 도모마사가 도쿠가와 이에야스의 국서國書라고 하는 문서를 지참하고 조선에 들어왔다. 이에 의해 조선도 정식으로 통신사를 파견하게 되는데 다만 통신사의 명칭은 회답사겸포로쇄환사回答使兼捕虜刷還使였다.[48]

선조 40년(1607) 정월에 정사正使 여우길呂祐吉, 부사副使 경섬慶暹, 종사관從使官 정호관丁好寬, 통사通事 김호순金好舜·박대근 등 460여 명이 참가한 사행使行이 쓰시마로 건너갔다. 같은 해 윤閏 4월에 사행은 에도에 도착하고 5월 6일 제2대 쇼군인 도쿠가와 히데타다德川秀忠를 만나서 국서를 전달하였다. 이로 인하여 비로소 도쿠가와 막부와 조선은 정식으로 수호修好를 확립하게 된다.

이 사행에 대해서는 부사인 경섬의 《경칠송해사록》 상·하(《해행총재》에 실림)에 자세히 기록되었으며 이때 납치됐던 남녀 수백 명을 쇄환해 귀국시켰다. 이에 대한 것은 《해사록海槎錄》 정미丁未 윤 6월 조의 "첫 하루 임술 일에 큰비가 오다. 일본의 서울에 머물다. 이번 쇄환된 것은 남녀 100여 명으로 남은 쌀가마에서 매일 헤아려 양식을 주다 初一日壬戌大雨, 留倭京, 一

---

47 일본인들 사이에서 지명도가 높았던 승려 유정惟政대사(또는 松雲)가 쓰시마로 파견된 것이 이때쯤이었다. 이에 대하여는 《선조실록》(권175) 선조 37년 6월 정해丁亥 조와 같은 달 무자戊子 조에 수록된 비변사의 계문, 그리고 같은 달 신축辛丑 조의 유정 배사拜辭를 참조할 것.

48 이에 대해서는 조선왕조의 예조禮曹에서 편찬한 대일관계등록(선조 38, 1605년 12월~선조 40년 정월)의 하나인 《해행록海行錄》(卷上) 만력万曆 병오丙午(1606) 조 및 《선조실록》(권207) 선조 40년(1607) 정월 무진戊辰 조의 〈비망록備忘錄〉 등을 참조할 것.

路刷還, 男女百餘名, 以供餘米石, 計日給糧云云"라는 기사와 《대주편년략對州編年略》(권3) 게이초 12년 조에 "올해 조선의 예조참판이 본국(일본을 말함)의 집정執政에게 서신을 보내어 포로로 끌려 온 남녀를 돌려보내 달라고 하다"라는 기사로 확인할 수 있다.

그리고 《열조성적烈祖成績》의 "게이초 12년(1607)에 (도주) 소 요시토시에게 명하여 분로쿠文祿(임진왜란을 말함)의 포로 가운데 남아 있는 자 수백 명을 삼사三使(사행의 정사, 부사, 종사관을 말함)를 따라 조선으로 돌려보내게 하다慶長十二年, 命宗義智, 使文祿之俘猶殊者數百人, 從三使歸朝鮮"라는 기사로도 피랍 조선인들의 쇄환 사실을 알 수 있다.[49] 또 《통항일람通航一覽》의 기사에 의하면 이 사행에서 피랍인 남녀 1,240여 명을 쇄환하였고 또한 도쿠가와 이에야스가 국정國定을 관리하는 방식을 눈으로 볼 수 있는 효과를 얻었다고 한다.[50]

그 후 조선에서 두 번에 걸쳐 포로 쇄환사가 바다를 건너갔다. 광해군 8년(1616)에 오윤겸을 정사正使로 한 '정사회답겸쇄환사丁巳回答兼刷還使'와 인

---

49 《대주편년략》(속표제는 〈본주편임략本州編稔略〉)은 스즈키 도조 鈴木棠三가 편집한 하나와 다다쓰구橋忠詔의 교합본校合本(平文社, 1972년 6월)을 사용하였고 《열조성적》은 《통항일람》(권103)에 수록된 것을 참고하였다.

50 이에 대해서는 《통항일람》(권103) 게이초 12년(1607) 조에, 일본의 고미즈노後水尾院(고묘제이後陽成院의 잘못으로 보인다) 때, 즉 명의 만력 35년에, 이해 조선의 소경왕昭敬王(선조를 말함)이 전년 겨울에 보낸 도쿠가와 이에야스의 서한에 대한 회답의 사행使行으로 여우길, 경섬, 정호관을 보냈다. 이 일에 대하여 《고사촬요故事撮要》에 "회답사 여우길이 일본에서 돌아오다. 잡혔던 포로 1,240여 명을 쇄환시키고 이에야스가 스스로 국정을 맡아 도요토미 히데요시와는 정반대이며 그의 아들 히데타다에게 양위한 정황 등을 모두 들을 수 있었다 回答使呂祐吉回自日本, 刷還被擄人一千二百四十餘名, 探得家康自主國政, 尽反秀吉所爲, 傳位於其子秀忠等情, 具由奉聞"라는 기사를 참조할 것.

조 2년(1624) 갑자甲子에 정립을 정사로 한 '갑자회답겸쇄환사'가 그것이다. 이들 사행에 대해서는 《광해군일기》(권120) 광해군 9년 10월 정사丁巳 조 및 《인조실록》(권6) 인조 2년 8월 임인壬寅 조에 기록이 남아 있고 또한 오윤겸의 《오추탄동사상일록》와 이경직의 《이석문부상록》 및 갑자 사행의 부사였던 강홍중의 《동사록》에서도 자세히 다루고 있다.

정사 사행의 포로 쇄환 때에는 납치된 321명이 쇄환되었다. 이 시기의 포로 쇄환에 관해서는 《대일본사료大日本史料》(제12편 12부 겐나 3년 9월 5일 조에 실린 〈조선국예조위통유사朝鮮國禮曹爲通諭事〉)와 같은 책 《유예당차제遊藝堂次第》 3조에 수록된 〈거재일본조선인민등통유문擄在日本朝鮮人民等通諭文〉이라는 사료가 있다. 여기에 정사 오윤겸이 가져온 재일피랍인在日被拉人에 대한 유지諭旨를 옮겨 쓰면 다음과 같다.

조선국 예조에서 모두 알려줄 일

국가가 불행하게도 갑자기 병화를 당하여 팔도의 사람들이 도탄에 빠졌다. 겨우 창칼을 모면한 자들도 모두 끌려가서 지금까지 20여 년에 이른다. 그 가운데 여우도 죽을 때에 고향으로 머리를 두는 것처럼 어찌 부모의 땅을 그리워하는 자가 없겠는가? 보따리를 지고 길을 보지 못하고 와서 이곳에 빠진 지 오래나 스스로 나아갈 길이 없으니 그 사정이 역시 가련하다. 국가가 쇄환하는 사람들에게 관대한 특전을 베풀어 정미년의 사신들이 인솔하고 돌아온 피랍인들에게 모두 죄를 면하게 하였다. (적에게) 부역한 자도 죄를 면하게 하고 공사의 천인들도 면천해 완전히 회복하였고 보호하고 먹을 것을 주어 자기 땅에서 편안하게 살게 하였다. 돌아온 사람들은 친척들을 모두 볼 수 있을 뿐 아니라 다시 낙토의 사람이 될 것이니 일본에 있는 자들도 반드시 이를 듣고 깨달을 때가 이제라고 본다. (중략) 다음은 붙잡혀 간 사람들에게 내리는 첩문으로 이에 준한다.

만력 45년(1617) 5월 일 통유

겸판서·참판·참의·정랑 3인·좌랑 3인

朝鮮國禮曹爲通諭事

國家不幸, 猝被兵禍, 八路生靈陷於塗炭. 其僅免鋒刃者, 又皆係累, 迄今二十餘年矣. 其中豈無思恋父母之邦, 以爲首丘之計. 而未見有裹負道路而來者, 此必陷没既久, 無計自出, 其情亦可憐也. 國家於刷還人口特施寬典, 丁未年間使臣率來被擄人口, 並令免罪. 至於有役者免役, 公私賤則免賤完復, 護恤使之, 安挿本土其所. 刷還之人, 亦皆得見親党面目, 復爲楽土之珉, 在日本者亦必聞而知之矣. 況今日本既已殲滅我國讐賊, 盡改前代之所爲, 致書求欵. 國家特以生靈之故, 差遣使价, 被擄在日本者生還本土, 此其時也. (中略) 右帖下被, 擄士民准此.

萬曆四十五年五月 日 通論

兼判書·參判·參議·正郎三人·佐郎三人[51]

이것은 쇄환사들이 납치된 조선인들을 모이게 하기 위해 내린 유문諭

51 〈조선국예조위통유사〉는 〈통론문通論文〉과 함께 만력萬曆 45년(광해군 9) 정사丁巳에 일본에 다녀온 쇄환사겸회답사刷還使兼回答使 오윤겸이 가져온 피랍인에 대한 유지諭旨인데 그 한 장이 일본 가라쓰시唐津市의 고토쿠샤高德寺에 소장되어 있다. 여기에는 만력 45년 5월이라는 날짜가 기록되어 있어 겸판서兼判書(예조판서를 말함), 참판參判, 참의參議, 정랑正郎 3인, 좌랑佐郎 3인의 제신함명諸臣銜名 중 참의와 좌랑만이 각각 한 사람씩 수결手決하였다.

文으로 만약 이번 쇄환에 응하면 전란에서 있었던 모든 죄를 면죄시켜줄 뿐만 아니라 각종 부역을 면제받을 수 있다는 것과 사천私賤, 즉 노비의 경우에는 천민에서 양민으로 회복시켜 구제한다는 것을 호소하여 부디 쇄환에 응하기를 바란다는 내용이었다.

이와 같은 통유사通諭事, 혹은 통유문通諭文을 보면 당시 쇄환사에게로 모여든 피랍 조선인들의 수효는 상당히 적었던 것 같다.[52] 따라서 위와 같은 통유문으로 피랍 조선인을 설득하여 모집하려던 것으로 보인다.

갑자년의 쇄환사행刷還使行 때에는 피랍인 146명을 데리고 귀국했다고 한다(강홍중의《동사록》및《인조실록》권6 참조). 이러한 피랍인의 쇄환과 조선과의 수호 복구에 대해서 전술한 나카무라 히데타카는《일선관계사 연구》(하권, 제3)〈에도시대의 일선관계江戸時代の日鮮關係〉(267~268쪽)에서 "국교가 수복한 것은 물론 야나가와 시게노부와 야나가와 가게나오柳川景直 부자 2대에 걸친 조선 외교 공작이 교묘했기 때문이며 조선 포로와 역관들의 특수한 지위를 이용한 것도 그 성공에 도움을 주었을 것이다"라고 말해 피랍인의 쇄환이 양국의 외교 수복에 큰 도움을 주었다는 점을 강조했다.

나이토의《분로쿠·게이초 전쟁에서 잡힌 포로들의 연구》(1976)에 적혀 있는 피랍인 쇄환에 관한 자료에 의하면 게이초 5년(1600) 2월 고니시 유키나가와 소 요시토시 등이 강화 요청과 함께 귀환시켰던 김유성金有声 등의 160명으로 시작하여 간에이寬永 20년(1643) 2월에 통신사 윤순지尹順之 등이 귀국할 때에 데려온 포로 14명을 마지막으로 약 7,500여 명이

52《오추탄동사상일록》및《이석문부상록》과 강홍중의《동사록》참조.

쇄환되었다고 한다.

실로 40여 년에 걸친 오랜 시간 동안의 쇄환 교섭이었지만 전술한 임진 왜란·정유재란에서의 조선인 포로의 총수(나이토는 5만~6만 명에 이를 것으로 추정하고 있다)에 비하면 불과 4분의 1에도 미치지 못했고 따라서 수많은 조선인이 일본에 남아 있었다고 추측된다.

5. 쇄환에 응하지 못한 조선 피랍인

이와 같이 쇄환이 몇 번이나 계속해서 이루어졌음에도 불구하고 많은 피랍인이 쇄환에 응하지 않았던 이유는 무엇이었을까? 여기에는 세 가지의 이유를 들 수 있을 것이다. 먼저 첫 번째 이유로서 피랍인 중에서 일본군에 협력한 자는 귀국할 수 없었을 것이라는 점을 들 수 있다.

그리고 두 번째 이유로는 이미 일본에 적응하여 돌아갈 필요를 느끼지 못한 경우이고 세 번째는 일본인에게 잡혀서 주인인 그들의 감시를 피하기 어려웠던 경우이다. 이제 세 가지 이유에 대하여 고찰하고 그로 인한 문제점을 살펴보기로 한다.

먼저 피랍인들이 쇄환에 응하지 않은 첫 번째 이유로는 앞의 '3. 왜군은 왜 조선인을 납치했을까?'에서 논의한 바와 같이 왜란 중에 일본군에 협조하여 조선에 반역한 무리를 들 수 있다. 《통항일람》(권103)에 다음의 기사가 있듯이 피랍 조선인들은 쇄환을 희망하지 않았다.

겐나元和 3년(1617) 정사丁巳 8월에 통신사가 내빙來聘했을 때 예조참판 윤수민尹壽民으로부터 로주老中 우타노카미雅楽頭 다다요忠世와 혼다 고우쓰게노카미 마사즈미本多上野介正純 등에게 서신과 선물을 보내어 포로를 돌려보내 줄 것을 부탁하였다. 다다요와 마사즈미 등 5명이 연서連書한 답장의 서한返翰에서 '원하는 생존자는 몇 년 전에 이들을 쇄환하였으며, 지금 산재해 있는 모예耄倪(노인과 어린이)에 이르러서는 고향을 그리는 자가 없다. 하나 계속 수색하여 귀국을 원하는 자가 있으면 강류強留하지 않을 것'이라는 뜻을 밝혔다.[53]

이에 관해 전술한 무라타 모토아미의 〈유래기〉에 다음의 기술이 있다.

분로쿠 원년元年(1592)에 다이코太閤 히데요시공秀吉公이 조선국을 정벌하려고 여러 대장大將을 유인해서 수만의 군세를 동원하여 바다를 건널 때 유신惟新님과 주나곤中納言님이[54] 공격을 위한 대장大將이 되어 함께 바다를 건넜다. 약 7년간의 재진중在陣中에 싸움을 하면서도 그 전부터 조선선朝鮮船이 니시메西目(사쓰마를 말함)의 포구浦口마다, 또는 야마가와 미나토

---

53 이것과 같은 기사가 《대주편년략》(권3), 겐나 3년 정사 조에 보인다. 즉 "今年朝鮮參判送書本國執政, 可還給俘擄之由. 令請申之間, 欲還本土者, 應其望而可還之由有台命云云. 先是依請雖還遺之, 猶留日本者有之故也"라는 기사도 참조할 것.

54 여기서 말하는 유신惟新은 사쓰마번의 제17대 한슈 시마즈 요시히로로, 분로쿠 4년(1595)에 가독家督이 되어 게이초 7년(1602)에 은퇴하였다. 주나곤은 요시히로의 자식인 시마즈 이에히사(제18대 한슈)로 게이초 7년에 가독이 되었고 간에이寬永 15년(1638) 2월에 사망했다.

山川湊, 가고시마의 마에노하마, 도소唐湊(가고시마의 지명)와 같은 항구에 들어온 일이 많았으며 그때마다 친절하고 정중하게 대하여주었다. 그 후에 이 나라(사쓰마를 말함)의 사람들도 조선으로 건너간 사실이 있었기 때문에 십문자＋文字의 문양紋樣(시마즈가의 문장)을 알고 있거나 전해 들어서, 사쓰마 태수가 있는 성에 조선인들이 몰래 와서 내통하기도 하고 또 도공들은 도자기를 바치고 숯 굽는 사람은 숯을 바치거나 쌀을 바치기도 하면서 한목숨을 부탁하였으므로 도와주었다.

이에 따르면 사쓰마에 연행된 조선인 중에는 오래전부터 사쓰마와 연관이 있어 임진왜란·정유재란 때 스스로 시마즈군에게 투항한 자가 있었던 것으로 보인다.

이에 대해서는 마찬가지로 〈유래기〉에 6대 박평의가 쓴 다음의 기사가 있다.

> 게이초 3년(1598) 남녀 40여 명이 조선국으로부터 건너올 때 가고시마의 다테노에 거주하도록 하여 다시 배를 타게 되었으나 먼저 온 배로 조선에서 배반한 일이 있는 사람이 내려 있기 때문에 [남원의 성城이 낙성落城할 때 인도한 주가朱嘉라는 자는 없었다.][55]

---

55 [ ] 부분은 주서朱書한 곳이고 '주가朱嘉'는 주가의朱嘉儀 혹은 주가희朱嘉喜의 오기誤記라고 생각한다. 〈묘대천유장〉에는 가의嘉儀라고 쓰여 있다. 아마도 가희犬로 이름을 붙여 그를 매도하던 것이 한자로 적힌 것 같다.

이 기사는 왜란에서 일본군에게 조력한 자가 가고시마에 있었다는 것을 말해주고 있다. 또한 앞서 지적했듯이 사쓰마 외에도 임진왜란·정유재란 때 일본군에 가담한 자가 있었고 그 죗값을 치르게 될 것을 두려워해 쇄환에 응하지 않았다고 생각한다.

두 번째 이유로는 피랍인 중에 일본에 정주하여 귀국을 희망하지 않는 자가 있었던 것을 들 수 있다. 구마모토熊本에 있는 가토 기요마사加藤清正의 보다이지菩提寺에서 제3대 주직住職을 맡았던 일요선사日遙禪師의 경우, 고국에서 아버지가 신속하게 귀국하라는 서신을 보내왔지만 돌아가지 않았다. 이 일요日遙와 고국의 아버지의 왕복 서신은 지금도 구마모토 혼묘지本妙寺에 남아 있다.

왕복 서신에 의하면 일요선사는 임진왜란 때에 납치되었고 본명은 여대남余大男이다. 그는 분로쿠 2년(1593) 7월에 경상도 하동河東 쌍계동雙溪洞의 보현암普賢庵에 숨어 있다가 잡힌 것 같다. 그의 아버지 여천갑余天甲은 나중에 출사出仕한 여수희余壽禧라는 인물이다.

여대남은 열두 살 때에 전란을 겪고 부모와 헤어져 소식이 끊겼는데 정미丁未년(1607)에 일본에 갔던 조선의 쇄환사행의 일행이던 하동의 관사官仕와 길에서 우연히 만났고 그 관사가 귀국 후에 그의 소식을 가족에게 전했다고 한다. 즉, 정미 사행의 일원이었던 하동의 관사 하종남河終男이 옛 친구였던 여대남을 일본에서 만난 다음, 귀국한 후에 임진왜란 때에 피랍된 여대남이 규슈 구마모토의 혼묘지에서 본행원本行院 일요日遙라는 이름을 가진 훌륭한 학승學僧이 되었다는 사실을 그의 아버지에게 알려주었다.

일요의 아버지 여수희는 이국異國에 남아 있는 자식이 고국에서 밤낮으로 괴로워하는 부모의 옛정을 잊고 있는 게 아닐까 하는 걱정에 한시라도 빨리 본국으로 돌아와 노경의 부모를 섬기고 단란한 일가를 이룰 것을 바라는 절절한 부모의 정을 전하는 편지를 썼다.[56] 이 서신은 경신庚申(1620)년 5월 7일부로 되어 있으나 그것이 일요의 손에 들어간 것은 9월 말이었다.

생각지도 않게 고향의 아버지로부터 서신을 받은 일요는 곧바로 다음과 같은 답장을 보냈다. 먼저 잡혔을 때의 상황부터 시작해 자신의 지나온 경력과 지금의 형편을 대략적으로 정리하였다. 그것을 소개하면 자기는 일본 병사에게 참살당할 뻔했으나 가토 기요마사가 자기의 문재文才를 아까워해 측근에 두고 옷과 음식을 베풀어 보호해주었고 그의 영지인 구마모토에 끌고 와서 절로 보내어 출가하게 하였으며 그때부터 28년간 혹독한 수행을 참아가면서 불전예배佛前禮拜 때마다 자신의 불행을 보고해왔다고 썼다.

부처님도 감응하셨는지, 뜻밖에도 고국의 부모님으로부터 온 편지를 접하게 되었으므로 당장이라도 날아서 귀국하고 싶지만 깊은 은혜를 입은 주군에게 등을 돌릴 수는 없는지라 4, 5년의 유예를 얻을 수 있다면 반

---

56 아버지로부터 온 편지는 "九州肥後國熊本本妙寺學淵日遙聖人, 朝鮮國河東居父余天甲傳送子余大男"이라는 문장으로 시작되어 "庚申五月初七日父余天甲則児名, 而官名則余壽禧"라는 발송인이 끝에 적혀 있다.

드시 이 나라의 주군에게 호소해 귀국의 기회를 얻어 자비로운 부모님 슬하에서 같이 이야기할 수 있을 때가 올 것이라는 내용이었다.

진심으로 비통한 마음이 절실하게 가슴에 와닿는 서신이었다. 특히 이 편지의 추신追伸에서 그는 자기의 쇄환을 위해 새끼 매(鷹) 두 마리를 쓰시마 도주島主와 히고肥後[57] 태수太守에게 보내주도록 요청하고 있어 뇌물을 부모에게 부탁할 정도로 고향에 돌아가고 싶어 하는 마음과 부모를 그리워하는 마음이 컸었음을 짐작할 수가 있다.[58]

일요의 아버지가 보낸 두 번째 서신도 혼묘지에 남아 있는데 거기에는 자식인 일요로부터 편지를 받은 아버지의 기쁨이 상세하게 적혀 있다. 그 외에도 그 후의 가족들 소식과 함께 일요로부터 부탁받은 새끼 매 두 마리도 고향으로 오는 길을 잃은 자식이 자유로워지는 데 도움이 된다면 국금國禁을 어기고서라도 보내겠다는 내용이 쓰여 있다.

즉, 이 답서는 "네 편지에 말하기를 매 두 마리를 두 곳에 보내라고 하였으니 내가 어찌 전력을 다하여 보내지 않을 수가 있겠느냐? 다른 나라의 사람이나 장소에 개인적으로 물건을 보내는 것은 국법이 매우 엄하여 이를 범犯하는 것이 어찌 두렵지 않겠는가마는 비록 그렇더라도 어찌겠

---

57 히고는 구마모토현熊本懸의 옛 이름이다. 당시 영주가 가토 기요마사였다.

58 이 답장은 동년同年 10월 3일에 쓰여 '父母主百拜上答書, 迷子好仁謹封'이라는 제목이 붙어 있고 "庚申十月初三日, 迷子余好仁, 在日本國熊本本妙寺草草上"이라는 말로 맺었다. 또한 추신도 있었는데 "下書則九月尽日傳受矣"라고 부모의 서신을 받은 날짜, 자신과 함께 연행되어 온 거창居昌의 이희윤 李希尹 외 6명의 이름이 기록되어 있다. 그리고 마지막에 "且恐重思迷子, 則此國珍重朝鮮之鷹, 若有來便則須送好鷹二座, 而對馬島主及肥後太守前, 各上贐物以睹迷子幸甚, 云云"이라고 자기의 쇄환을 위해 매 두 마리(鷹子二座)를 쓰시마 도주 및 히고 태수에게 보낼 것을 간청하고 있다.

느냐? 汝書有曰: 鷹子二座, 贐于兩處, 以睹迷子云, 我豈不欲盡思全力而送之. 異國人處不能私贐物, 國法極嚴, 犯法可畏, 雖切奈何?"라고 하는 내용이었다.[59]

일요의 아버지는 국법을 어기고서라도 자기 자식을 위해 온 힘을 다해 새끼 매 두 마리를 구해서 양쪽(아마도 쓰시마 도주와 히고 태수 가토 기요마사 앞으로)에 보내겠다고 하였다. 이 서신은 자식을 생각하는 부모의 마음이 얼마나 절실한 것인가를 보여주고 있다. 그러나 고국에 있는 부모의 이러한 노력에도 불구하고 일요는 그 이후 단 한 번의 답장을 보냈을 뿐으로 결국 귀국하지 않았다.

일요가 다시 답장을 보냈을 때에는 이미 혼묘지에서 상당한 지위에 있었던 것 같다. 그는 혼묘지의 제3대 주직住職을 계승하는 명승名僧이 되어 고려 요사遙師라고 불리었으며 그의 초상화와 필적도 일본 구마모토 혼묘지에 남겨져 있다. 구마모토는 왜란 때에 왜군의 선봉장이었던 가토 기요마사의 영지였고 가토군은 하동에서 일요, 즉 여대남을 잡아갔던 것이다.

쇄환에 응하지 않은 세 번째 이유는 납치된 조선인을 부리는 일본인 주인들의 감시에 의하여 돌아갈 길이 없게 된 경우이다. 즉, 귀국하고 싶어도 귀국할 수 없는 납치된 조선인은 일요선사만이 아니었다. 남원에서 시마즈군에게 납치되어 사쓰마의 구시키노에 상륙한 도공들은 처음에 다테노에 옮겨질 예정이었지만 그들이 구시키노에 상륙할 것을 요구해 이곳

---

59 이 서신은 첫 번째 서신으로부터 2년 후인 겐나元和 8년(1622) 임술壬戌 7월 8일부로 작성된 것이다.

에 거주하게 되었다.

이것도 사실은 기회가 있으면 본국으로 돌아갈 것이라고 생각했기 때문에 가고시마에 도착하기 전 이 땅에 내려주기를 희망했던 것이다. 그러나 당시 이미 피랍 조선인들이 배로 도주할 우려가 있다 하여 출범 전에 배의 점검을 엄격히 하고 있었으므로 실제로 그들이 도주하는 것은 불가능하였다.

이 상황에 대해서는 전술한 〈고기류〉의 "조선인이 구시키노의 시마다이라에 착선着船하자 (중략) 가고시마 등지에 거주하도록 하라는 분부를 내리셨으나, 그들이 착선한 구시키노에 거주하고 싶다고 간청하였기 때문에 그곳에 두도록 하였다. 하지만 그들은 그곳으로부터 조선으로 귀국하려고 시도하였으며, 매일 밤 배를 끌고 나가려고 기도하였다. 그러나 귀국할 수는 없었다"라는 기사로부터 엿볼 수 있다.

나중에 다시 살펴보겠지만 마쓰다 미치야스의 《도향 나에시로가와의 역사 이야기陶郷苗代川の史話》에 의하면 나에시로가와 마을의 조묘祖廟인 교쿠산구, 즉 옥산궁玉山宮의 행사 중에 '바다로 나가기', '산으로 나가기'라는 것이 남아 있는데, 이것은 춘추春秋의 제사祭祀에 해당하는 것으로 교쿠산구의 서쪽에 뻗어 있는 유키노야마雪山라든지, 오카岡라는 산에 올라가 바다 저 멀리 있는 고국을 그리워하며 고려의 가무를 하루 종일 목이 터져라 부르고 춤추는〔山舞樂〕 행사였다고 한다.

신무라 이즈루 박사도 이 지역의 피랍 조선인들과 그 후손이 교쿠산구에서 산무악山舞樂을 즐기고 있었던 것에 대해서 다음과 같이 말해 피랍인들이 고향을 그리워하는 슬픈 마음을 달래기 위하여 이런 행사를 가졌다고 추측하였다.

마을 사람들은 봄과 가을에 여기서 행락을 즐기고 가무歌舞를 개최한다
는 이야기이다. 이것을 산무악이라고 칭하고 있다. 이전에 불쌍하게도 붙잡
혀 온 사람들이 사쓰마의 서해안 근처에 있는 작은 산에 올라가 고시키지마
甑島 부근까지 맑은 날씨에 멀리 내다보고 있었던 것일까, 그것을 고향 조선
의 땅이라고 생각해 참을 수 없이 그리워하다 서로 덧없음을 깨닫고 하루라
도 좋으니 즐기며 슬픔을 잊고자 했던 것이 이 연중행사의 기원일 것이라고
나에시로가와의 한 노인이 잘 알고 있다는 듯이 이야기했다. (〈남만에 관한
속요와 기타〉에서)

사쓰마 나에시로가와의 피랍 조선인들은 그 후 5, 6대를 지나도 고향에
대한 그리움이 잊히지 않았던 것으로 보인다. 다치바나 난케이가 이 지역
을 방문하고 기록한 《동서유기》의 〈고려의 자손高麗の子孫〉 조에 다음의
내용이 있어 200년이 지난 지금이라도 귀국이 허락된다면 돌아가고 싶다
는 피랍 조선인들의 절절한 심정을 전해주고 있다.

그렇다면 조선은 고향이지만 수대數代를 지내고 보니 그곳의 일은 생각
나는 것도 없지 않으냐고 말하니 '고향을 잊지 않습니다'[60]라고 누구나 말

---

60 이 구절은 일본의 저명한 역사소설가 시바 료타로司馬遼太郎의 유명한 역사소설 《고향을 잊기 어렵습니
다故郷忘じがたく候》(東京: 文藝春秋社, 1968)의 제목이 되었다.

하고 있다. 지금은 벌써 200년 가깝게 지내왔고 이 나라(사쓰마번을 말함)의 후은厚恩을 입고 있으며 언어마저 언제부터인가 (일본어를) 배워서 쓰고 있어 이 나라 사람과 다를 바 없으며, 의복과 두발만 조선의 풍속을 따를 뿐 그 밖에는 조선의 풍속이 남아 있지 않다고 한다. (고국과는) 단절되어 소식도 듣지 못하고 있어 잊어버릴 만도 하지만 지금도 그냥 명절이 되면 고향이 그리워지는 마음이 들기도 하여 지금이라도 귀국의 허가가 내려지면 후은을 저버리는 것이 차마 안 될 일이지만 귀국할 마음을 갖고 있다고 말한다. 나도 애달프게 생각하였다.

앞에서 살펴본 구마모토 혼묘지의 일요선사 경우와 같이 일본에서 깊은 은혜를 입은 주군을 등지고 고국으로 돌아간다는 것은 매우 어려운 일이었을 것이다. 반면에 납치인들 중에는 그들의 주인이 못 가도록 말려서 쇄환에 응할 수 없었던 자도 마찬가지로 많았다고 생각한다.

앞에서도 인용한 이경직의 《이석문부상록》에 있는 "조선 피랍인들의 태반은 노복이 되었고 그들의 주인들이 매번 조선인들의 쇄환된 사람들은 혹은 죽임을 당하고 혹은 절도에 보낸다고 공갈했다朝鮮被擄人太半爲人奴僕, 主倭每喝以朝鮮人刷還者, 或殺或逆諸絶島云云"(8월 22일 조)라는 기사가 이것을 증명한다.

즉 귀국하고 싶어도 일본에서 노예가 되어 자신들의 일본인 주인들이 못 가게 하는 경우도 많았던 것 같다. 주인들의 반대로 돌아갈 수 없었기 때문에 대부분의 피랍 조선인들은 어쩔 수 없이 일본에 잔류할 수밖에 없었다. 사쓰마에 끌려와서 나에시로가와에 정착한 남원의 도공들도 같은 이유로 쇄환되지 않았다고 볼 수 있다.

사쓰마의 피랍 조선인의 수효는 전게한 시마즈 마타하치로의 도해면허장渡海免許狀에 나와 있는 분로쿠 4년(1595) 4월 16일에 납치된 24명과 《성향집》에 기록되어 있는 100여 명, 그리고 게이초 3년(1598) 말에 시마즈군이 철수할 때 연행한 80여 명, 합 200여 명만이 기록에 남아 있다.

이 중에 일부는 쇄환되었지만 남은 포로는 나에시로가와에 옮겨져 그곳에서 영주永住하게 된다. 밤에 바다로 나아가서 귀국하려고 몰래 배를 띄우려 했지만 모두 사쓰마 영주의 철저한 감시로 뜻을 이루지 못하였다. 그저 돌아가고 싶어도 돌아갈 수 없는 처지를 한탄하며 산에 올라 고국을 향하여 망향의 노래를 목이 터져라 부를 수밖에 없었다.

朝鮮歌

4
장

사쓰마의
고려인 마을

다음으로 왜란 때에 조선 남원에서 시마즈군에 납치되어 사쓰마의 나에시로가와에 억류된 도공들에 대하여 살펴보기로 한다. 임진왜란·정유재란 때에 시마즈군에 납치되어 끌려온 조선인들은 시마즈 요시히로의 영지인 사쓰마 나에시로가와에 정주定住했으며 그들은 황무지였던 이곳을 일본 제일의 도향陶鄕으로 발전시켰다.

이곳은 일본에서 '고려인 마을〔高麗人村〕'로 불리는 도자기 마을로 알려져 많은 연구가 있었다. 그리고 일본의 저명한 역사소설가 시바 료타로司馬遼太郎의 《고향을 잊기 어렵습니다故鄕忘じがたく候》로 인해 왜란에 납치된 조선인들의 정착지로서 널리 알려지게 되었다.

이제 본서에서도 왜군에 납치되어 사쓰마에 내린 조선인들이 이곳의 어떤 곳에 버려졌다가 후에 어찌해서 나에시로가와로 옮겨갔는지, 그리고 어떻게 황무지였던 나에시로가와를 일본 최고의 도자기 마을로 만들어갔는지 살펴보기로 한다.

1. 고려인 마을의 유래

선조 31년(1598) 겨울에 사쓰마로 끌려간 80여 명의 조선인들은 그들을 내려준 선착장을 중심으로 여기저기 흩어져 살고 있었다. 앞서 인용한 《지리찬고》에 "(시마즈군이) 이미 개선凱旋의 날에 귀항歸降한 조선인 23개 성姓 남녀 80여 인을 끌고 와서 처음에는 구시키노에 두었다. 즉, 착선着船의 땅이었으며 후에 가고시마로 분주分住하도록 했다. 게이초 8년(1603) 겨울에 구시키노에서 지금의 땅인 나에시로가와로 옮겼다"라는 기사가 있다.

그리고 《지리찬고》의 같은 곳에 "간분寬文 9년(1669)에 가고시마에 분거分居하던 사람도 마찬가지로 이곳으로 이주시켰다"라는 기록이 있다. 또한 〈묘대천유장〉에도 "게이초 3년(1598) 무술戊戌 겨울에 바다를 건너온 조선인들이 구시키노의 우치시마다이라內嶋平, 이치키의 가미노가와, 가고시마의 마에노하마 등 세 곳에 선착船着하였습니다"라는 기사가 있어 정유재란이 끝나고 시마즈군이 귀국하면서 조선에서 납치한 조선인들을 싣고 온 배가 사쓰마번의 영지인 세 곳에 선착하여 내렸음을 알 수 있다.

한편, 앞에서 인용한 〈묘대천유장〉의 같은 곳에 "조선인은 모두 다테노 근처에 두어야 한다는 지시가 내렸지만, 남원성南原城이 함락할 당시에 (왜군을) 인도해주었던 가의嘉儀라고 불리는 자가 먼저 배를 타고 가고시마에 와서 거주하고 있다는 것을 듣고 그자와 함께 거주하는 것이 문제가 있다고 생각하여 시마다이라에 거주하고 싶다고 부탁드렸습니다. [여기에서 말하는 가의嘉儀는 〈유래기〉에서는 주가희朱嘉喜라고 기록되어 있다]"라는 기사가 있다.

또 〈유래기〉의 박평의(6대)가 적은 부분에 "게이초 3년(1598) 남녀 40여
명이 조선국으로부터 건너올 때 가고시마의 다테노에 거주하도록 하라고
(한슈藩主가) 지시하였으나, 먼저 온 배로 조선에서 배반한 사람들이 와 있
었기 때문에 [남원성이 함락될 때 (일본군에게 길을) 인도한 주가의朱嘉儀라
는 자가 아닐까] 그들과 한곳에 있을 수 없으므로 배가 도착한 구시키노
에 그대로 머물게 해달라고 부탁해 6년 정도 그곳에 머물렀다"라는 기사
가 있다.

이를 보면 선조 31년(1598), 정유재란 때에 시마즈군에게 연행된 피랍
조선인 80여 명 중에서 구시키노의 시마다이라에 상륙한 43명도 처음에
는 다테노로 갈 예정이었지만 그 지역에는 남원이 함락되었을 때 나라를
배신하고 일본군을 안내한 주가의朱嘉儀가 먼저 도착해 있다는 사실을 알
고 상륙을 거부하여 구시키노에서 하선하여 그곳에 방치되었고 나중에
나에시로가와에 이주하게 된 것임을 알 수 있다.

이에 대해 현재 미야마美山의 주민이며 사쓰마도기의 명인으로서 한국
에도 잘 알려진 피랍 조선인의 후예 심수관沈壽官이 쓴 글이 있다. 그는 왜
란 때에 납치된 심당길沈當吉의 자손으로 13대 심수관(습명)이 죽자 14대
심수관이 되었는데 그는 이때의 일을 다음과 같이 회상하고 있다.

게이초 8년(1603)에는 지금의 나에시로가와에 이주하였다. 시마즈공島津
公이 가고시마의 성하城下로 이주하라는 온정을 넌지시 비추시었을 때 "후

의厚意에는 감사드릴 뿐이나 알기 쉽게 말씀드리자면 가고시마의 성 아래에는 이미 조선 원정 때 조선인이면서 자국을 팔아 일본군 앞잡이가 되어 활약한 자들이 현재 사무라이〔武士〕로 채용되어 때를 만난 것처럼 활약하고 있다고 들었습니다. 시마즈공에 반역할 생각은 전혀 없지만 실은 저희는 일본으로 갈 것이 정해진 날부터 이런 놈들과는 하늘을 같이하여 살 수가 없다고 굳게 결심하고 있었으므로 성하로 이주하는 것은 사양하겠습니다. 저희는 일본으로 온 이후 한 번도 조종祖宗의 제사를 치른 적이 없기 때문에 원하는 것이 있다면 조국으로 가는 길인 '바다'가 보이는 곳에 우리끼리 한마을을 만들 수 있도록 토지를 제공해주셨으면 합니다"라고 말씀드려 시마즈공의 허락을 받았고 지리적으로 불편한 나에시로가와苗代川를 선택했다고 한다.[1]

그리고 〈유래기〉의 무라타 모토아미가 기록한 내용이다.

귀국할 무렵인 게이초 3년(1598) 겨울에 이르러 구시키노의 시마다이라, 이치키의 가미노가와, 혹은 가세다우라加世田浦, 또는 가고시마의 마에노하마에 착선着船한 이들을 그 장소에 거주하게 하였다고 한다. 가고시마의 이관교二官橋와 삼관교三官橋는 고려인을 두었던 다리이며 고라이마치高麗町 (이하 '고려마을'로 약칭)는 다수의 고려인들이 모여 살아서 도회〔町〕를 이룬

1 사쓰마 종가宗家 14대 심수관沈壽官(大迫惠吉)의 〈陶工獨語—苗代川雜想〉, 《MBC쿼털리》, 제15호, 쇼와昭和 38년(1963) 9월에서 인용.

곳으로 지금도 고려마을이라고 불리는데 여기에는 이와 같은 유래가 있다. 그 후 나에시로가와로 모두 옮기게 하였는데 이 일은 나에시로가와의 〈유래기〉에 자세하게 쓰여 있다.

선조 31년(1598) 겨울에 끌려간 조선인들은 구시키노의 시마다이라와 이치키의 가미노가와, 가세다우라, 그리고 가고시마의 마에노하마 등의 선착장에 내려서 분리하여 거주시켰음을 알 수 있다. 그뿐만 아니라 가고시마의 이관교와 삼관교에도 다수의 고려인이 거주해 고려마을이라고 불렸음을 알 수 있다.

구시키노의 시마다이라에 상륙한 피랍 조선인들은 처음에는 사쓰마번으로부터 어떠한 배려도 받지 못하고 방치되어 있었다. 〈묘대천유장〉에 그때 그들의 비참한 생활을 묘사한 다음의 기사가 있다.

이때는 병란兵亂도 끝나고 오카미御上(사쓰마의 한슈)로부터 조선인에 대한 분부는 없었고 모두 농업, 또는 도자기를 만들어 잠시 동안 노명露命을 이어가고 있었습니다. 어떤 책에는 6년이라고 되어 있으나, 5년 정도 흘렀을 즈음에 지역 사람들이 이국인異國人이라며 자주 기방欺妨하고, 어떤 때에는 도자기를 굽는 작은 집에 짚신을 신은 채로 들어와 멋대로 굴어서 그렇게 하지 말라고 말렸지만 언어가 통하지 않았습니다. 오히려 더 멋대로 굴기에 그자를 때렸다고 합니다. 그러자 그날부터 그 지역 사람들이 모두 무리를 지어 보복한다면서 행패를 부렸다고 합니다. 상황을 보고 알려주는 자가 있어서 12월 말에 이곳으로 도망을 와서 나무 아래 등지에 기대어 불쌍하게 지내고 있던 차에, 그 주변의 백성들이 보고 먹을 것을 주기도 하였습니다. 그곳에서 움막을 짓거나 백성들의 집에 얹혀살면서 양 3년, 즉 6년을 지냈습니다.

이 기사에 의하면 그들은 주변 일본인들로부터 괴롭힘을 당했고 구걸도 하였으며 식량을 얻기 위해 이것저것 일거리를 찾아 농업을 해보거나 본국에서 배운 도자기 등을 만들어 그날그날의 구차한 생활을 이어갔던 것 같다.

다만 이때에 만든 도자기는 조잡한 것이라 이곳을 '원조元祖 도자기 가게'라고 부르기도 한다.[2] 더욱이 이 도자기 가게에 원래 살고 있던 백성들이 흙투성이 발로 들어와 멋대로 돌아다니자 이를 말리면서 서로 난투극을 벌였다는 것이다. 이로 인하여 원주민의 집단적인 보복이 있어 그곳에서도 살 수 없게 되어 나에시로가와로 옮겼다고 하는데 이러한 구시키노에서의 생활은 6년이나 계속되었다고 쓰여 있다.

그로부터 6년이 경과한 후 이 지역의 피랍 조선인들이 고생하고 있다

---

2 《부현도기연혁도공전통지》의 〈가고시마현〉 조(《大日本史料》 第12編之2, 慶長9年 3月條에 수록)에 "是ヨリ先キ 慶長三年, 義弘, 歸化ノ韓人朴平意等ヲ分ツテ, 薩摩國日置郡串木野郷二移ラシム. 平意遂二下名村二 築窯シ, 高麗傳ノ陶器ヲ製造ス. 同八年, 居ヲ伊集院郷苗代川村二移シ, 九年三月, 其地二築窯ス. 是二 於テ, 串木野ノ窯ハ廃絶二歸シタリ. [今其古跡ヲ元壺屋卜云]. 當時製スル所ノモノモ, 亦芳仲所製ノ 品卜大同小異ニシテ, 飴色黒色等ノ諸器アリ"라는 기사를 참조.

110

는 사실을 알게 된 한슈는 그들을 동정해서 어떤 조치를 취하기 시작하였다. 〈묘대천유장〉의 기사에 의하면 구시키노에서 나에시로가와로 이주한 조선인 포로는 한슈로부터 주택 24곳과 생활을 위해 곡식이 약 78여 석분이 생산되는 토지를 지급받았다고 한다.

또한 게이초 19년(1614)에 백토白土 등을 발견하여 백자기白磁器를 만든 박평의를 촌장으로 하여 그에게 후치마이扶持米³ 4석과 촌장의 주택 한 곳을 제공해주어 그를 중심으로 이 지역의 피랍 조선인들은 겨우 나에시로가와에서 생활의 기반을 닦을 수가 있었다.

이리하여 그들의 생활은 일단 안정되었다. 그러나 나에시로가와는 높은 지대에 있는 벌판으로 수전水田으로는 적합하지 않았다. 이에 대하여 〈유래기〉의 다음 기사를 통해 충해蟲害 등으로 흉작이 계속되어 3년간은 연공年貢도 내지 못해 결국 관청에 몰수당했다는 사실을 알 수 있다.

착선着船한 구시키노에 거주하고 싶다고 말씀드려서 6년 정도 살고 있었으며 얼마 후 나에시로가와에 이사하기로 했다. 그리하여 거주할 가옥 24채를 하사해주었으며, 또한 농사를 짓도록 약 78석도 내려주었는데 이 농지는 이치키에 소속된 것이었다. 하지만 해마다 병충해로 인하여 곡식이 익지 않아 공납貢納이 잘 지켜지지 않았다. 공미貢米를 납부하는 것은 정해져 있어서 한 석(一石)을 수확하는 농지에서는 한 말(壹斗) 일곱 되(七升) 정도 걷는 것이 법으로 정해져 있었으나 3년간 공납이 이루어지지 않아 위의 토지를

---

3 후치마이는 일본의 영주가 부하에게 내리는 녹봉과 같은 것이다.

거두어들였다고 한다.

　이것은 '출미불납出米不納', 즉 세금으로 내야 하는 공미를 납부하지 않은 것에 대한 제재였다.[4]

　그러나 농지를 몰수해서는 생활을 할 수 없으므로 다음에는 식초항아리〔酢壺〕 등의 토기를 연공으로 관청(御春屋·御台所)에 상납하게 하였다. 이것을 연공항아리〔年貢壺〕라고도 했다. 이에 대해서는 〈유래기〉에 다음의 글이 있다.

　　나에시로가와 사람들〔苗代川人〕은 가고시마에서는 고려마을 또는 이관교, 삼관교 주변, 그 외에 구시키노의 시마다이라, 이치키미나토市來湊, 이치키 이쥬인의 가미노가와 등지에서 거주하고 있던 것을 모두 나에시로가와에 이주시키고 이치키 이쥬인의 빈 땅을 주었다. 이치키의 이쥬인 게이지사에몬境治左衛門□(虫損이 있어 해독이 어려움)이라고 하는 것은 나에시로가와 앞쪽에 있는 이쥬인의 오타무라大田村 언덕 위로부터 북쪽으로 있는 큰 벌판을 말하며 이곳의 땅을 고려인에게 무년공無年貢으로 나누어주었다. 그렇지만 이에 대한 사례로 고려인들이 해마다 식초항아리를 50개씩 오쓰기야御春屋(연공을 받는 곳) 또는 미다이도코로御台所에 상납하였다. 그렇기 때

──────────
4　이에 대해서는 〈묘대천유장〉에도 "右の高, 市來之内, 裏名にて御座れ處, 年々虫入にて不熟之故, 堅固に取納等も無之, 出米の儀, 壹斗七, 八升も御方にて有之れ處に三ケ年出米不納仕れ處に其後, 右高御取揚に相成申れ"라는 기사가 있다.

문에 무년공無年貢이 아니라, 연공항아리〔年貢壺〕라고 불렀으며, 식초항아리가 없을 때는 위의 식초항아리 50개에 해당하는 차항아리〔茶壺〕 또는 절구, 생선용 항아리 등을 상납하였다. 위의 도기들은 간분寬文, 엔포延宝경부터 상납했다.

식초항아리 대신에 찻잔이나 절구〔すり鉢〕, 생선을 담는 사기그릇 등도 연공으로 상납이 허용된 것이다.

도자기를 만드는 것은 사쓰마 가고시마의 고려마을에 살고 있던 피랍 조선인들이 먼저 시작한 것 같은데 사토 주료의《중릉만록》〔권7〕 〈나에시로가와〉 조에는 다음과 같은 기사가 있다.

삿슈薩州의 토병土瓶은 오쿠바奥羽 지방에까지 이른다. 옛날 사쓰마의 선대 태수가 조선 정벌 때 조선인 18명을 잡아 왔다. 이 사람들은 다른 일은 할 줄 모르고 도자기 만드는 일밖에 할 줄 몰랐다. 그래서 도자기 장인이 될 수 있도록 사쓰마의 가고시마 마을에 살 곳을 제공하고 여러 가지 도자기를 만들게 하였다. 이곳을 고려마을이라고 한다. 지금은 그 이름만 남아 있을 뿐 흙의 성분이 좋지 않아서 가고시마로부터 서쪽으로 7리 떨어진 나에시로가와라는 곳으로 옮겼다. 지금은 200여 개 가문에 달한다고 한다.

당시 고려마을의 도공들도 왜란 때에 붙잡아 온 다른 조선인들과 함께 모두 가고시마에서 서쪽으로 7리나 떨어진 나에시로가와로 옮겨진 것임을 알 수 있다.

2. 도자기 제작

한편 임진왜란 때 연행된 조선 납치인들도 일찍부터 도자기를 만들었다
는 기록이 있다. 즉, 《가고시마현사鹿児島縣史》(권2)의 제4절 〈도예陶藝〉 조
에는 분로쿠 4년(1595)에 도공 김해金海가 시마즈군을 따라 이치키의 가미
노가와로 와서 드디어 아와노에서 도자기를 만들기 시작했다는 기록이
있다.

그는 고古 사쓰마, 옛 조사도기의 원조가 되었으며 호시야마 주지星山仲
次라는 이름을 영주로부터 하사받았다. 호시야마 주지는 원래 김해김씨
로 현재 경상북도 고령군 성산星山 지역에 살고 있던 도공이었는데 임진
왜란 때 시마즈군의 포로가 되어 사쓰마에 납치된 것이다. 성산은 신라시
대부터 유명한 도자기 산지로 현재에도 도요지陶窯址의 유적이 있다.

이에 관해서는 무라타 모토아미가 〈유래기〉에 다음과 같은 기록을 남기
고 있다.

호시야마의 일[星山事], 바로 조선국 성산이라고 불리는 곳의 도공 중에
재주가 뛰어난 자가 있었다. (그가 조선에서) 이치키의 가미노가와 주민인 우
에무라 히라우치上村平内라는 자와 함께 있었으므로 히라우치에게 잡아 올
것을 지시하였다. 일본으로 귀국한 뒤에 가미노가와를 한슈가 방문했을 때,

114

가미노가와가 조선의 어떤 항구와 매우 흡사한 곳이었기 때문에 오카리야御仮屋(한슈의 임시 숙박 장소)를 세우고 체류하면서 김민金民 [氏의 오류] 호추保仲 [中으로도 씀]를 불러 도자기 제조를 지시했다. 조선의 도자기 (기술을) 가지고 일본으로 건너왔기 때문에 바로 가미노가와에 가마를 축조하여 도자기를 구워내었다. 좋은 도자기가 만들어져 한슈가 만열滿悅하였으며 가미노가와로부터 이노성飯野城으로 (그를) 불렀다. 그 후에 조사帖佐의 오야지御屋地, 즉 한슈 저택으로 이주시켜 도자기 가마를 축조하고 도자기를 굽도록 지시했다고 한다.

이 기사에 의하면 호시야마 호추星山保中, 즉 호시야마 주지는 원래 조선 성산 지방의 도공으로 사쓰마로 끌려와 이치키 가미노가와의 우에무라 히라우치에게 맡겨졌으며 이곳에서도 도자기를 만들며 생활했던 것을 알 수 있다.

한편 가미노가와에 들른 시마즈 요시히로는 오카리야에 머무르면서 호시야마 호추 등이 만든 도기 중에서 잘 만들어진 것에는 도장을 찍었는데 이 도기를 옛 조사도기, 혹은 고한테도기(御判手燒き)라고 한다. 〈유래기〉의 무라타 모토아미가 적은 다음 기사가 참고가 될 것이다.

백자를 구웠더니 잘 구워져서 정말로 좋은 백자가 만들어졌다. 조선의 명물名物 중에 웅천熊川(경상도에 있는 백자기의 명산지)이라고 불리는 곳의 도자기와 같은 정도의 일물逸物이 만들어졌으므로 주나곤中納言(시마즈 이에히사를 말함)님이 만열하셨으며 때때로 제조하도록 하라고 분부하시고 좋은 도자기가 제작되면 고한御判(도장)을 찍어 보관하였다. 당시의 도자기를 옛 조사도기 또는 고한테도기라고 한다. 다른 지방에서는 고사쓰마古薩摩 도기라고 부르며 특별히 음미하며 즐기고 있다.

호시야마 호추가 만든 고한테도기, 즉 옛 조사도기〔古帖佐焼き〕는 여러 다이묘들에게 보내져 옛〔古〕 사쓰마도기薩摩焼き로서 호평을 받았다. 호시야마 호추는 나중에 호시야마 주지로 이름을 바꿔 사쓰마의 조사帖佐에서 사망하지만 그의 시신이 매장된 절은 이후 황폐해져 지금은 그 흔적도 없고 무덤도 사라졌다고 한다.[5]

호시야마 주지는 두 명의 아들이 있었는데 2대 주지가 가고시마 다테노로 이주하였다. 당시 2대 주지는 빌린 집에서 살고 있어서 도자기 가마와 세공소를 새롭게 지어 도자기를 제작하였다. 이것을 시마즈 이에히사가 이 지역에 들렀을 때 감상을 하고 매우 진기하게 생각하여 만족한 나머지 주지를 가고시마 조카시城下士(향사)로 등용하였다.

거기에다가 본국의 성산을 훈독하여 호시야마星山라고 불러 그의 성姓으로 하사하고 대소大小의 칼〔刀〕을 주어 도자기의 총수로 임명하였다.[6]

---

5 〈유래기〉의 무라타 모토아미의 기록에 "保中事, 仲次と名替被仰付置候處, 於帖佐死失仕, 葬候寺は後破壊いたし, 今は其跡もなく基(墓)もなく成行"이라고 적혀 있어 호시야마 호추가 주지仲次라는 이름으로 바뀐 것과 그가 조사에서 죽은 것을 알 수 있다.

6 바로 앞의 각주에 이어서 〈유래기〉의 "保中事, (中略) 寛永の初比より相見得, 二代目の仲次男子弍人有, 鹿児島立野江被召移, 當時星山仲次罷在候は御借屋敷にて, 當分の竈より後の方焼物竈並御細工

그 후 호시야마 집안은 점점 번창하여 요하치與八(후년 가하치嘉八라고 함)를 비롯해 도자기 명인을 여럿 배출하였다.

김해金海의 또 다른 자손인 가와하라川原와 야먀모토山元는 류몬지龍門司에 가마를 만들어 도자기를 생산하였으며 김해의 적통嫡統인 다테노의 호시야마가星山家와 함께 최후까지 나에시로가와에는 합류하지 않았다. 이들은 모두 경상도 동편제東便制의 도기 제작자들로서 전라도 남원과 같은 서편제西便制의 도기와는 제작 방법이 달랐던 것이다.

한편 정유재란 때에 조선 남원에서 시마즈군에 붙잡혀 사쓰마로 끌려온 피랍 도공들이 처음에 만든 도자기는 조잡한 일용잡기로 그들이 나에시로가와로 옮기기 전에 구시키노에 세운 가마를 모토야시키료元屋敷窯, 원래의 가마터라고도 부른다.

이것은 남원에서 피랍된 조선인들이 만든 최고最古의 가마터로 지금도 그 이름이 남아 있고 조선식의 단실로 만든 반달형의 경사로 된 도기 가마(窯)이다. 마쓰다 미치야스는 이것을 고려 전래의 것이라고 지적하고 있다.[7] 그러나 서편제의 가마터로서 성산이나 김해와는 다른 도기 가마였다.

所被召建, 爰にて焼物被仰付候, 焼物細工又は竈焼の折, 御入被遊御泊候て, 焼物の出來宜敷珍敷被思召上, 御滿足の餘り御城下士被召成, 本國の星(せい)山を星(ほし)山と被相唱, 名字被下, 刀大小拜領被仰付, 焼物の頭取に被召成候"라는 기사를 참고하기 바람.

7 이에 대해서는 마쓰다의 〈도향묘대천사화陶郷苗代川史話〉와 2장에서 소개한 《부현도기연혁도공전통지》의 〈가고시마현〉 조에 있는 "평의가 아래 이름의 마을에 요窯를 짓고 고려에 전하는 도기를 제조함平意遂に下名村ニ築窯シ, 高麗傳ノ陶器ヲ製造ス"이라는 기사를 참고하기 바람.

게이초 3년(1598) 겨울에 구시키노에 상륙해 그곳에서 5, 6년간 살고 있었던 피랍 조선인들은 게이초 8년(1603)경까지 그곳에서 산 것으로 추정된다. 그러다가 박평의가 마을 촌장(庄屋)으로 임명된 게이초 9년(1604)에 나에시로가와로 이주하게 된다.

박평의는 구시키노에 살고 있었을 때부터 훌륭한 도자기를 만들려고 노력했지만 실패하고 나에시로가와로 옮긴 후에도 다시 시도했지만 또 실패로 끝났다. 이에 대해서는 〈사쓰마도기 창조-박평의기념비薩摩陶器創造-朴平意紀念碑〉(《大日本史料》, 제12편의 2, 게이초 9년 3월 조 수록)에 "게이초 3년 사쓰마쿠니 히오키군, 구시키노 마을에서 도기를 시작했으나 뜻을 이루지 못하고 6년 뒤에 나에시로가와에서 다시 시험하였으나 역시 뜻을 이루지 못했다 慶長三年創陶于薩摩國日置郡串木野郷, 而不得其意, 後六年移苗代川更試之. 而又不得其意"라는 기사가 있어 알 수 있다.

박평의는 백자白磁를 만들기 위해 백토白土를 찾아다니다가 야마가와山川의 나루가와鳴川(成川라고도 씀)에서 백토를, 가세다加世田의 서울 봉우리(京の峰)에서 백사白砂를 발견하고 또 약용의 유목楢木(졸참나무)도 아와노에서 발견하여 드디어 백자를 만들어내었다.

이에 대해서는 〈유래기〉에 무라타 모토아미가 쓴 "그러던 차, 간에이寬永 초경에 당국當國(사쓰마)에서 좋은 도자기가 생산되지 않을까라고 하여 여기저기에 지시를 내리고 찾으러 돌아다니던 중, 야마가와 나루가와 마을의 큰 언덕(大岡)[8]에서 백토를 발견하였다. 그리고 백사는 가세다의 서

---

8 원문은 土岡이어서 '흙 언덕'으로 볼 수도 있으나 원저에서는 그곳 지명에 따라 '土'가 '大'의 오자라 하

울 봉우리(京の峰)에서 발견했으며, 유약釉藥으로 사용할 졸참나무(楢木)는 아와노에서 발견했다. 백토와 백사를 준비하고, 졸참나무의 재도 준비하여 백자를 구웠더니"라는 기사가 있다.

그리고 〈유래기〉의 박평의(6대)가 기록한 부분에 다음의 기사가 있다.

저의 선조 박평의가 게이초 3년 개해(戌年)에 건너와서 같은 19년 범해(寅年)에 백자 굽는 방법을 잘 아는 자라 하여 백토 등을 찾아내도록 하라고 분부하셔서 보고를 드리고 영내領內 여기저기를 돌아보던 차에 야마가와의 나루가와에서 백토를 발견하였으며, 백사는 가세다의 서울 봉우리에서 발견했습니다. 그리고 유목楢木 녹롱鹿籠 안에 □(종이가 찢어져서 글자가 안 보임)가 있어서 그 내용을 말씀드리고 바로 어세공(御細工所의 所가 탈락한 것으로 보임) 건설하고 백자를 구웠더니 극상極上의 도자기가 만들어지자 즉시 그 지역의 쇼야庄屋(촌장을 말함)로 임명하셔서 녹봉으로 쌀 4석을 하사하셨고 노년까지 근무하였습니다.

그는 백토와 백사 및 약용의 유목을 발견하고 김해, 즉 호시야마 호추와 함께 세공소를 세워 백자의 제작에 성공하였음을 알 수 있다.[9]

여 '큰 언덕'이란 의미의 '大岡'으로 정정하였다. 원저에 따라 번역하였다.

9 이에 대해서는 앞에서 인용한 박평의의 기념비에 "後六年移苗代川更試之, 而又不得其意. 乃慨然以爲, 器之精保力粗, 因土之良否, 土苟純良, 則寧有器之粗惡乎. 謀之同志金芳仲, 遠涉山野, 深入榛莽, 發見白土薬石. 猶木木類, 精埴細埏, 而後試之. 其間焦意苦慮, 殆有将廃寝食者, 既而陶成. 潔然其色潤, 然其質高雅驚入. 平意如得其意, 顧頭楊眉, 捧持而不知所措. 走献之侯, 々亦大喜, 以爲良陶也. 即設立陶

시마즈 요시히로는 이것이 웅천熊川 제품과 비슷하다고 하여 크게 칭찬하면서 배석한 한슈 시마즈 이에히사에게 명하여(요시히로는 당시 은퇴) 박평의에게 촌장 자리를 주게 하고 녹미 4석과 흥용興用이라는 이름을 부여하게 하였다.[10]

데라오 사쿠지로寺尾作次郎의 〈사쓰마의 나에시로가와 도기와 오스미의 류몬지 도기薩摩の苗代川焼と大隅の龍門司焼〉(《가고시마현문화조사 보고서》, 제2집, 1954, 10월 조)에는 "박평의가 영내領內를 검분檢分하여 양질의 흙을 발견한 것은 게이초 19년(1614)으로 가지키加治木의 오사토가마御里窯에서 시작試作하여 좋은 제품을 얻었기 때문에 나에시로가와에도 도장陶場을 만들게 하고 평의를 나에시로가와 가마의 총수로 삼았다. 요시히로는 종종 그 도장을 찾아가 가품佳品에는 '요시義'의 글자를 날인하였다. 이것을 고한테

器製造場, 大興窯業, 使平意以村長総理之, 賜名清左衛門. 於是工民麇集, 依以挙火者至數百戸, 薩摩陶器之名, 始著于世矣. 平意以寛永元年五月病歿, 年六十五, 子孫相承, 嗣職窯業. 皆以平意爲通称, 今平意實爲十代"라는 기사가 보인다. 이 기념비문은 메이지 18년(1885) 12월 桂園森孫一의 纂이라고 비문 말단에 적혀 있다.

10 박평의가 백토白土를 발견하여 백자기를 만들게 된 경위에 관해서는 2장에서 소개한 《부현도기연혁도공전통지》에 가장 상세히 나와 있어 이를 옮겨보면 "同十九年, 義弘平意ヲ召シ, 先導者ヲ随ハシメ, 製陶原土ヲ國内ニ捜索ス, 平意左ノ數種ノ土石ヲ採テ復命ス. 一, 薩摩國川邊郡加世田郷小湊村白砂, 一, 同國同郡津貫村京ノ峯釉料石, 一, 同國揖宿郡十二町内山白粘土, 一, 同國同郡成川村白粘土, 一, 同國同郡高野ニバラ白土, 一, 同國同郡鹿籠村釉用櫨木, 義弘感賞シテ, 直ニ苗代川ニ製陶場ヲ建設シ, 平意ヲシテ陶器ヲ造ラシム. 器成ル, 義弘日ク, 善ク熊川(朝鮮ノ地名)ノ製ニ似タリト, 是ヨリ平意陶場ヲ統理シ, 衆工ニ教フ, 義弘其男忠恆ト屢臨見シ, 意匠ヲ貸シテ茶器ヲ造リ, 意ニ適スルモノニハ捺印スルコト, 帖佐ノ例ニ同シ, [亦御判手ト称セリ]"와 같이 〈유래기〉의 무라타 모토아미가 적은 부분과 거의 같은 내용이 적혀 있다.

[사진 1] 나에시로가와 도자기 제조도[11]

御判手라고 한다"라고 썼다.

즉, 박평의가 게이초 19년(1614)에 양질의 백토를 발견하여 만든 도자기에도 호시야마 호추의 경우처럼 요시히로가 가품에는 '요시義'를 날인해 고한테라고 칭했다는 것이다.

---

11 《三國名勝圖會》(권8) 〈薩摩國日置郡伊集院〉 조에 수록된 도자기 제조도. 원저(58쪽)에서 인용함.

이렇게 도기에 한자를 새겨 넣은 사실은 2장에서 소개한《부현도기연혁도공전통지》의 기사를 통해서도 알 수 있는데《가고시마현사鹿児島縣史》(鹿児島縣刊 1939. 4.)에는 다음의 기사가 있어 만萬의 글자를 새긴 도기도 있었음을 알 수 있다.

> 요시히로義弘(시마즈 요시히로를 말함)는 임진왜란 때 철수하면서 웅천 김해 방면의 도공을 데리고 들어와 아와노 및 구시키노에 살게 해 도자기를 만들게 하였다. 그중에서 김해(星山仲次)와 호추芳仲 박평의가 가장 유명했고 조사帖佐로 옮긴 후에 만든 도기를 옛 조사도기라고 한다. 그중에 만萬 자를 파게 하거나 또는 판형을 부여한 것이 있는데 이것을 고한테라고 불렀다. 이후 요시히로가 가지키에 옮겨가자마자 이곳도 도법陶法이 발달하게 되었고 에도시대 때에는 구시키노, 가고시마의 도공을 나에시로가와 부락에 모여 살게 했기 때문에 오늘날에는 오로지 나에시로가와의 이름으로만 알려져 있다. (제1권, 787쪽)

초대 박평의의 생애에 대해서는 앞서 언급한 부분과 4장 각주 9에서 인용한 그의 기념비 비문에 자세히 나와 있다. 그러나 〈고기류〉의 게이초 8년(1603) 조에 "이때에 (중략) 다음은 박씨 세이자에몬淸左衛門이라는 자에게 쇼야庄屋의 일을 맡기다此時節 (中略) 右札ハ朴氏淸左衛門という者, 庄屋役之節也"라는 기사가 있어 박평의는 나에시로가와로 이주한 게이초 8년에 이미 요시히로로부터 호시야마 호추와 더불어 세이자에몬이라는 이름을 하사받고 나에시로가와의 쇼야, 즉 촌장으로 임명되었음을 알 수 있다.

그렇지만 그가 게이초 19년에 백토 등을 발견하고 백자를 만들어 또다시 촌장으로 임명받았으며 후치마이扶持米로서 녹미 4석을 하사받은 것에 대해서는 앞서 지적한 대로이다. 그는 간에이 원년(1624) 5월 65세로 병사하였다. 1대 박평의가 죽은 간에이 원년에 참근교대參勤交代[12]를 위해 에도로 간 한슈 시마즈 주나곤 이에히사는 그의 아들 즉, 2대 박평의에게 정용貞用이라는 이름을 하사하고 아버지 대신에 촌장대역을 하도록 명하였다.[13]

---

[12] 참근교대는 일본 각지의 다이묘들이 1년 주기로 영지와 에도에 번갈아 거주하며 쇼군을 알현하는 것을 말함.

[13] 이에 대해서는 〈유래기〉의 박평의(6대)가 기록한 "私先祖朴平意事, (中略) 老年迄相勤申候, 二代和名清右衛門事, 貞用と名拝領被仰付, 父平意代庄屋役被仰付相勤, 老年相成庄屋役御断申上候處, 河三官と申者江代役被仰付候, 三官代役季(李)利官と申者江被仰付"과 같은 곳의 "一, 白焼物細工人の内, 清右衛門と申者江, 庄屋役被仰付, 御切米四石被成下, 貞用と名拝領仕候"라는 기사를 참고할 것.

3. 나에시로가와 정착

게이초 3년(1598) 이래 구시키노에 거주하고 있던 조선인 포로들을 게이 초 8년(1603)에 나에시로가와로 이주시킨 것은 앞서 밝힌 바 있다. 그 후 간에이 연간(1634~1643)에는 오래전에 가미노가와에 도착해 그곳에서 거 주하고 있던 3성姓 10인도 나에시로가와로 이주하였고 또한 2남男, 3남 도 태어나 20군데의 살 집을 주었다.

이에 대해서는 〈유래기〉의 "3년 정도 지났으므로 2남과 3남에게도 거 주할 주택 20개를 하사하셨다"라는 기사가 참고가 될 것이다. 그리고 〈유 래기〉에 다음의 기사가 있다.

> 이쥬인伊集院의 지토地頭**14**인 시마즈 즈쇼島津図書 도노殿로부터 위의
> 세공인細工人 한 조〔一組〕를 맡도록 분부받은 다섯 집〔五家〕에게 데라와키寺
> 脇 마을의 아라이다이라荒平라고 불리는 곳의 주택 5채를 하사하였다. 그래
> 서 이쥬인에 속한 것이 아니라고 정해져서 이 지방 사람도 이치키에 속하게
> 된 것이다.

이를 통해 이쥬인의 최고 관리〔地頭〕인 시마즈 즈쇼가 도자기 세공인으 로 세워준 다섯 집은 데라와키 마을의 아라이다이라에 거주할 것을 원했 기 때문에 살 집 다섯 채를 지원했음을 알 수 있다. 〈묘대천유장〉에 의하

---

14 장원을 관리하고 조세를 징수하던 관직.

면 이 지방의 집을 모토야시키本屋敷, '원래 저택'이라고 부르기도 했다고 한다.

간분 3년(1663), 한슈藩主 시마즈 미쓰히사는 가고시마의 고려마을에 거주하고 있는 피랍 조선인들을 나에시로가와로 이주시키려 하였고 이미 나에시로가와로 이주한 83명에게 거주할 주택 83채를 배급했지만 가고시마의 고려마을에 살던 조선인들 일부는 수년간 나에시로가와로의 이주를 거부해왔다.

이에 대해서는 〈유래기〉에 그들의 이주를 위해 비용도 주었고 우물도 세 개를 파주었다는 기사가 있다.

간분 3년 토끼해[卯年]에 가고시마의 고려마을에 두었던 조선 출신의 사람들에게 한곳으로 이주하라는 뜻을 분부하셨던바, 고려마을에 거주하던 자들이 영주에게 사정을 말씀드렸지만 허락하지 않았습니다. 여기에 거주하는 자가 83인이어서 거주하는 주택도 83개 하사하시었고, 또 이주 비용까지 하사해주셔서 이주했습니다. 또 우물 세 개도 파주셨습니다.

이 우물은 상당히 아취雅趣가 있었는지 《중릉만록》(권7) 〈나에시로가와〉 조에 "가고시마로부터 7리 서쪽에 있는 나에시로가와라는 곳으로 옮겼다. 지금은 집이 200여 개에 이른다고 한다. 그 마을에 지붕이 있는 우물[井戸]이 있는데 상당히 우아해 아침 일찍부터 부녀들이 와서 물을 퍼 간다"라는 설명이 보인다. 이때에 고려인 마을에서 이전해 온 사람들의 도자기 굽는 가마가 나에시로가와의 신요新窯이고 주로 잡기雜器를 만들었는데 이들 가마를 고혼마쓰가마五本松窯, 다섯 그루 소나무 가마라고 불렀다.

간분 9년(1669)에는 가고시마 고려마을에 남아 있는 피랍 조선인 25가家에도 이주하라는 명령이 내려져 2개월에 걸쳐 이주를 하게 된다. 이때 그들이 거주할 주택과 3개월분의 쌀이 제공되었고 우물도 한 곳을 파주었다. 그뿐만 아니라 인근의 데라와키 마을로부터 200석분의 농지를 몰수하여 그들에게 제공해준 적도 있었다.[15]

이처럼 특별한 대우를 해주면서 이주시킨 것을 보면 25가의 조선인들은 나에시로가와에 합류하는 것을 강하게 거부했을 것이다. 아마도 그들은 조국을 배반하고 일본으로 건너왔기 때문에 나에시로가와에 먼저 도착한 피랍 조선인들과는 사이가 좋지 않았던 것으로 보인다. 앞에도 서술하였지만 남원성南原城이 함락되었을 때 적군을 선도한 주가의도 이 중의 일가一家였을 것이다.

그들은 나에시로가와의 다른 조선인과 융화하지 못하고 결국 에도로 옮겨가려고 시도했지만 오기로 되어 있던 배가 파손되는 바람에 실행에 옮길 수가 없었던 것 같다. 즉, 〈유래기〉에 "엔포延宝 6년, (중략) 또한 고려

---

15 이에 대해서는 〈유래기〉의 박평의가 기록한 "一, 寬文九年, 高麗町江罷居候朝鮮人共廿五家内, 苗代川江, 屋敷並家迄御造調, 井戸壱ツ御掘調, 被召移申候, 且又, 寺脇村より高弐百石程抜地作職として被下候"라는 기사를 참고할 것.

마을로부터 이주하였던 25가에게 에도행 선박 2척분의 운임을 하사하셨습니다"라는 기사가 있다. 그러나 〈묘대천유장〉에는 에도로 가는 배가 파선되었으므로 요금을 받지 않았다고 쓰여 있다.[16]

도자기 만드는 곳에 한슈가 왔을 때나 참근교대 때문에 이 지역을 통과하느라 들렀을 때, 한슈가 잠시 쉬는 장소인 오카리야御仮屋를 조성한 것은 요시히로義弘 때의 일일 것이다.

〈유래기〉에 "일본으로 귀국한 후에 가미노가와를 한슈가 방문하셨는데, 가미노가와는 조선의 어떤 항구와 매우 흡사했기 때문에 이곳에 오카리야를 세우시고"라는 기사가 있어 처음에는 조선의 어느 항구[아마도 사천泗川일 것이다]와 아주 흡사한 가미노가와에 임시 숙소를 세운 것임을 알 수 있다.

그러나 간분 9년(1669)경에 이르러서 나에시로가와의 피랍 조선인 수가 상당히 많아진 데다가 요업窯業도 점차 번성하여 엔포 3년(1675)에는 오카리야가 이쥬인의 가미노가와에서 나에시로가와의 가마노다이라釜之平로

---

16 나이토의 전게서에서는 고려마을에서 나에시로가와로 마지막에 이주한 25가에게 주어진 에도행의 운임은 도자기 판매를 위한 선임船賃이라고 보고 있다. 그렇지만 필자에게는 이 25가만이 도자기 판매를 위해서 에도로 가는 것이 납득이 되지 않고, 또한 도자기 판매의 운임까지 번에서 지불하는 것도 이해하기 어려운 일이므로 아마도 이것은 25가의 사람들이 나에시로가와를 떠나 에도에 이주하려고 했기 때문에 그러기 위해 필요한 운임을 번에서 지불한 것이 아니었을까 생각한다.

옮겨져**17** 신씨마가와申氏眞川가 오카리야의 관리인﹝御仮屋守﹞으로 임명되었고 녹미 4석을 받았다(〈묘대천유장〉과 〈고기류〉의 엔포 3년 조의 기사 참조).

한편 〈유래기〉에는 박평의(6대)가 기록한 다음의 기사가 있다.

> 차야茶屋의 소나무﹝松﹞라고 부르는 곳에 오차야御茶屋를 세우시고 도기 판매점﹝焼物店﹞에 공납미 1석씩 한슈의 창고로부터 건네주시고 감주甘酒 및 소주焼酎를 준비하여 나마모노生看(생선회를 말하는 듯)와 같은 것을 한슈의 조리사를 시켜 건네도록 했다. 그리고 된장﹝味噌﹞, 간장﹝醬油﹞, 제도구諸道具, 물품品物은 관청﹝御春屋﹞으로부터 건네도록 했다. 그렇게 하여 당장 있는 물건들까지 [그곳에서 당장에 모을 수 있는 물품들만 모두 모아, 구시기야키串焼라고 부르는 것을] 준비하여 오차야 상점﹝御茶屋店﹞을 차리도록 분부하셨다.

사쓰마번이 오카리야를 나에시로가와로 옮긴 후에는 오차야라고도 불리는 도자기 판매점을 짓고 한슈가 이곳을 통과할 때면 전례대로 찻집에서 도자기 장마당을 열어 도자기나 된장, 간장 등 다양한 물품을 판매했던 것을 알 수 있다.

이때부터 나에시로가와에 번藩의 관리﹝奉行﹞들이 교대로 근무하고 한슈

---

17 이에 대해서는 〈유래기〉의 박평의가 기록한 "엔포 3년에 이쥬인 산기슭의 오카리야에서 나에시로가와에 가시려고 할 때에 오카리야의 카미(수석 관리인)가 쌀을 내려주게 하였다ㅡ, 延宝三年, 伊集院麓御仮屋, 苗代川江御引移被仰付候節は, 御仮屋守御切米被成下候"라는 기사를 참고하기 바란다.

에게 상납할 도자기 제조와 조선인 관리를 위해서 총지배인인 히시지마 구나이노스케比志嶋宮內輔가 임명되었다. 이리하여 나에시로가와에 도자기의 고향(陶鄉)으로서의 기초가 세워지고 나에시로가와의 도업陶業은 번의 직접적인 지배에 들어가 사쓰마번과의 특수한 관계가 성립하게 된다.

朝鮮歌

5
장

피랍 조선인과
그 후예의 생활

1. 나에시로가와에서의 생활

그 후 도자기의 예향藝鄉으로서의 나에시로가와와 고려인 마을, 그리고 그곳에서 살고 있던 피랍 조선인 후손들의 생활에 대해서는 앞의 2장에서 언급한 대로 후루카와 고쇼켄의《서유잡기》를 비롯해 다치바나 난케이의《서유기속편西遊記続篇》, 그리고 실명씨의《야옹이야기》와《매옹수필》,[1] 사토 주료의《중릉만록》, 다카기 젠스케의《사쓰요왕반기사》등에 언급되어 있어 어느 정도는 추측해볼 수 있다.

먼저 후루카와 고쇼켄의《서유잡기》권4를 보면 다음과 같은 내용이 적

---

[1] 《야옹이야기》와《매옹수필》은 모두 저자 미상인데《매옹수필》은《야옹이야기》의 제1권만을 제외하면 제2권의 책8〈禄位保ち難き事〉부터 마지막의 제4권 책150〈文武の事〉까지 같은 내용을 기록하고 있다.《야옹이야기》는 그 서문에 의하면 교와享和 원년(1801) 신유辛酉에 처음으로 간행되었다고 쓰여 있으므로 필자의 우견愚見으로는 시추안市中庵 바이주梅従가 이 두 책의 저자가 아닐까 생각한다. 필자가 참조한《야옹이야기》4책은 교토대학 문학부 국사학 연구실 소장의 사본寫本이며《매옹수필》은《일본수필대성日本随筆大成》제3기期에 수록된 활자본이다.

혀 있다.

　　지금도 통사역通辭役을 맡아보는 사람이 있어 일가一家에 두 사람분의 녹봉을 하사하시고, 이곳 태수가 참근교대參勤交代를 위해 통행할 때는 고례古例에 따라 알현謁見을 하며 조선무용을 보여드리고 있다. 이곳은 모든 부역을 면제해준 지방으로 지도자급의 가옥이 5채 있다. 이 집에서는 조선으로부터 건너올 때에 입고 온 복장을 보전하고 있으며 태수太守를 뵈러 갈 때에는 조선 복장을 하고 태수 앞에 나갔다고 한다. 평소에 종사하는 일은 세상에 사쓰마도기薩摩焼き라고 알려진 각종 도자기를 만들며 살아가고 있다. 이 지역에서 분가한 가노야무라鹿屋村라는 곳에도 조선인들이 살고 있다. 언어는 지금도 조선말을 섞어 쓴다. 모母를 '아바', 부父를 '무마'라고 말한다. 그 밖에 들어본 적이 없는 말이 많다.

　　위의 글에서 '아바'와 '무마'가 조선어라면 반대일 것이다. 전게한《가고시마명승고》(권2), 〈사쓰마쿠니薩摩國 히오키군日置郡〉 조에 "그곳의 말은 국어國語를 배운다고는 하나 그래도 조선어朝鮮語를 전하여 쓴다. [부父를 아바, 모母를 오마, 형兄을 헹, 제弟를 아오, 자姉를 몬후우오리, 매妹를 아오후오리 등으로 부르는 것 같다]"라는 기사가 있어 오히려 이쪽이 올바른 표기라고 생각된다. 현재 한국의 남부 방언에서는 부父를 아바지 [abaji], 모母를 어머니[əmeə], 형兄을 헹[hjeɲ], 제弟를 아우[au]라고 부르고 있다.

나에시로가와는 '노시토코ノシトコ', 혹은 항아리집〔壺屋, 壺店〕이라고 부르고 나에시로가와 사람은 항아리 사람〔壺人〕이라고 불렸다. 이것은 《지리찬고》를 비롯해 여러 자료에 언급되어 있는데 《사쓰요왕반기사》의 권 1, 분세이 11년(1828) 12월 3일 조에 다음의 기사가 있다.

> 또한 이치키로부터 3리 정도 떨어진 곳에 '노시토코'라고 하는 마을이 있다. 〔이 나라 사람들의 칭호로서 실은 'ノヲシロ(노오시로)'가 바뀐 것이라면 문자로 '苗代川 —ナエシロカワ(나에시로가와)'라고 쓸 것이 아니라 '苗代—ナエシロ(나에시로)'라야 한다〕 이것도 난케이시南渓子의 《서유기西遊記》에서 말하는 고려인의 자손들이 거주하는 곳이다. (중략) 성하城下의 사람들은 나에시로가와를 '노시토코', 또는 '항아리집, 항아리사람'이라고 부른다. 그것은 항아리〔壺〕를 많이 팔기 때문이다.

이것이 맞는다면 나에시로가와는 원래 '노시토코'라고 불리던 마을이었을 것이다.

전술한 《야옹이야기》에는 '苗代村'을 '노시로코ノシロコ'라고 썼다. 즉, 같은 책 제3권 84쪽에 '삿슈薩州 노시로코 무라苗代村에 관한 것'이란 제목으로 "삿슈薩州 가고시마鹿児島의 성하로부터 서쪽으로 7리 정도에 있는 노시로코 마을〔村〕이라고 부르는 곳은 한 마을이 모두 고려인으로 구성되어 있다. 오랜 옛날, 조선〔から國〕의 한 마을 남녀노소를 인질로 끌고 돌아와 여기에 살게 하였다"라는 기사가 있으므로 '노시토코ノシトコ'가 후에 '노시로코ノシロコ'로 바뀐 것이 아닌가 생각한다.[2]

《서유잡기》의 기사에 의하면 나에시로가와 사람들은 사쓰마도기라고 하는 여러 종류의 도기를 제작하여 군주君主, 즉 한슈藩主에게 상납하고 남은 도자기류를 매매하여 생활해온 것을 알 수 있다. 그것을 증언하는 예로 《사쓰요왕반기사》에 다음의 기사가 있다.

마을 사람들은 논을 경작하거나 베를 짜고 또는 많은 사람이 전래의 고려 도자기를 만든다. 태수에게 상납하는 것은 백자白磁이다. 도기주전자, 절구, 항아리 외에도 다양한 물건을 많이 만들어 말에 싣고 매일 성城에 와서 매매를 한다. 교토, 오사카에서 말하는 사쓰마 토병〔薩摩土瓶〕이라는 것은 검은색〔黑藥〕의 흙 병으로 이 마을의 생산품이다.

또한 《매옹수필》의 〈삿슈薩州 노시로유ノシロユ (ノシロコ의 잘못) 마을에 관한 일〉 조에도 다음의 기사가 있다.

이때 반 정도는 도사陶師로서 고려도자기를 만든다. 고급품은 매매가 국금國禁으로 허용되지 않는다. 태수가 실제의 조선 제품이라 하여 여러 곳으로 보낸다.

---

2 《일본수필대성》제3기 11권에 수록된 《매옹수필》(권3)의 〈삿슈薩州 노시로유ノシロユ 마을에 관한 일〉 조에 "삿슈薩州 가고시마鹿児島의 성하에서 7리 서쪽 방면에 노시로유ノシロユ라는 곳이 있다"라는 기사에서 보이는 '노시로유ノシロユ'는 '노시로코ノシロコ'의 오사誤寫일 것이다.

이들 기사에 의하면 백자 즉, 박평의가 만들기 시작한 백자기白磁器는 한슈에게 상납하는 물건으로 매매가 금지되어 있었지만 그 외의 것은 가고시마의 성하城下까지 말에 싣고 와서 팔고 있었다는 것, 사쓰마번의 한슈가 나에시로가와의 도기陶器를 실제 조선의 도기로서 사방에 선물하고 있었다는 것을 알 수 있다.

이렇게 임진왜란·정유재란 때 사쓰마로 끌려온 조선인들은 나에시로가와로 보내져 함께 모여 살게 되었고 그로 인해 당시 황무지였던 나에시로가와에 하나의 이상향理想鄕이 생겨난 것이다. 그렇지만 이들 피랍 조선인들과 사쓰마 원주민의 관계는 어떠했을까?

일본 내에서도 '외래인外來人(ヨソモノ)'[3]을 배척하기로 유명한 사쓰마 지방에 잡혀 와서 살게 된 피랍 조선인들과 주변 주민의 사이는 좋지는 않았다. 앞서 인용한 〈묘대천유장〉의 기사에 있는 것처럼 구시키노에 방치되어 고생하던 피랍 조선인들을 동정하는 마을 사람들도 있었지만 서로 언어가 통하지 않았기 때문에 난폭하게 대하였다. 이후 무리를 지어 보복하며 양쪽이 난투극을 벌이기도 하여 결국 그들은 그 지역에 있을 수 없게 되었다.

나에시로가와로 옮긴 후에도 주변의 주민과 적지 않은 분쟁이 있었을 것이다. 피랍 조선인들을 대상으로 원주민들의 일본 특유의 이지메虐め,

---

3 일본어로 'ヨソモノ'란 말은 단순히 '외래인'이란 뜻만이 아니라 '수상한 사람', '자신들과 다른 사람'이란 차별적인 의미로 쓰인다.

즉 괴롭힘이 있었고 그렇기 때문에 〈고기류〉에 "고려인 한 사람을 죽인 자는 7명을 상대로 한 죄가 된다"라는 엄격한 포고문이 나오기에 이른다 [〈고기류〉의 게이초 8년(1603) 조].

한편 사쓰마번의 보호를 받으며 번창하고 있던 나에시로가와에 점차 다수의 조선인 포로들이 모여들었다. 특히 한슈 시마즈 미쓰히사⁴는 나에 시로가와의 조선인에게 각별한 호의를 보이며 많은 경작권, 수익권을 부 여하는 등 계속해서 그들을 배려했기 때문에 나에시로가와는 더욱 번창 할 수 있었다. 그렇게 되자 주변의 원주민들이 이에 불만을 품고 질투하 기 시작한 것은 당연한 일일지도 모른다.

한 예를 들자면 간분 6년(1666)에 나에시로가와의 피랍 조선인들에게 주어진 산림山林을 이치키 사람들이 도벌盜伐해가는 것을 감시하고 있던 조선인이 나무를 잘라가는 주민을 발견하여 제지하자 오히려 싸움으로 번졌는데 일본인 측이 다수였기 때문에 조선인 측은 할 수 없이 철수했지 만 그 사건의 내막을 관청〔奉行所〕에 호소하자 일본인 중 두 명은 잡혀서 유배지로 보내졌고 이치키의 관리들도 절로 들어간 사건이 있었다.

이에 대해서는 〈유래기〉에 다음의 기사가 있어 이 사건으로 인해 나에 시로가와가 이치키의 소관으로부터 이쥬인 관원의 지배로 바뀐 것을 알 수 있다.

---

4 그는 관양원寬陽院이라고도 불렸는데 나에시로가와의 조선인 후예들에게 쏟은 애정이 각별했으며 특별 한 보호정책으로 나에시로가와 발전에 큰 힘을 보태주었다. 그렇기 때문에 나에시로가와 사람들의 추 모의 정도 깊었고 그러한 후정厚情은 후대까지 이어져 옥산궁玉山宮에 12개 신불 가운데 하나로 안치하 여 모시게 되었다. 이에 대해서는 〈소역일기〉의 1845년(고카 2년) 6월 20일 조를 참조.

간분 초初경에 이치키의 앞산(前山)을 도자기 제조를 위한 땔감용(으로 주셔서), 나에시로가와에서 가끔 순시를 위해 산을 돌아보고 있던 차에 이치키 사람 다수가 몰려와 폭행을 가해 관청에 출두하여 재판을 받았다. 그 결과 폭행을 가한 사람 두 명은 유배를 당했으며 (이치키 관청의) 관리들(御役人衆)도 절에 들어가는(寺入) 벌을 받았다고 한다. 그 당시 나에시로가와의 이치키 소속에서 이쥬인 소속으로 변경되었으며 이남二男, 삼남三男에게 기리아케切明[5] 주택을 요구하여 하사받았다. 그리고 노다무라野田村, 데라와키무라寺脇村, 오타무라大田村, 미야다무라宮田村에 있는 빈 땅에 작직고作職高(경작수익권)도 하사해주셨다. 그뿐만 아니라 이치키의 나가사토무라長里村, 요보무라養母村에 방한方限의, 즉 네모난 작직作職을 하사해주셨다.

그뿐만 아니라 이 사건이 일어난 직후 미쓰히사는 조선인을 보호하기 위해 엄격한 처벌을 내렸다. 당시의 일은 〈묘대천유장〉에 "관양원寬陽院(시마즈 미쓰히사)님께서 고마운 말씀을 내려주셔서 현재 왕래하는 길의 양쪽 끝에 조선인에게 못된 짓 등을 저지른 자는 본인은 물론 친척까지도 같은 죄로 다스리겠다는 금제禁制 팻말을 세워주셨다고 한다"고 한 기사처럼 조선인을 박해하는 자는 본인은 물론 그 가족까지도 죄에 처한다는 엄중한 포고문을 냈다.

나에시로가와의 주민이 된 피랍 조선인들은 〈종문수찰개조목宗門手札改

---

5 일본어에서 '切り明ける'는 '잘라내어 열고 짓다'의 뜻이 있으니 아마도 독립된 집, 즉 단독주택을 말하는 것으로 보인다.

條目)에 의하면 나에시로가와 사람(苗代川者)이라고 하여 일반 백성과 어민漁民, 상인과는 별격의 신분으로 무사武士와 같은 수준인 7무畝씩의 주택 부지敷地를 하사받았고 대문을 지을 수 있었다. 이것은 원래 일반 백성에게는 허용되지 않았던 것으로 오늘날 나에시로가와 집들의 모양새가 향사부락鄕士部落 못지않게 훌륭한 것은 그 때문이다.

시마즈 이에히사 때, 나에시로가와는 번藩의 직할이 되어 부교奉行(중세 일본의 행정관)인 히시지마 구나이노스케의 지배를 받은 것은 앞서 언급했는데 조쿄貞享 원년(1684) 11월에는 노무라 우마노스케野村右馬之介가 시마즈 미쓰히사로부터 나에시로가와의 지토地頭로 임명받아 나에시로가와에 관한 번藩의 행정은 모두 이 관리의 책임하에 놓이게 된다.

또한 조쿄 2년(1685)에는 나에시로가와의 관리체제가 개정되어 촌장인 쇼야庄屋를 야쿠닌役人이라고 개칭하고 3인 체제로 만들었으며 녹미 3석 6두씩을 배급한 것에 대해서는 전술한 바가 있지만 야쿠닌 외에 구미가시라與頭[6] 6인, 요코메橫目[7] 2인, 도자기燒物 슈도리主取[8] 2인을 두었다. 이에 대해서는 〈유래기〉에 다음과 같은 기사가 있다.

조쿄 2년 소의 해(1685)부터 겐로쿠 2년(1689)까지 오야마노大山野의 공

---

6 구미가시라는 組頭로도 쓰며 에도시대 마을의 조야쿠助役로 나누시なぬし(名主)를 도와서 마을의 사무를 맡아보는 직분이다.

7 요코메는 감시인監視人으로 조업을 감시하는 직분을 말한다. 오늘날의 감사監査에 해당될 것이다.

8 슈도리しゅどり는 중세 일본어에서 사무라이(武士)가 다이묘의 가신家臣이 되는 것을 말한다. 여기 '燒物主取'는 아마도 도자기에 관한 일을 관리하는 사쓰마번의 가신이란 의미로 쓰인 것 같다.

납의 상납, 그 외 대나무, 잡목은 도자기 제조용 땔감으로 무료로 하사하셨다. 또 녹삼나무〔楠杉〕는 사들여주시기로 했다. (중략) 또 나에시로가와의 쇼야를 야쿠닌으로 승격시키고 야쿠닌 3인을 임명하여 봉급으로 3석石 6두斗씩을 주셨다. 그리고 구미가시라는 6인씩이며, 요코메가 2인, 어세공 슈도리御細工主取가 2인, 대나무감시〔竹木見廻〕, 규바아라타메카타소우牛馬改方添로 2인을 임명하였기 때문에 데후다아라타메카타手札改方도 별도의 규정을 두었다. 데후다手札(명찰) 검사 등도 나에시로가와의 규정은 외역外域과 함께 별규別規로 고친 것이 있었던 바……

이 기사를 보면 나에시로가와의 조선인 후손에 깊은 관심을 보이던 사쓰마 한슈 시마즈 미쓰히사는 도업陶業을 장려하기 위해 사쓰마의 독특한 향역인鄕役人 제도를 이 지역에도 적용해 각종 관리를 마련하여 임명하였음을 알 수 있다.

역대 사쓰마의 한슈 중에서는 시마즈 미쓰히사가 조선의 풍물, 습관, 도자기에 가장 많은 이국異國 취미로서의 애착을 갖고 있었기 때문에 그는 나에시로가와의 조선인 후손에 대해 보호정책을 폈고 그로 인해 나에시로가와는 최성기最盛期를 맞이하게 되었다.

나에시로가와의 피랍 조선인 후예들은 사쓰마의 역대 한슈로부터 우대를 받았고 그중 일부는 나중에 신분상의 특별한 대우를 받아 대대로 후치마이扶持米(녹봉)를 하사받았다.

즉, 〈고기류〉의 교호享保 6년(1721) 조에 "나에시로가와 야쿠닌役人인 이흔승李欣勝·신씨수석伸氏守碩·박씨춘승朴氏春勝과 오카리야카미御仮屋守

인 신씨주산伸氏主山의 4인에게 이쥬인슈주카쿠伊集院衆中格(이쥬인의 향사 자격)를 하사하다"라는 기사에 의하면 나에시로가와의 관인役人 3인과 오카리야카미에게 이쥬인의 향사 자격을 하사하였음을 알 수 있다.

〈묘대천유장〉에는 "교호 6년에 오카리야카미인 주산主山(신씨주산을 말함)과 야쿠닌 흔달欣達(이흔승의 아들), 수석守碩(신씨수석을 말함)·춘승春勝(박씨춘승을 말함)의 청원대로 대대로 적자嫡子 한 명씩에 이쥬인슈伊集院衆의 중격中格(향사의 자격을 말함) 대우를 하라는 지시를 받았으며, 씨자氏字 사용도 허락받았다"라는 기사가 있다.

이것은 대대로 향사의 자격을 적자에게 세습한 것과 같다. 다만 〈묘대천유장〉에 보이는 야쿠닌 흔달은 〈고기류〉에 등장하는 이흔승의 적자인데 〈소역일기〉에 의하면 그는 교호 10년(1725)부터 야쿠닌으로 활동했으므로 〈묘대천유장〉의 기사는 잘못된 것이라 하겠다.

그 직전인 교호 4년(1719)에 나에시로가와는 이쥬인 지토地頭의 지배를 받게 되었으므로 나에시로가와의 야쿠닌들은 이쥬인슈의 중격中格, 즉 이쥬인 지토 밑의 향사 취급을 받게 되었다는 것이다. 〈고기류〉의 덴메이天明 2년(1782) 조에 "5월에 향사격鄕士格인 자는 이곳저곳에 통역 업무를 위해 출장 갈 때 말 한 필씩을 내려주셨다"라는 기사가 있어 통사通事들도 포함해서 이들 모두는 향사의 자격으로 취급되었음을 알 수 있다.

왜란 때에 처음 일본의 사쓰마로 끌려온 23성姓 중에 살아남은 것은 신申, 이李, 변卞, 강姜, 정鄭, 진陳, 차車, 박朴, 백白, 주朱, 최崔, 심沈, 노盧, 김金, 하河, 정丁, 임林의 17성姓뿐이다.[9]

그들의 후손 중에 김해金海(星山保中)의 가家는 가고시마의 조카시城下士

(鄕士)로서 다테노에서, 박씨朴氏(平意)[10] 등의 가家는 이쥬인의 향사격鄕士格으로서 나에시로가와에서, 김해金海의 자손으로 그의 일족인 가와하라川原 등도 마찬가지로 가중격家中格[11]으로서 가지키고加治木鄕 류몬지龍門司에서 각각 신분상의 특별한 대우를 받으며 대대로 녹봉을 하사받았다.

나에시로가와에서도 향사鄕士 취급을 받은 자는, 미요시 아키라三吉明 씨의 〈요업부락의 연구窯業部落の研究〉(《明治學院論叢》 제40호)에 의하면 "이李, 신申(伸이라고도 씀), 그리고 박朴의 이가二家, 즉 네 집(四戶)으로 메이지 4년(1871)의 폐번치현廢藩置縣(번을 없애고 현을 두어 중앙집권 체제를 갖춘 것) 때에 제정된 호적법에서는 그들을 조선의 성姓 그대로 두었다.

그렇지만 실제로 사족士族이 된 자는 도업陶業의 야쿠닌이었던 네 집(四戶)(李·申, 그리고 朴의 2家)뿐으로 다른 모든 사람은 평민으로 취급되었고 향사鄕士 취급을 받은 나에시로가와의 사람은 소수였다"라고 하여 실제로 향사가 된 사람은 위의 기록보다 적었던 것으로 보인다.

나에시로가와의 조선인 후예는 메이지 10년(1877)경까지 조선의 씨명氏名을 그대로 사용하고 있었던 것 같다. 그것은 나에시로가와의 호장戶長

---

9 전게한 《지리찬고》의 같은 곳에 "개선의 날, 귀항歸降한 조선인 22성[單姓, 單, 鄭, 朴, 李, 羅, 姜, 金, 卞, 黃, 張, 林, 車, 盧, 河, 陳, 白, 沈, 丁, 崔, 申] 등으로 지금 살아남은 자는 17성, 즉 '朴, 李, 卞, 姜, 鄭, 陳, 車, 林, 白, 崔, 沈, 盧, 金, 河, 朱, 丁, 申'이다. 그 외의 2성은 류큐琉球 국왕의 부탁으로 류큐에 보낼 도자기를 전하기 위해서 옮겨갔고, 그 외의 3성은 죽었다"라는 기사 참조. (원저를 그대로 인용)

10 초대初代 박평의朴平意는 호추芳仲라고 부른다. 또 그는 이에히사로부터 '흥용興用'이라는 이름을 하사받았다. 이에 대해서는 4장 각주 9에 인용된 박평의의 기념비 비문을 참조할 것.

11 가중家中은 에도시대 다이묘의 가신家臣들을 말하며 가중격은 가신의 자격을 말한다.

박태치朴泰治로부터 당시 그곳 현령縣令인 와타나베 치아키渡邊千秋 앞으로 제출한 메이지 13년(1880) 4월 25일부의 〈사족편입원土族編入願〉(나에시로가와 거주자 40인의 연서가 붙어 있음)과 메이지 18년(1885) 12월 10일부의 〈사족편입재원서土族編入再願書〉로 알 수 있다.

나에시로가와 출신으로 태평양 전쟁 패전 시에 일본제국 최후의 외무대신이었던 도고 시게노리東鄕茂德는 메이지 15년(1882)에 나에시로가와의 박수승朴壽勝의 장남으로 태어난 피랍 조선인의 후예였다. 그는 나에시로가와의 도향陶鄕을 개척한 박평의의 후손이므로 대대로 이 마을의 촌장인 쇼야庄屋의 역을 맡아왔을 것이다.

심수관(14대)이 기록한 〈두 개의 조국, 도고 시게노리와 나二つの祖國, 東鄕茂德と私〉(《文藝春秋》, 1989. 6.)에 의하면 도고는 5세 때에 개성改姓했다고 한다. 그렇다면 나에시로가와 조선인 후예들은 메이지 19년(1886)경에 일본식으로 성을 바꾼 것으로 볼 수 있다. 또한 도고는 박평의의 자손인 도공 박수승의 자식이고 따라서 박씨가朴氏家는 이쥬인의 향사격鄕士格이었음이 틀림없다. 따라서 그들도 모두 사족에 편입되었다.

사쓰마의 역대 한슈들은 조선의 전통 민속을 보존하는 정책을 강력하게 추진해온 듯하며 그 때문에 나에시로가와의 피랍 조선인들은 자신들의 풍속과 습관을 지켜올 수 있었다. 조선인들은 옷차림에서도 조선의 풍속을 지켰는데 앞에서 인용한 《서유잡기》의 같은 곳에 다음과 같은 기사가 있다.

누구라도 비녀를 꽂고 있다. 그리고 그 인물을 잘 살펴보면 키도 크고 얼굴도 갸름해서 천하게 보이지 않는다. 옛날부터 일본인과 결혼하는 것을 법으로 엄격히 금하였다. 머리 모양 차림새도 일본식의 사카야키 덴마도月代天窓(일본 무사들이 하는 머리 모양)로 깎는 것은 금지되었다. 5~7대代가 되도록 일본 땅에서 살아 8, 9분分까지도 (일본) 풍속에 익숙하였기 때문에 머리 모양도 일본식 머리 모양으로 하도록 여러 번 사쓰마의 태수에게 간청했으나 허락이 없었다.

이 기사를 보면 그들의 머리 묶는 방법과 얼굴 생김새는 일본인과 다르며 5~7대째나 일본 땅에 거주하고 있더라도 일본식으로 머리 모양을 바꿀 수가 없었던 것이다.

또한《사쓰요왕반기사》의 분세이 11년(1828) 12월 3일 조에 다음의 기사가 있어 그들이 조선 옷을 입고 망건網巾을 썼음을 전하고 있다.

이곳도 난케이南渓의 《서유기西遊記》에서 말하는 고려인 자손들이 사는 지역이다. 풍속은 총발惣髮[12]로 머리 위에서 상투로써 묶는다. 의류衣類는 일본풍이지만 연시年始의 하례賀禮로 성 아래로 나갈 때, 또는 태수가 통행할 때, 또는 중신重臣들이 왕래할 때는 반드시 선조 전래의 조선복을 입고 망건이라 하여 말꼬리를 이리저리 짜서 모양도 여러 가지로 만든 두건頭巾

---

12 총발은 머리를 모두 길러 묶어 올린다는 뜻으로 조선의 상투와 같은 머리 모양을 말한다.

과 같고 닷토리立鳥[13] 모자와도 같은 것을 쓴다.

나에시로가와 사람들의 총발에 대해서는 《서유기》에 가장 자세히 기록되어 있다.

예전 노시로코의 풍속은 모두 머리카락 전체를 길러서 이마 위로 모아 묶는다. 교토의 여자들이 하는 구시마키櫛巻[14]라는 머리 모양과 같다. 예의를 지켜야 할 때는 머리에 망건이라는 것을 쓴다. 말꼬리를 그물 모양처럼 짰으며, 밑이 없고 귀 위에 주석 혹은 놋쇠로 된 나뭇잎 형태의 철물을 좌우에 붙이며 천을 이마에서 뒤쪽으로 돌려 머리에 대는 물건이다. 높은 망건과 낮은 망건이 있다. 높은 것은 고高 망건이라 하여 상관上官이 쓴다. 의복은 꽃색의 비단으로 소매가 넓고 법의法衣처럼 위와 아래가 나뉘어 있다. 먼저 아래의 옷을 입고 위의 옷을 입는다. 위에는 복숭아색의 가늘고 둥근 끈을 묶는다. 속옷은 일본식의 옷이다. 길(웃옷의 섶과 겨드랑이 사이)의 폭, 소매 폭이 모두 넓고 끈은 대부분 앞에서 묶는다. 여자의 머리는 예의를 지켜야 할 때는 쪽진 곳을 세 개로 나누고 평상시에는 구시마키와 비슷하다.

이에 대해서는 《사쓰요왕반기사》에 〈고려의 자손〉 조의 주註로서 다음

---

13 닷토리는 하늘로 날아오르는 새 모양이란 뜻이므로 망건의 모양을 표현한 것이다.

14 구시마키는 여자들의 머리 묶는 방식의 하나로서 끈으로 묶지 않고 머리를 말아 빗으로 붙여서 상투처럼 올리는 머리 묶는 방법을 말한다. 아마도 쪽을 지은 머리 모양을 말하는 것 같다.

[사진 2] 나에시로가와의 피랍 조선인

의 기사가 있다.

　다치바나 난케이가 쓴 《서유기》에 나에시로가와에 관한 사항이 있다. 난케이도 말하기를 고려의 의복을 입고서 밭을 갈고 베를 짜기 때문에 일본 땅을 벗어난 심경이 들어, 정말로 진귀하고 흥미가 있다고 적혀 있다. 그렇지만 평상복은 위 기사의 본문에 기술되어 있는 것처럼 일본과 다를 바 없으며 단지 머리카락 전체를 기르고 있는 것 정도일 뿐 수건 등으로 머리를 싸매고 있으면 밭을 갈거나 베를 짜는 남녀가 일본인과 다를 바 없다. 모두 난케이의 《서유기》에는 문장이 기奇에 빠져 실實을 잃어버리는 일이 많다.

후술하는 기리시마야마霧島山의 등산에 관한 부분에서 그 일을 논할 것이다. 이뿐만 아니라 그 외의 부분에도 있으니 이곳과 맞추어보아야 할 것이다.

이에 의하면 다치바나 난케이는 나에시로가와 사람들의 의복이나 생활이 아주 신기하다고 기록하고 있지만 다카기 젠스케가 이 지역을 방문했을 때는 이미 일상 복장 등이 일본 것과 다를 것이 없었기 때문에 머리 모양만 제외한다면 일본인과 구별할 수 없게 되었음을 증언하고 있다.

2. 조선인의 씨명

조선풍속을 그대로 보존하려는 사쓰마번의 정책은 본국의 씨명氏名을 유지하게 하고 일본 이름 사용을 금지하는 것으로 진행되어갔다. 다만 사쓰마 옛 조사도기〔古帖佐燒き〕의 원조였던 김해金海가 호시야마 호추星山保中(나중에 주지仲次로 개명)라는 이름을 시마즈 요시히로로부터 하사받았고 또 나에시로가와의 박평의와 그의 아들들도 세이자에몬淸左衛門이나 세이에몬淸右衛門이라는 일본 이름을 갖고 있었다는 것은 앞서 밝혔다.

그때부터 쇼야庄屋(촌장)라든지 오카리야카미御仮屋守, 혹은 나중에 야쿠닌役人의 위치에 있던 유력자들은 일본 이름을 많이 사용하고 있었던 것 같다. 이것은 대체로 한슈로부터의 사명賜名에 의한 것으로 보인다.

그러나 나에시로가와의 조선인 후예에게 각별히 호의를 보여주던 시마즈 미쓰히사가 죽고 시마즈 쓰나타카島津綱貴가 사쓰마 한슈가 된 이후로는 정책이 일변하여 일본 이름의 사용을 금하였다.

즉, 〈묘대천유장〉의 겐로쿠 8년(1695) 조에 대현원大玄院(쓰나타카를 말함)이 참부參府[15] 때문에, 이 지역에 들렀을 때의 기사에 "조선 출신자는 타로太郎, 지로次郎와 같은 이름이 풍속과 어울리지 않으므로 이름을 각각 본국의 이름으로 개명하라는 분부가 있어 이를 증명하는 개명장改名帳을 작성하여 아히사네阿久根의 오카리야御仮屋에 제출하였습니다"[16]라고 적혀있어 이 지역 주민들 중에 일본식 이름을 사용하는 자가 있어서는 부적절하니 이를 고쳤다는 내용이 있다.

그 후 이 지역 사람들은 조선의 이름을 사용하였지만 당초 이에히사도 박평의 부자父子에게 흥용興用이나 정용貞用이라는 조선식 이름을 주었으므로 역대 한슈들은 처음부터 나에시로가와 사람들에게 조선 이름을 유지시키려는 생각을 하고 있었던 것 같다.

조선 이름을 사용할 때는 조선 격식의 존칭으로서 성姓 뒤에 씨氏의 글자를 붙여 부른다. 겐로쿠 8년(1695)부터 나에시로가와 주민들에게 일본식 이름을 사용하는 것을 금지했기 때문에 그 대신에 씨氏 자를 붙인 이름을 사용하게 된 것이다. 나에시로가와의 고문서로는 호에이宝永 3년(1706)조의 〈고기류〉에 통사通事 이흔승에 관하여 "이흔승에게 조선의 격식格式

---

15 일본의 지방 영주인 다이묘들이 에도 막부에 쇼군將軍을 알현하러 가는 것을 말함.

16 〈유래기〉의 "元禄八年亥, 大玄院様上意にて, 苗代川の者, 太郎次郎の名, 風俗不相應候間, 銘々仮名改名可仕旨, 被遊御意候故, 改名仕, 名帳阿久根御仮屋にて差上申候"라는 기사를 참고할 것.

에 맞는 씨자氏字의 하서下書를 허락하셨다"라는 기사가 처음이다.

그때부터 나에시로가와의 관원들에게는 씨자를 붙여 쓰기 시작하였다. 또 〈고기류〉의 교호享保 6년(1721) 4월 조에 "주석主石·춘승春勝·주산主山, 위 3인이 씨자에 관한 소원訴願을 올려서 10월에 허락을 받았음"이라는 기사가 있어 그들도 신씨수석伸氏守碩·박씨춘승朴氏春勝·신씨주산伸氏主山 등으로 불리게 된다.[17]

교호 7년(1722)이 되면 〈고기류〉에 "이해에 나에시로가와에 사는 모든 사람에게 조선의 격식에 맞는 씨자의 하서를 허락하셨다"라고 되어 있다. 따라서 이때부터 나에시로가와 주민 전부에게 씨자의 사용이 허용되었다. 그뿐만 아니라 일본 이름도 사용할 수 있게 되어 박씨세이자에몬朴氏清左衛門이라든지 이씨쇼에몬李氏庄衛門, 신씨마가와申氏真川 등의 이름이 〈묘대천유장〉 등의 고문서에 보인다.

이것에 의하면 나에시로가와의 조선인들은 노인이나 죽은 선조에 대해서는 이전부터 씨자를 성姓 뒤에 붙여서 부르고 있었던 것 같다. 여기의 박씨세이자에몬은 전술한 박평의이고 이씨세이에몬은 엔포延宝 3년(1675)에 촌장대역(庄屋代役)을 임명받은 이리관李利官이다.

신씨마가와는 〈고기류〉 메이레키明暦 원년(1655) 조의 "이 무렵에 신씨 아라가와伸氏新川라는 인물이 쇼야庄屋를 20년 정도 맡았으므로 이름까지

---

17 이에 대하여는 〈고기류〉의 교호 6년(1721) 조에 있는 "苗代川役人李欣勝·伸氏守碩·朴氏春勝, 御仮屋守伸氏主山, 右四人伊集院衆中格ニ被仰付□"라는 기사 참고. □은 읽을 수 없는 부분이다.

배령拜領했다"라는 기사에 보이는 신씨아라가와와 동일 인물이며 촌장 격인 쇼야를 20여 년 지냈던 인물이다. 원래 이름은 신마가와申真川였는 데 성姓의 신申을 신伸으로 바꾼 것 같다.¹⁸

신씨마가와는《야옹이야기》의 "지금도 자손은 조선의 의복과 언어를 그대로 사용하고 있고 촌장〔庄屋〕의 이름을 '신모준'이라 하여 '申侔屯'이 라고 쓴다"라는 기사에 보이는 신모둔申侔屯과 동일 인물이다. 3장에서 소개한《동서유기》의 기사에도 같은 이름이 보인다. 그는 엔포 3년에 오 카리야御仮屋가 가미노가와에서 나에시로가와로 옮겨졌을 때 오카리야 관리〔御仮屋守〕로 임명된 인물이다.

나에시로가와의 유력자에게 내리는 사명賜名에 '관官'자를 사용하는 것이 조선의 옛 풍습이라고 생각해 사명한 경우도 있다. 〈고기류〉의 기사 에 따르면 2대代 박평의가 노쇠해져 그를 대신해 간에이寛永 말년(1640년 대)부터 촌장대역이 된 하씨何氏는 삼관三官이라는 이름을 하사받아 하삼 관이 되었고 엔포 3년에 이씨쇼에몬도 촌장대역을 임명받으며 리관利官

---

18 신모둔申侔屯이라는 이름을 신아라가와伸新川로 바꾼 것에 대해서는 다치바나 난케이의《동서유기》〈서 유기〉(續編, 卷4)의 〈고려의 자손〉조에 "頭よりの賓客なれば, ノシロコの庄屋禮義を正して出迎ひたり. 則庄屋の家に入り, 酒飯等のもてなしを受て, 初て對面して名をとへば, シンボゥチュンと答ふ. 其文 字をとへば伸侔屯と書といふ. さても珍ら敷御名也. 殊に伸といふは唐土にもうけ給はり及ばず, 朝鮮 元來の御姓にやといえば, 其事にて候. これは日本にわたりて後に改候也. 元來は申と申候を, 先祖の もの此國に渡り上りし頃, 太守へ御目見への時, 披露の役人衆猿と某を披露申されぬ. 其場にて爭ふべ きにあらざれば, 其儘に拜禮し終りぬ. 是は申といふ字十二支の猿とよむ字なれば, 帳面の名を斯よみ 誤りて披露あれらし也. 其明年の年始拜禮の時も, 披露の役人また猿なにがしと披露あり. 後にて某が 姓は申とよみ申也と斷り置しかど, 其役人替れば, また明年も猿と披露あり. とかく人の聞えもあしけ れば, 申とよめざるやうに, 人扁を付て伸の字に改めぬるなりと答ふ. 其由來も珍敷, 手を打て笑ふ"라 는 기사를 참고할 것.

이라는 이름을 하사받아 이리관이 되었는데 이들이 그 좋은 예라고 할 수
있다.

더욱이 엔포 5년(1677)에 "미쓰히사가 이 지역을 들러 오카리야에 숙박
했을 때 그날 밤 9명의 유력자에게 이름을 지어주었다. 그 이름은 모둔俸
屯, 금관金官, 돈관頓官, 승견勝堅, 가춘可春, 이훈利訓, 용선龍仙이고 [나머
지 2명은 대관大官, 진열陳列이었을 것이다]"라는 기사에 등장하는 이름
중에서 금관·돈관·대관 등이 그 예에 해당된다.

필자는 교토대학 소장의 나에시로가와 조선어 학습 자료 중의 하나인
《조선어학서朝鮮語學書》(가제)에 대해서 언급한 적이 있다. 이 문헌은 전부
7장으로 되어 있고 권말에 '간포寬保 3년(1743) 9월 하이선何伊仙, 하일관
何壱官'이라고 되어 있어 하일관이 작성한 조선어 자습서임을 알 수 있다.
또한 끝부분에 '간엔寬延 4년(1751) 말 8월 14일 나에시로가와 야쿠닌쥬役
人中'라고 적혀 있으므로 이것은 1751년에 나에시로가와 야쿠닌에게 헌
상한 책이라고 생각된다.

여기에 쓰인 '하일관'과 '하이선'은 동일 인물이다. 즉 하일관은 〈묘대천
유장〉의 간포 3년 6월 조에 "이흔달의 통역관(通事) 제자弟子로 하이선, 박
춘림朴春林, 신순열伸順悦, 정영석丁栄石, 이춘달李春達이 청원하였던바, 9월
에 제자가 되는 것을 허락하였다"라는 기사에 보이는 하이선이며 후에 한
슈藩主로부터 '일관壱官'이란 이름을 하사받은 것으로 보인다.

하일관은 '일관一官'으로도 쓰여 〈묘대천유장〉의 간엔 3년(1750) 조에
"흔달欣達의 제자 일관一官, 이인二人 罷越云云"이라는 기사가 있다. 같은 책
호레키宝暦 원년(1751) 조에 보이는 "이흔달의 통사 제자 하삼관李欣達通事

152

弟子何三官"의 '하삼관'은 '하일관何一官'의 오기일 것이다. 하삼관은 2대 박평의의 뒤를 이어 촌장대역이 된 사람으로 아마도 하이선의 선조가 아닐까 한다.

그리고 남원에서 피랍된 조선인 도공 심당길沈當吉도 수관壽官이란 이름을 하사받아 심수관沈壽官이 되어 박평의의 뒤를 이어 나에시로가와의 촌장村長, 즉 쇼야庄屋를 맡는다. 오늘날 15대째인 심수관은 심당길의 후예이다. 그도 사쓰마 한슈로부터 수관壽官이란 이름을 받아 심수관이 된 것이다.

겐로쿠元禄 8년(1695)에 나에시로가와 피랍 조선인 후예들에게 일본식 이름의 사용을 금지시켰기 때문에 이 지역 사람들은 조선 이름을 사용하고 있었다. 전게한《사쓰요왕반기사》의 같은 곳에도 "여자는 일본명을 사용하지만 남자는 지금도 조선 이름으로 이금성李金星, 이원열李院悅, 박정백朴正伯 등이라고 부른다"라는 기사가 있다. 이에 의하면 여자의 경우는 일본식 이름을 사용하는 자가 있었지만 남자는 조선의 이름을 사용하고 있었음을 알 수 있다.

또한 같은 책에 계속해서 "다음에 기록하는 것과 같이 대체로 이 마을 사람들의 성姓은 이씨李氏가 태반太半으로 많다"라고 적혀 있는데 아마 이李라는 성이 가장 많았던 것 같다. 전게한 〈묘대천유장〉의 기사에 보이는 이혼달은 〈고기류〉의 교호 6년(1721) 3월 조에 혼승欣勝의 자식으로 되어 있다. 그는 이혼승의 소임을 이어받아 통사通事가 되었고 이쥬인슈의 중격中格(향사)이 되기도 했다.

이에 대해서는 앞에서도 언급한 적이 있지만 이흔달의 통사 제자였던 하이선, 즉 하일관도 통사의 소임을 맡아 나가사키長崎의 통사와 마찬가지로 후치마이扶持米(녹봉)를 지급받았고 매년 한테이藩邸(태수의 저택)의 강당에서 한슈와 대담對談, 회답하는 등 향사격鄕士格의 대우를 받았다.

나에시로가와의 조선인은 정월正月에 조례朝禮로서 가고시마의 성城으로 가서 사쓰마의 한슈에게 인사를 하는 풍습이 있었다. 이때에는 조선의 관복을 입고 시중을 돌아다녔으므로 많은 사람이 나와 구경을 했다고 한다.

《중릉만록》의 〈나에시로가와〉 조에 "매년 정월 3일에 가고시마의 성城 내에서 조례를 올린다. 그 복장은 모두 조선의 조복朝服으로 즉 조선인들이 일본을 방문할 때 입는 옷과 같다. 가고시마의 시내를 통과할 때는 구경하는 사람들이 많이 나온다"라는 기사라든지 앞서 인용한 《동서유기》의 같은 곳에 "이 집에는 조선으로부터 건너올 때 입고 온 장속裝束을 보존하고 있으며 태수를 보러 나갈 때는 조선장속朝鮮裝束을 하고 태수 앞에 나갔다고 한다"라는 기사로부터 알 수 있다.

3. 조선어 통사와 조선어 학습

《매옹수필》의 〈삿슈薩州 노시로유 마을에 관한 일〉에는 "조선의 통사는 이 마을 사람이 맡아 한다"라고 하였고 《동서유기》의 〈고려의 자손〉 조 끝

부분에도 다음의 기사가 있다.

사쓰마의 조선 통사는 이 마을 사람이 맡아서 한다. 이 마을에서 평소에
는 대부분 일본어(和語)에 익숙해져 있다고는 하나 또한 자주 조선의 언어
를 사용하고 있어서 통사의 소임을 맡은 것이다. 예로부터 사쓰마는 다른
나라의 배가 매번 표착漂着해 오기 때문에 여러 나라의 통사 소임을 맡는
사람들이 있다. 이 마을 사람이 조선 통사를 맡는 것은 당연한 일이다.

이들 기사에 의하면 나에시로가와 주민들 중에 사쓰마번의 통사 소임
을 맡아 하는 사람들이 있다는 것을 알 수 있다. 즉, 나에시로가와 피랍 조
선인들과 그 후예들에게 주어진 주요 역할은 물론 훌륭한 도자기를 만드
는 것이었지만 또 하나는 조선 통사의 소임을 맡아 하는 것이었다.

《서유잡기》에 의하면 저자인 후루카와 고쇼켄이 이곳을 방문한 덴메이
天明 3년(1783)까지 즉, 그들이 사쓰마로 끌려온 지 200년 가까운 세월이
지났음에도 "언어는 지금도 조선말을 섞어 쓰고 있는" 상태였다.[19] 그들은
대대로 조선어를 배웠고 사쓰마번이 조선인들의 표착漂着이나 그들과의
무역 등에서 조선과 접촉해야 했을 때 그 통역을 담당해왔던 것이다.

---

19 《야옹이야기》에도 "今も子孫は朝鮮のま々の衣服言語なり, 庄屋の名をシンホウチュンという. 申俸屯
と書なり. 日本へわたりてより長壽続て, 問四代, 短きは八代にもおよぶ. 最早二百年に越たり. いつし
か此國の言ばをもるつうせり"라는 기사가 있어서 이미 이 시기에 그들은 조선어와 함께 일본어도 병용
해서 사용하고 있었다고 보인다. 이 문장 중에 '신호우츙'은 '申戶長(신호장)'이라는 조선어가 표음된 것

그들에게 조선어 통사의 소임을 맡긴 유래에 대해《중릉만록》의 전게한 곳에서는 다음과 같이 언급하고 있다.

종종 자기 나라 말을 배운다. 모두 어휘뿐이고 하나도 소리는 없다.[20] 지금 일본의 고어古語에 합치하는 경우가 많다. 그 후 조선인이 표류하여 삿슈薩州(사쓰마)의 야마가와라고 하는 곳에 왔는데 이때 나와서 통변通辯하였다. 저들 표류인들도 크게 놀라 "며칠 동안 난풍難風을 만나 만리萬里의 파도를 헤치고 왔더니 이와 같이 우리나라 사람이 우리나라의 옷을 입고, 우리나라의 언어를 사용하고 있다. 세계 가운데 우리나라와 같은 곳은 더는 없다고 생각했더니 이와 같은 사람을 만났구나. 그러니 일본의 크기는 실로 천하의 대방大邦이다"라며 대단히 놀랐다. 이로부터 또 자기 나라의 말을 배우는 일에 종사하였다.

이 기사에서 나에시로가와의 조선인 후예가 통사의 소임을 맡게 된 배경을 엿볼 수 있다.《중릉만록》에 기록되어 있는 당시의 해난사고는 겐로쿠元禄 12년(1669)에 일어난 사건으로 이때 조선으로부터 표착한 표류인을 위하여 통변한 것은 나에시로가와에서 파견된 이흔승이었을 것이다.

이라고 생각한다. 이는 최초의 오카리야 관리인﹙御仮屋守﹚이 신씨였기 때문에 이 이름으로 불렸던 것 같다. 호장戶長은 조선의 향직鄕職이다.

20 원문은 "皆語して一も音はなし"이다. 아마도 '모두 어휘뿐이고 형태를 나타내는 音은 없다'는 뜻으로 보인다.

〈고기류〉에 의하면 겐로쿠 12년(1669), 조선인을 태운 배가 표류해 야쿠시마屋久島에 도착했기 때문에 같은 해 정월 초하루(一日)에 이흔승이 통사의 역役으로 임명되어 청춘淸春을 데리고 야마가와로 간 일이 있다. 이것이 나에시로가와의 피랍 조선인, 혹은 그 후예에게 통사의 소임을 맡긴 최초의 예이다.

후루카와 고쇼켄의《서유잡기》에도 "지금도 통사역通辭役의 사람이 있어서 일가一家에 두 사람이 후치마이扶持米(녹봉)를 받는다"라는 기사가 있어 그가 이곳을 방문했을 때에도 나에시로가와 사람들 중에 통사의 소임을 맡은 사람이 있었음을 알 수 있다.

한편 〈고기류〉에 의하면 17세기경, 사쓰마로 표류해 오는 조선인들이 급격히 늘어나게 되는데 나이토 슌스케는《분로쿠·게이초 전쟁에서 잡힌 포로들의 연구》(1976)에서 〈고기류〉에 기록된 '조선인 표착' 사건을 다음과 같이 열거하고 있다.

1. 겐로쿠元禄 12년(1699) 야쿠시마屋久島에 도착한 조선인 표착선漂着船과 관련해 정월 1일에 흔승, 통사를 임명받아 청춘을 데리고 야마가와로 향함.
2. 겐로쿠 13년(1700) 칠도七島 중, 스와노세諏訪之瀬에 조선인 표착, 흔승 통사로 임명받아 야마가와로 향함.
3. 겐로쿠 15년(1702) 야쿠시마 미야노하마宮之浜에 조선인 표착선이 옴. 야마가와로 흔승, 통사로서 향함. 조순趙順 동행.

4. 호에이宝永 원년(1704) 3, 4월경까지 조선인 표착, 통사로서 청춘과 조
   순을 보냄.

5. 교호享保 17년(1732) 영국領國 전체에 대기근이 들어 조선국으로부터
   건너온 물건인 쌀 1석을 100목目씩 나누어줌. 1726년부터 1732년 사
   이 사쓰마번에는 홍수, 대풍, 대한大旱, 장우長雨, 장설長雪 등이 계속
   되었고 게다가 포창疱瘡도 유행하고 작물이 안 되어 기근饑饉이 습래
   襲來하였으며 이와 같은 사정과 사쓰마에 조선인이 많이 거주하고 있
   다는 점 등을 표류인으로부터 듣고 조선에서 원조를 보낸 것으로 보임.

6. 교호 19년(1734) 3월 2일 조선인 14명이 가자지마臥蛇島에 표착, 야마
   가와의 포구에 들어옴에 따라 이흔달이 아들 수위壽衛와 동행, 6일에
   출발하여 시카후鹿府로 들어가 야마가와로 향함.

7. 겐분元文 원년(1736) 구시키노우라串木野浦로 조선의 배가 표착함에
   따라 이흔달, 수위는 통사를 임명받음. 표류자漂流者는 전라도 전주, 순
   천 사람으로 남녀 18명 중, 여자가 6명, 여자아이가 2명이다.

8. 간포寬保 원년(1741) 10월 18일에 구로시마黑島로 조선인 19명 표착,
   이오지마硫黄島를 거쳐 호노쓰坊之津에 도착, 흔달과 수위는 통사로
   임명받고 수당으로서 돈 이관문二貫文을 지급받음. 이 조선인은 9월
   22일에 전라도 진도를 나와 어업을 하는 중에 대풍으로 인해 표착했다
   고 함. 반미飯米 20일분과 소금 4섬〔俵〕을 갖고 있었고 돛대〔帆柱〕 등
   이 파손되어 있었음.

9. 간엔寬延 3년(1750) 전년 말인 12월, 칠도 중 구치노시마口之島에 조
   선인 표착, 같은 해 3월 21일 야마가와에 도착해 흔달과 제자 하일관何

—官이 나감.

10. 호레키 2년(1752) 3월경 칠도 중 구치노시마口之島에 조선인 표착, 이흔달은 60여 세라 하여 가마 사용을 신청해서 허락을 받았고 수위壽衛가 동행함. 제자인 하일관은 인마人馬 사용까지 신청해 허락을 받음.

11. 호레키 7년(1757) 12월 13일, 시모코시키지마下甑島 다케노우라竹之浦에 조선인 5명 표류, 파선, 이흔달의 병 때문에 이수위와 하일관이 나감.

12. 호레키 9년(1759) 9월 10일 이오지마硫黃島에 조선인 남자 2명, 여자 4명 표착, 그 외에 남자 사망자가 3명 있었다. 통사는 이수위와 하일관이 맡음. 그 외에 가사노하라笠野原의 강조순姜早順도 개인적으로 참가함.

13. 안에이安永 6년(1777) 4월경, 칠도 중 스와노세에 조선인 7명이 파주표착破舟漂着, 통사 수위 등이 나감.

14. 안에이 7년(1778) 4월, 가세다加世田의 가타우라片浦에 조선인 표착, 전라도 나주 강진리 출신 7명의 남자. 통사가 나가 겹옷이나 끈 등의 의류와 모기장 한 장을 배급, 가타우라에서 와키모토脇元에 도착할 때까지 통사인 수위 등이 나와서 돌봐줌.

이와 같이 14회에 이르는 조선인 표착 기사가 보이는데 이 중에서 호레키 9년과 안에이 6·7년에 표착한 조선인에 관한 문서, 예를 들면 통사인 이수위가 표류 조선인들을 취조한 조사서 등이 교토대학에 소장된 나에시로가와의 조선어 자료《표래지조선인서문집》(원저에는 부록으로 붙임)에 수록되어 있어 그들이 표류해 왔을 때의 상황과 통사의 활동을 자세히 알 수 있다.

한편 사쓰마 사람들이 조선 쪽으로 항해하다가 표류한 것에 대해서는 《증보 나가사키 약사增補長崎略史》에서 마쓰다 미치야스가 전사한 것에 의하면 다음과 같다.

1. 쇼토쿠正德 2년(1712) 3월, 쓰시마 태수로부터 조선으로 표류한 사쓰마인 1명을 송부함.

2. 메이와明和 2년(1765) 1월, 쓰시마 태수로부터 조선 표류의 사쓰마인 21명을 송부함.

3. 분카文化 8년(1811) 8월, 쓰시마 태수로부터 조선 표류의 사쓰마인 24명을 송부함.

4. 분세이文政 3년(1820) 2월, 쓰시마 태수로부터 조선 표류의 사쓰마인 24명을 송부함.

5. 분세이 5년(1822) 8월, 쓰시마 태수로부터 조선 표류의 사쓰마인 36명을 송부함.

6. 분세이 7년(1824), 쓰시마 태수로부터 조선 표류의 사쓰마인 62명을 송부함.

7. 덴포天保 3년(1832) 5월, 쓰시마 태수로부터 조선 표류의 구슈인隅州人, 즉 오스미쿠니大隅國의 40명을 송부함.

8. 덴포 14년(1843) 9월, 쓰시마 태수로부터 조선 표류의 사쓰마인 9명을
   송부함.

이에 의하면 겐로쿠 연간(1688~1704)에 조선인들이 사쓰마 번령藩領, 즉
사쓰마의 영지에 표착하는 일이 일어나기 시작하였음을 알 수 있다. 반대
로 사쓰마인이 조선 쪽으로 항해하다가 표류한 것은 쇼토쿠 2년(1712)의
기사에서부터 보이고 분카 8년(1811) 이후에 급격히 많아진다. 이 시기는
조선에서 오는 표착인이 적어진 시기로 조선과 사쓰마가 서로 접촉이 있
었던 것으로 보인다.

무토 쵸헤이의 〈조선부수의 유족〉(《서남문운사론》, 1926. 6.)에 의하면 사쓰
마번은 아마 조선과 밀무역을 했던 것 같다고 보았다. 즉, "물론 조선 무
역은 그때의 지나支那(중국) 무역처럼 성행하지는 않았을 것이지만 나에시
로가와에는 역대歷代 통사, 계고稽古 통사(연습생) 등의 체제가 갖춰져 있
어 각각 녹봉은 받고 있었고《교린수지交隣須知》,《한어훈몽韓語訓蒙》,《표
민대화漂民對話》,《인어대방隣語大方》등의 조선어 교과서를 통하여 조선어
를 강습하고 있었던 점을 봐도 대체로 그 정황을 추측할 수 있을 것이
다"(이 책의 497쪽)라고 무토는 주장하고 있다.

나에시로가와의 피랍 조선인 후예들이 통사의 임무를 수행하기 위해
학습했던 조선어 교과서는 전전戰前까지 나에시로가와의 구가舊家에 소
장되어 있는 경우가 많았다고 한다.[21] 그것 일부가 신무라 이즈루 박사에

---

[21] 예를 들어 나에시로가와의 심수관가沈壽官家에도 조선어 학습서가 지금까지 소장되어 있다. 이에 대하

의해 수집되어 교토대학 언어학연구실에 소장된 것은 전술한 바와 같다.

신무라 박사는 다이쇼大正 6년(1917) 6월에 가고시마군 히가시이치키쵸 東市來町 미야마美山를 탐방하여 나에시로가와 조선인 마을의 유래·토속· 언어 등을 조사한 적이 있다.[22] 이때 수집한 조선어 학습 자료는 야스다 아 키라 박사의 논문 〈나에시로가와의 조선어 사본류에 대하여-조선 자료와 의 관련을 중심으로苗代川の朝鮮語寫本類について-朝鮮資料との關連を中心に〉《朝 鮮學報》, 제39/40합병 특집호, 1965)에 소개되어 있다. 그것에 의하면 20종 25책 이 있다고 한다.[23]

이 논문에서는 그 자료들을 다음과 같이 문헌의 형식에 따라 분류하였다.

제1류 언문諺文을 주로 하는 조선문을 본문으로 하고 그 주註로서 한자 와 가타카나를 섞어 쓴 일본문을 병행하는 형식의 자료.

제2류 위의 형식에서 대역對譯 일본문을 제거한 자료(단, 아주 드물게 일본

여는 야스다 박사의 전게 논문 〈나에시로가와의 조선어 사본류에 대하여―조선 자료와의 관련을 중심 으로〉《朝鮮學報》, 제39/40합병 특집호, 1965)를 참고할 것.

22 1961년도 東市來町立美山小學校의 《學校要覽》〈本校의 沿革條〉에 "大正 6年(1917) 6月 4日, 東大教授 文博新村氏來校 史蹟調査"라는 기사가 있어 신무라 박사가 1917년 6월 초순에 나에시로가와를 탐방한 것을 알 수 있다. 이 자료는 필자가 야스다 박사로부터 받은 자료로서 학은學恩에 감사할 따름이다.

23 교토대학에 소장되어 있는 나에시로가와의 조선어 학습 자료는 1917년 6월에 신무라 박사가 사쓰마를 탐방했을 때 수집한 것이라고 되어 있지만, 전게한 《藝文》의 휘보彙報에는 "요즘 이들 부락에서 발견된 어학서 25권을 소개하셨다"라는 기사가 있어 이때에 이미 이 자료들이 교토대학에 반입되었던 것으로 보인다. 이 자료의 수령 시기도 〈조선가朝鮮歌〉와 《조선어학서朝鮮語學書》(가제)를 제외하고 1917년 3월 31일로 되어 있다. 〈조선가〉는 수령한 날짜가 1917년 6월 22일이므로 신무라 박사가 1917년 6월 초순에 여행했을 때에는 〈조선가〉만 수집하였을 것이다.

어의 주가 붙어 있는 것도 포함).

제3류 사辭 자字 서류書類.

제4류 그 외에 한문체의 자료.

이것은 나에시로가와의 조선 자료를 일본어 연구의 역사적 자료라는 측면에서 분류한 것이다. 따라서《언간독諺簡牘》과 같은 조선에서 간행된 서간문 작성의 교재는 여기에 포함되지 않고 또한 나에시로가와에서 서사書寫한 자료 중에서도《조선어학서》는 제외된 것이다.

이에 대해서 필자는 이 자료들이 모두 조선어를 배우기 위한 교과서였다고 보고 다음과 같이 분류하였다.

제1류 강독용 학습서

① 《인어대방隣語大方》 2책(권1, 2, 3, 4), 1859년 필사.

《강화講話》 2책(상·하권).

《강화講話·인어대방발서隣語大方拔書》 1책.

② 《숙향전淑香傳》(상·하권).

《최충전崔忠傳》 1책.

《석음담惜陰談》 1책(권2뿐).[24]

제2류 회화용 학습서

《한어훈몽韓語訓蒙》 1책, 1864년 필사.

---

24 제1류의 강독용 학습서 중에서 ① 《인어대방》, 《강화》, 《강화·인어대방발서》의 세 권은 초보적인 강독

《표민대화漂民對話》2책(상·하권), 1845년 필사.

제3류 사辭 자字전

《유합類合》(초본) 1책, 1824년 필사.

《화어유해和語類解》2책(상·하권), 1837년 필사.

《교린수지交隣須知》4책(권1, 2, 3, 4).

《대담비밀수감對談秘密手鑑》1책, 1849년 필사.

제4류 조선어 통사 교재

《표래지조선인서문집漂來之朝鮮人書文集》1책.

《유덕성린惟德成隣》1책.

《조선팔도군현명朝鮮八道郡縣名》1책, 1808년 필사.

《조선사절관씨명朝鮮使節官氏名》1책.

제5류 조선 서간문書簡文 학습서

《한독집요韓牘集要》1책.

《언간독諺簡牘》1책.

제6류 조선어 자습서

《한어개유조인韓語開諭早引》1책, 1858년 작성.[25]

《조선어학서朝鮮語學書》(가제) 1책, 1751년 작성.

교재로서 사용되었고 ②《숙향전》,《최충전》,《석음담》의 세 권은 그다음 단계로 사용된 수준이 높은 강독 교재였다.

25 교토대학에 소장된 조선어 학습 자료 중에서 서사書寫의 시기가 명확한 것은 9권이다. 지금까지는 《한 어개유조인》의 서사 시기가 명확하지 않았는데 필자는 1858년이라고 본다. 그러나 이 책은 나에시로가 와 사람이 만든 자습서로 보여서 엄밀한 의미에서는 조선어의 학습 교과서라고 말하기 어렵다.

제7류 조선전래 가요서歌謠書

《조선가》1책.

이 자료들은 모두 20종 28책이라 하여 야스다 박사의 논문보다 3책이 늘었다. 이는 최초로 신무라 박사가 수집한 25책에 《조선가》와 《조선어학서》 및 《언간독》이 추가되었기 때문이다. 이들은 대부분 사본寫本으로 쓰시마에서 빌려 옮겨 쓴 것으로 보인다. 야스다 박사의 전게 논문에서도 다음의 서술이 있어 나에시로가와의 조선어 학습 자료는 쓰시마, 즉 쓰시마로부터 나온 것이라고 보고 있다.

> 《교린수지》, 《인어대방》, 《강화》 등은 모두 쓰시마에서 나온 것이다. 게다가 교다이본京大本 《화어유해》 권말의 주기註記로 "右加嶋先生持越之書寫調"가 있는데 오구라 신페이小倉進平 박사는 마에마 교사쿠前間恭作 씨의 설을 인용하며 '가시마 선생加嶋先生'을 쓰시마의 번유藩儒라 하시고 이 책이 사쓰마에 존재한 이유에 대해서 소宗 쓰시마노카미對馬守의 영지領地가 카세이기化政期에 사쓰마 데이시군出石郡에 있어서 공무로 가시마加嶋 씨가 그 지역에 부임했기 때문일 것이라고 하셨지만 과연 어떠할지.

필자는 피랍 조선인들을 나에시로가와에 정주시킨 후에 쓰시마로부터 조선어 통사를 초빙해 그들에게 조선어를 가르쳤고 그들이 이 교재를 가져왔다고 생각한다. 《사쓰요왕반기사》에 "이 마을은 종전부터 조선 통사의 소임을 맡고 있고 쓰시마로부터도 통사 한 명이 와서 재류在留하고 있다"는 기사가 있기 때문이다.

　그뿐만 아니라 앞서 열거한 나에시로가와의 조선어학서에는 아메노모리 호슈雨森芳洲의《호슈저술芳洲著述》(芳洲書院藏《芳洲履歷》所收)[26]에 조선어 교재로서 예시된《전일도인全一道人》,《교린수지》,《인어대방》,《최충전》,《숙향전》,《옥향전玉香傳》,《임경업전林慶業傳》,《서장록書狀錄》,《상담常談》 등과 같이 동일한 서명書名이 있다.

　여기에는 아메노모리 호슈의 저작인《전일도인》이 포함되어 있지는 않지만 나머지는 나에시로가와의 조선어 교재 중 일부가 같은 서명이므로 쓰시마에서 부임한 '조선어 통사'가 가져온 교재를 나에시로가와 사람들이 조선어 교재로 서사書寫한 것이 아닐까 한다.

　교토대학에 소장되어 있는 나에시로가와의《화어유해》권말에 주기註記된 '가시마 선생加嶋先生'이 마에마 교사쿠의 주장처럼 쓰시마번의 번유藩儒, 즉 쓰시마의 유생이라는 기사는 필자가 조사한 바에 한에서는 어떤 기록에서도 발견되지 않았다. 쓰시마총서對馬叢書의 하나인《쓰시마인물지

---

26 아메노모리 호슈는 간분寛文 8년(1668)에 태어나 호레키宝暦 5년(1755)에 87세로 사망한 쓰시마의 유자儒者였다. 그의 이름은 아메노모리 도고로雨森東五郎이고 호號를 호슈芳洲라고 하였다. 그는 쓰시마번의 초빙으로 은사 기노시타 준안木下順庵의 슬하를 떠나 쓰시마로 건너갔으며 조일朝日의 외교, 즉 쓰시마를 통해 조선하고 교섭할 때 실무를 담당했다. 원래 학자였기 때문에 조선어학 연구에 많은 업적을 남겼다. 필자는 1986년에 호슈의 출신지인 시가현滋賀縣 이카군伊香郡 다카쓰키정高月町 아메노모리촌雨森村을 방문하여 그곳에 세워진 아메노모리 호슈의 기념관인 호슈안芳洲庵을 견학한 적이 있다. 이때 호슈의 자손인 아메노모리 마사타카雨森正高 씨를 비롯해 기념관 관계자 여러분들의 환대를 받았다. 더욱이《호슈저술》과 아직 미완성의〈아메노모리 호슈 문고목록雨森芳洲文庫目錄〉초안을 보여주었다. 여기에 한마디 적어 그때의 깊은 후의에 감사의 뜻을 전하고자 한다.

對馬人物志》(長崎縣教育會, 對馬部會編, 村田書店刊, 1917. 5.)에 의하면 '가시마 헤이스케賀島兵介'라는 인물이 있는데 그는 히젠국肥前國의 쓰시마 번령藩領이었던 다시로田代의 대관代官이라 조선어 교사와는 무관하다.

또한 카세이化政(1804~1830) 연간에 사쓰마 데이시군出石郡에 소 쓰시마노카미, 즉 쓰시마 태수太守의 영지가 있었다는 것도 잘못된 것 같다. 사실은 사쓰마에 소 도주島主의 영지가 있었던 것은 히데요시 시대, 즉 분로쿠 원년부터 게이초 4년까지(1594~1599)의 7년간뿐이고 그 후는 히젠국, 즉 구마모토에 소 쓰시마노카미의 영지가 있었기 때문이다.

이에 의하면 《화어유해》가 나에시로가와에서 필사된 덴포天保 8년(1837)에는 물론이고 이 책의 원본인 《왜어유해倭語類解》가 조선의 사역원司譯院에서 간행되었을 때에도(대략 18세기 말이라고 추정됨)[27] 사쓰마에는 쓰시마 태수〔對馬守〕의 영지가 없었다. 이러한 이유로 '가시마 선생'은 쓰시마의 무명인 조선어 통사로 나에시로가와에 초대되어 체류하면서 이미 모국어를 잊어버린 나에시로가와 조선 사람들에게 조선어를 가르치고 있었다고 생각된다.

그리고 그가 쓰시마로부터 사쓰마로 부임할 때 조선어 교과서를 가져왔을 것이다. 야스다 아키라 박사도 전게 논문에서 나에시로가와의 조선어 교재인 《강화》에 대해 다음과 같이 언급하고 있다.

---

[27] 조선 사역원에서 일본 어휘 교재로 간행한 《왜어유해》는 다른 유해류類解類 교재, 즉 한학서의 《역어유해譯語類解》와 몽학서의 《몽어유해蒙語類解》, 청학서의 《동문유해同文類解》와 달리 편찬자와 간행 연대가 분명하게 알려지지 않았다. 졸저 《역학서의 세계》(서울: 박문사, 2017)에서는 다른 유해류 역학서 중에서 가장 늦게 왜학역관倭學譯官 한정수韓廷修에 의하여 1781년이나 1782년에 간행된 것으로 보았다.

도쿄대 오구라문고小倉文庫에 《상담》과 함께 소장되어 있는 《강화》는 나카무라 쇼지로中村庄次郎가 오구라小倉 박사에게 기증한 것으로 1874년에 서사書寫되었지만 본문의 조선어, 방주대역傍註對譯의 일본어 모두가 거의 나에시로가와의 것과 일치한다. 메이지 4년(1871), 나카무라 씨가 배운 부산의 어학소에 있던 조선어 교관은 모두 쓰시마에서 도항渡航한 통사였다. 시기적으로 다소 간격이 벌어져 있고 게다가 쓰시마·나에시로가와라는 장소의 차이는 있다 하더라도 양자兩者가 동일한 원본原本에서 나왔다고 추측하지 않고서는 이 사실에 대한 해석을 찾을 수가 없을 것이다. 이렇게 되면 나에시로가와 본本에 쓰시마의 조선어 학습서가 투영投影되었다고 말해도 괜찮지 않을까?

여기에 의하면 나에시로가와의 사본寫本 《강화》가 쓰시마의 조선어 교관이었던 나카무라 쇼지로로부터 기증받은 도쿄대학의 오구라문고의 그것과 일치한다는 것이다. 그러므로 18세기 말엽까지 쓰시마에서 애용된 조선어 교재 대부분, 즉 제1류의 강독용 학습서 중에서 《석음담》을 제외하고 나머지는 모두 쓰시마에서 나에시로가와로 반입된 것으로 보인다.

《석음담》은 권1과 2로 나뉘어 있지만 교토대학의 나에시로가와 조선어 자료에는 권2만이 전해지고 있다. 이 책은 당시 통사의 역할과 관련이 있는 주제가 문답식으로 편집되어 달필로 쓰여 있지만 문법과 철자법이 잘못된 곳이 많다. 쓰시마의 조선어 학습 자료로서는 있을 수 없는 잘못들이다.

따라서 이들은 나에시로가와의 조선어 통사들이 자신의 제자들을 위해 만든 교재라고 볼 수 있다. '석음담'이라는 서명은 본문에 의하면 '석촌음惜寸陰', 혹은 '석분음惜分陰'의 의미로 시간을 아껴서 조선어를 배운다는 뜻이다. "一寸光陰 不可輕(한마디의 시간이라도 가볍게 할 수 없다)"에서 가져온 서명이다.

제3류의 사전류辭典類도 《유합》과 《화어유해》는 쓰시마의 조선어 통사들이 조선 사역원의 왜학역관을 통해 부산의 왜관倭館에서 가져온 《신증유합新增類合》과 《왜어유해》의 필사본일 것이고 나머지의 《교린수지》는 쓰시마의 번유藩儒 아메노모리 호슈, 혹은 쓰시마의 통사들이 편찬한 조선어 교재로 호슈 이후에도 쓰시마에서 조선어를 배울 때 자주 사용된 교재였다.

필자는 1989년 10월 17일부터 일주일 정도 쓰시마를 찾아가 〈나가사키현립 쓰시마 역사민속자료관長崎縣立對馬歷史民俗資料館〉에 있는 종가문고宗家文庫의 고서古書와 고문서를 열람한 적이 있다. 그곳에서 쓰노에 아쓰로津江篤郎(쓰시마번의 가로家老의 자손이라고 한다)가 기증한 《교린수지》(권1, 仁) 한 권을 눈여겨보았다.

이 책 권말에 시라미즈 후쿠지白水福治라는 소유자의 이름이 쓰여 있어 이 자료관의 연구원이자 쓰시마의 향토사가鄕土史家인 나가사토 요시토시長鄕嘉壽를 찾아가 문의하였더니 쓰시마의 조선어 통사였던 시라미즈의 것이 고서점에 흘러 들어갔는데 그것을 쓰노에가 구입해 종가문고에 기증한 것이라고 알려주었다.

마찬가지로 사전류인 《대담비밀수감》도 19세기에 들어와 쓰시마에서 편찬된 한자의 유별사서類別辭書이다. 제2류의 회화용 학습서로 분류된 《한어훈몽》,《표민대화》등도 호슈 이후에 쓰시마에서 편찬되어 사용된 교재이다. 아마도 제4류의 조선어 통사 교재로 분류된《유덕성린》도 쓰시마에서 나온 것으로 보인다.

쓰시마는 역사적으로 서기 812년(고닌 3)부터 신라역어新羅譯語[28] 등의 통사通事의 역役을 마련해 신라의 말을 배운 전통이 있었다. 후에는 에도 시대에 막부가 쓰시마번, 즉 쓰시마가 조선과의 무역을 전담하도록 하였기 때문에 일찍부터 조선어를 교육하는 어학소 등이 있었다. 오구라 신페이의 〈부산의 일본어학소〉(《歷史地理》제63권 제2호)에 의하면 임진·정유 왜란 때에는 쓰시마의 이즈하라嚴原에서만 60여 명의 조선어 통사를 배출했다고 한다.

임진왜란 이후 조선 남원의 의병장 조경남趙慶男이 쓴《난중잡록亂中雜錄》에도 "쓰시마는 3군을 관할하는데 (중략) 여자들은 우리나라 옷을 많이 입고 있고 남자들은 우리말을 얼마간 알고 있다對馬島管三郡, (中略) 其女子多着我國衣裳, 而其男子幾解我國言語, 云云"라고 하는 기사가 있어 이 사실을 뒷받침한다.

이어서 같은 책에 "쓰시마의 일본인들은 (중략) 보통 때에도 섬 안의 아

---

28 쓰시마의 신라역어에 대해서는《일본후기日本後記》의 고닌 3년 조, 같은 책 고닌 6년 조의 "六年正月壬寅, 是月停對馬史生一員置新羅譯語"라는 기사,《대주편년략》(제1권)〈嵯峨天皇〉고닌 4년 조의 "同四年癸巳九月二十九日, 對馬嶋停史生一員, 被令置新羅語一人, 是被置通詞之始歟"라는 기사를 참고.

이들 가운데 영리한 아이를 뽑아서 우리나라 말을 가르치고 또 우리나라 서계書契와 편지의 높이고 낮추는 법과 내용의 곡절을 가르친다對馬之倭 (中略) 自平時択島中童子之伶悧者, 以教我國之言語, 又教我國書契筒牘之低仰曲折, 云 云"라는 기사가 있어 쓰시마에서의 조선어 교육은 상당히 오래전부터 활발했던 것을 알 수 있다.

에도시대 말기에 이르기까지 조일朝日의 외교 교섭은 쓰시마번이 전담하도록 했으며 조선 무역에 종사하는 일본 상인도 거의 쓰시마 사람이었다고 한다. 따라서 조선어 교육도 모두 쓰시마 및 부산의 왜관倭館에 기류寄留하고 있던 쓰시마 사람들이 독점했다고 말해도 좋을 것이다.

그러므로 그들이 교육한 조선어는 남부 방언이 아니었을까 하는 생각이 든다. 실제로 나에시로가와에 남아 있는 쓰시마에서 나온 조선어 교재에서 조선 남부의 방언이 가끔씩 보이기 때문이다.

메이지유신 이후에도 쓰시마의 조선어 교육은 계속되었다. 1870년(메이지 3) 외무대신 소 시게마사宗重政는 일본과 조선의 직접적인 교섭을 시도하여 1872년(메이지 5) 모리야먀 시게루森山茂, 히로쓰 히로노부廣津弘信가 권대승権大丞으로서 쓰시마에 부임했다. 아마도 쓰시마에서 조선어 교육의 필요성을 느껴 조선어학소로 전통이 있는 이즈하라嚴原의 코세이지光清寺가 있는 곳에 어학소를 설치하고 종래의 통사를 교사로 하여 조선어를 교육한 것으로 보인다.[29]

---

29 이에 대해서는 오마가리 요시타로大曲美太郎 씨의 "부산에 있는 일본의 조선어학소와 《교린수지》의 간

이전의 학생들은 통사의 자제가 많았고 수십 명에 달하였는데 1873년(메이지 6)에 설립된 어학소에는 종래의 세습적인 학생 이외에 사족士族의 자제도 15명 입학하게 되었다. 당시 통사들은 대통사大通事, 오인통사五人通事, 서통사書通事라는 계급이 있었고 대통사만은 무사武士 신분으로서 칼을 차는 대도帶刀가 허용되었다(오구라 신페이의 전게 논문).

그러나 제4류의 조선통사 교재인《표래지조선인서문집》과 제6류의《한어개유조인》,《조선어학서》(가제) 등은 나에시로가와의 통사들에 의하여 작성된 것이다. 반면에 제5류의《언간독》과 같이 직접 조선에서 수입된 것도 있다.

4. 조선인의 표착과 통사 역할

〈사쓰마 나에시로가와에 전래된 조선가요에 대하여薩摩苗代川傳來の朝鮮歌謠に就いて〉에서는 나에시로가와의 조선어 교재가 앞에서 말한 일부를 제외하고는 쓰시마로부터 부임한 조선어 통사가 가져온 것을 나에시로가와의 조선인 후예들이 모국어 교재로 필사한 것이라고 주장하였다.

교토대학에 소장되어 있는 나에시로가와의 조선어 자료를 필사한 시기

행釜山に於ける日本の朝鮮語學所と《交隣須知》の刊行"(《ドルメン》第四卷 第三號, 1934), 오구라 신페이 씨의 전게 논문 〈부산의 일본어학소〉 및 《增訂朝鮮語學史》(刀江書院, 1940)의 제4장〈日本語學〉조를 참고할 것. 필자도 1989년 쓰시마를 방문해 이즈하라의 코세이지를 참관했지만 이미 조선어를 교육한 흔적은 어디에서도 찾아볼 수 없었다.

가《조선어학서》(1751년 필사)를 제외하면 대략 분카文化 5년(1808)부터 분큐 4년(1864)까지의 약 60년간에 집중되어 있다. 이것은《사쓰요왕반기사》의 저자 다카기 젠스케가 6회에 걸쳐 사쓰마를 여행한 시기와 같으며 그가 나에시로가와에 재류在留하고 있던 쓰시마로부터 온 통사를 만난 시기와 겹친다.

다카기 젠스케는 분세이文政 11년(1828) 11월 13일에 오사카를 출발해 12월 4일에 사쓰마에 도착하여 5개월 반 동안을 가고시마에 체재했고 다시 덴포天保 8년(1837) 5월에 또다시 사쓰마를 방문했다가 덴포 10년(1839) 1월 8일에 오사카로 돌아갔다.

다카기 젠스케는 약 12년이라는 장기간에 걸쳐 나에시로가와를 6번 왕복하면서 보고 들은 것을《사쓰요왕반기사》에 적고 있어 다른 여행기보다 더욱 정확한 기록을 남겼다. 이 시기는 사쓰마 사람들이 조선 방면으로 나가 항해하다가 표류해 쓰시마를 통해 귀국하는 사건이 많이 일어났던 때이기도 하다.

사쓰마번은 일찍이 류큐琉球와 무역하거나 류큐를 끼고 중국과 무역하였다. 이때 조선과도 접촉이 있었을 것을 추정된다. 지금 남아 있는 나에시로가와의 조선어학서 중에《표래지조선인서문집》(이하《서문집》으로 약칭)에는 조선으로부터 와서 표착한 사람들에 관한 문서가 모여 있다.《서문집》에 수록된 문서를 정리하면 다음과 같다.

一, 호레키宝暦 7년(1757) 정축丁丑의 겨울, 시모코시키지마下甑島 가타노우라片野浦로 파선하여 표류해 온 조선인 7명[승선인乘船人 5명과

선인船人 2명]의 성명과 연령, 그리고 〈다음 파선[右破船]의 조선인 소지의 서부書付〉에는 조선 호조戶曹의 균역청均役廳에서 발급한 세전선税銭船의 운항증運航証(丁丑年二月) 등이 부재된 표류인 보고서.

一, 정유丁酉년(1777) 야마가와에 표착한 김덕방金德方·김성구金成九·김후복金厚福 등에 관한 문서, 〈야마가와에 표착한 조선인의 서류山川江漂著之朝鮮人書付〉에 실린 김덕방 등 3인의 소지所志에 의하면 그들은 전라도의 제주済州 포재도蒲載島에 거주하던 자이고 제주 삼읍三邑의 진상품을 나르는 배였다.

一, 건륭乾隆 44년 기해(1779) 12월 오시마大嶋에 표착한 이재성李再晟 등에 관한 문서.

一, 가세다加世田 가타노우라片野浦에 표류해 온 당인唐人의 구술서口述書, 덴메이天明 6년 병오丙午(1786) 12월 13일의 날짜가 붙어 있다.

一, 무술戊戌(1778) 4월, 가세다 가타노우라에 표착한 조선 전라도 나주군 강진康津의 윤인필尹仁弼 등 7인에 관한 문서.

一, 덴메이天明 2년(1782) 12월, 가미코시키지마上甑島에 표착한 조융필趙戎必·강처두康處斗 등에 관한 문서.

《서문집》에 포함된 이들 표류인의 여러 문서는 나에시로가와의 조선어 통사들이 통사 업무를 습득하기 위해 모아둔 것으로 실제로 표착인들이 갖고 있던 문서, 혹은 그들의 소지, 즉 상신서上申書와 구술서, 그리고 나에시로가와의 통사들이 표류 조선인을 취조하여 부교쇼奉行所, 즉 관청에 올린 보고서들이다.

《서문집》은 나에시로가와의 조선어 통사들이 조선에서 온 표착인을 취조할 때에 참고로 사용한 문헌들이자 그들이 번藩이나 부교쇼에 제출하는 보고서의 견본이 된 문헌이기도 하다. 다음에《서문집》을 중심으로 피랍 조선인들의 통사 역할에 대하여 구체적으로 살펴보기로 한다.

앞의《서문집》기사의 모두冒頭에 있는 1757년의 조선 표류인은 배가 부서져 시모코시키지마의 가타노우라에 표착한 것으로 기재되었다. 그러나 〈고기류〉의 기사에 의하면 이들 조선인은 다케노우라竹之浦에 상륙했다고 적혀 있다.

[사진 3]에 보이는 바와 같이《서문집》에는 표류인에 관해 다음과 같은 기사가 있다.

宝暦七 丁丑之冬 下甑島片野浦 破船人 姓名

一, 年三拾九, 鄭긔진   一, 年三拾四, 陳셔재

一, 年三拾, 尹일재   一, 年二拾二, 鄭대진

一, 年拾七, 丁대슌

　　그 외外에 사인死人

一, 年三拾五, 朴在明   一, 年三拾二, 趙대채

　　위의 두 사람弐人이 해상海上에서 사망한 것에 대해서는 별다른 것이 없었다고 자세하게 들었습니다. 다만 성姓의 글자 외에는 확실하게 알지 못하였으므로 □□(虫喰)[30]로 적어두었으며 이름의 글자를 한자로 쓰기 어려워 구두로 전달받은 대로 적었습니다.

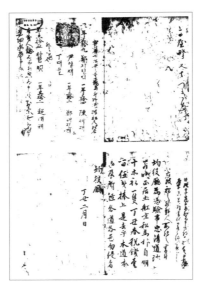

[사진 3] 《서문집》에 첨부된 표류 조선인 명단(상)과 운항증(하)**31**

    이 기사에 의해 표류해 온 조선인의 수효와 성명을 알 수 있다. 이어서 〈다음의 파선 조선인 소지의 서류左破船之朝鮮人所持之書付〉라는 제목의 조선 균역청에서 발급된 선박 운항증이 있다.

    [사진 3]의 하단에 보이는 조선 표류선의 운항증과 〈고기류〉의 기사에 의하면 파선破船한 수목선水木船의 선주船主는 박자명朴自明으로 그가 충청도의 서산瑞山에 들렀다가 정축丁丑년(1757) 봄에 세전稅錢을 싣고 서울〔京〕로 가는 도중이었음을 알 수 있다.

    [사진 3]의 상단에 보이는 조선 표류인 조사서는 나에시로가와의 통사

---

30 아마도 언문諺文일 것이다.

이혼달이 병환을 앓고 있어 이수위와 하일관이 대신 나가 표류인들을 돌봐주면서 작성한 것이다. 즉, 〈유래기〉와 〈묘대천유장〉에 의하면 이수위와 하일관은 이혼달의 제자로서 이때에 표류 조선인을 취조하여 보고서를 작성하였다.[32]

다음 1777년 야마가와에 표착한 김덕방 등의 조선 표류인은 김덕방·김성국·김후복 등의 3인이 기록한 소지所志, 감사장感謝狀 등과 통사 이수위가 기록한 〈조선인이 갖고 있던 서류朝鮮人持居候書付之事〉에 의하면 조선 전라도 제주의 주민들이었다.

그들은 지난 12월 22일(1776) 제주 삼읍의 진상물을 실은 배에 격군格軍과 그들을 거느리고 가던 감관監官, 색리色吏 등 36인과 경京(한양을 말함)의 김정승金政丞 댁 대부인大夫人의 방미放米를 옮기던 8인 및 선원 3인, 합하여 47인이 함께 승선했다가 제주도 애월형대涯月炯台의 앞바다에서 암초

---

31 원저에는 부록으로 《서문집》 전문을 사진으로 수록하였다. 이번 한국어판에서는 번거로워 이를 삭제하고 해당 부분만 사진으로 보인다.

32 이수위와 하일관에 대해서는 〈묘대천유장〉과 〈유래기〉에 의하면 다음과 같은 사실을 알 수 있다. 즉, 1685년(丑年)에 나에시로가와의 쇼야庄屋를 야쿠닌役人(관인)으로 개명하여 3인의 야쿠닌을 임명한 것은 전술하였지만 그 3인 중의 2인이 신모화伸伜化와 신기춘伸可春이었다. 나머지 한 사람은 2대째인 박평의朴平意의 다음으로 하삼관의 자리를 이어받아 촌장대역으로 임명된 이리관이었다. 이수위는 이리관의 7대손이다. 이에 대해서는 〈유래기〉의 박평의(6대)가 기록한 부분에 "右利官家の儀は, 只今壽衛迄七代罷成申候"라는 기사를 참고할 것. 또 하일관은 〈묘대천유장〉의 간포寬保 3년(1743) 6월 조에 "李欣達通事弟子何伊仙·朴春林·伸順悦·丁栄石·李春達願申上候處, 九月弟子成御免被仰渡"라는 기사와 간엔寬延 3년(1750) 조에 "李欣達弟子一官弐人罷越 云々"이라는 기사에 의하면 이 7년간 나에시로가와의 조선어 통사였던 이혼달의 수제자였기에 '일관'이라는 이름을 하사받은 것 같다. 이들에 의하면 이수위는 나에시로가와의 야쿠닌으로서 표류해 온 조선인을 심문해서 부교쇼에 보고했지만 하일관은 단지 표류인과의 통역만을 담당한 것이 아닐까 한다.

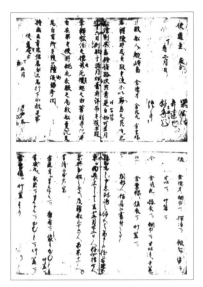

[사진 4] 조선인이 갖고 있던 서류(원저의 부록에서 인용함)

에 충돌해 파선했음을 알 수 있다.

　이때에 36인이 익사하고 나머지 11인 중 4인은 도중에 기사飢死해 결국 7인만이 구조되었다는 사실을 알 수 있다. 이때에도 통사 이수위가 통역을 맡았는데 그는 표류인을 조사한 보고서 〈조선인 가명서 동안 이통朝鮮人仮名書同案二通〉을 남겼다.

　건륭乾隆 40년(1775) 12월 초팔일에 야마시마山嶋에 표착한 이재성 등에 관해서는 〈고기류〉에 기록이 없다. 《서문집》에도 이재성이 쓴 한문풍의 문서만이 실려 있어 표류인에 대해서는 나에시로가와의 통사가 조사하지 않았던 것으로 보인다.

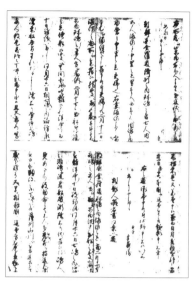

[사진 5] 조선인 가명서 동안 이통

　이재성이 구술하고 사쓰마의 통사가 기록한 구술서에 의하면 그는 조선 전라도 영암군 추자도의 주민으로 진상 포선鮑船의 선주였으며 12월 12일 추자도를 떠나 16일에 고달도에 도착하여 18일에 육로로 영암군에 가서 전복 80개를 관부官府에 내고 19일에 고달도에 돌아왔다고 한다. 고달도에서 추자도에 들러 부인과 장인 등 12인을 태워 귀국하다가 태풍을 만나 표류했다는 것이다.

　다음 1778년에 가세다의 가타노우라에 표착한 조선인들에 대해 통사 이수위가 기록한 〈가세다 가타노우라에 표래한 조선인 서사加世田片野浦江 漂來朝鮮人庶事〉(4월 7일의 날짜가 적혀 있음)에도 앞의 것과 마찬가지로 통사 이수위의 기록으로 보이는 표착인의 연령·성명 등의 취조서가 있다.

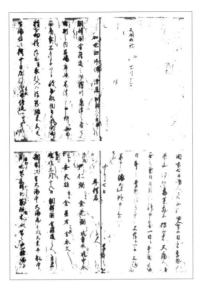
[사진 6] 가세다 가타노우라에 표래한 조선인 서사

그에 의하면 이때의 조선 표착인은 50세의 윤인필尹仁弼을 비롯해 김광필金光弼(37세), 성귀영成貴永(35), 성갑영成甲永(33), 안태웅安太雄(35), 김성만金星万(27), 김영문金永文(19) 등 7인이다. 그들은 조선 전라도 나주, 강진의 주민으로 1778년 3월 18일 직물을 싣고 마도麻嶋 목진木津으로 가는 도중에 폭풍을 만나 10일간 표류하다가 3월 27일에 가세다의 가타우라片浦에 표착했다.

한편 1782년(덴메이 2) 12월, 가미코시키지마上甑島에 표착한 조용필·강처두 등에 대해서는 〈고기류〉에 기록이 없다. 그러나 조趙·강康 두 사람이 기록한 〈가미코시키지마에 표착한 조선인의 최초 제출 서류上甑島漂著

之朝鮮人最初之書出〉등에 의해 그들이 표류해 온 경위를 알 수 있다.

조·강 두 사람이 기록한 위의 문서는 조잡한 한문으로 쓰여 있어 읽기 어려운 곳도 많다. 그들은 조선 영암군 추자도의 주민으로 진상품인 생복生鰒[33]을 나르는 배에 승선하여 8월에 출발해 10월에 납품하고 11월에 돌아가는 도중 22일 서북에서 맹풍猛風을 만나 앞과 뒤의 범주帆柱가 꺾이고 돛이 조각조각 찢어져 대양을 표류했다고 한다.

이 문서에 의하면 불과 22명만이 가미코시키지마에 표착했다고 기록되어 있다.

그러나 [사진 7]에 보이는 조선 통사의 〈가미코시키지마에 표래한 조선인의 글上甑島江漂來之鮮人文〉에는 "이첨지李僉知, 임서방林書房, 박서방朴書房, 이서방李書房, 이서방李書房, 박서방朴書房" 등 6명만이 그것도 성명姓名이 아니라 성姓만이 기록되어 있다.

'덴메이天明'라는 일본의 연호를 표류인의 문서에 기록하거나 선주 강처두의 이름으로 〈조선표인 이별서朝鮮漂人離別書〉, 〈귀광전 이별지상서貴光前離別之上書〉 등과 같이 생명을 구해준 사람들에 대한 감사장感謝狀이 상당수 기록되어 있으므로 이것은 실제로 표류해 온 조선인에 의한 기록이 아니라 1779년 12월에 표착한 이재성 등의 서류에 준하여 가상적으로 만들어낸 문서로 보이며 나에시로가와의 통사를 위한 교육용 교재인 것 같다.

이 문서들은 대부분 나에시로가와의 통사 임무를 맡고 있던 이수위의

---

33 鰒의 오자일 것임.

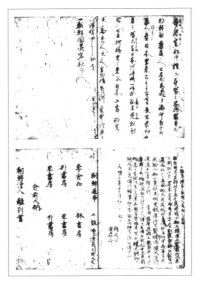

[사진 7] 가미코시키지마에 표래한 조선인의 글

기록만이 모아져 있으므로 아마도 그의 자손이든가 혹은 그의 제자인 하일관이 집성한 것이라고 생각한다.

　교토대학에 소장된 나에시로가와의 조선어 학습서에는 하일관이 공부한 학습장《조선어학서》(가제, 何伊仙이라는 책 주인의 이름이 기록되어 있음)가 있다. 이 책의 권말에 다음과 같은 '증문証文'이 부기附記되어 있다.

証文

何伊仙□ (虫喰)

　위의 何左衛門, 통증이 있어 오늘 □□□하는 것 별다른 일이 □□, 따라서 의원이 이상과 같이 증명합니다. 이상

医師

何一官 下

이것은 병환 때문에 결근한 증명서인 것 같은데 이에 의하면 그는 하이선과 하일관, 거기에다 하자에몬何左衛門이라는 이름도 갖고 있었음을 알 수 있다.

또한 이어서 《조선어학서》의 같은 곳에 다음과 같은 문서의 서사書寫가 있어 하일관이 이흔달의 제자로서 통사 훈련을 받아 이쥬인 지토地頭[34]로부터 녹봉을 받았고 그의 지휘 아래에 있었음을 알 수 있다.[35]

사본

伊集院 地頭

朝鮮 通詞 苗代川의 李欣達 弟子

학습 녹봉 (쌀?) 九□ 何一官

위의 사람은 통역을 수년 동안 스스로 학습하여 그에 부응하는 어용御用을 감당할 수 있게 되었습니다. 따라서 학습을 위한 녹봉을 위와 같이 지불하도록 지시한 것을 이처럼 (보고드립니다)

---

34 지토는 일본 에도시대에 각 번에서 치교知行의 땅, 즉 봉토를 주어 징세의 권한을 가진 가신을 말한다. 여기서는 사쓰마번의 이쥬인 지역을 관리하는 우두머리일 것이다.

35 하일관이 이흔달의 통사 제자로서 통사의 소임을 훈련받았던 것에 대해서는 《조선어학서》의 권말에 다음과 같은 기사가 적혀 있다.

八月兵部

위의 사항을 전례에 따라 전달합니다.

그가 통사 훈련을 받은 것은 간포寬保 3년(1743)이었고 이 연도는《조선
어학서》가 완성된 해이기도 한데 이 책의 권말에 다음과 같은 기록이 있다.

조선통사朝鮮通詞를 학습하기 위해 제자로 들어가려 청원하고 자신의 제
자로 받아들이는 것을 허락한 후에 [寬保 癸亥]³⁶ 9월 22일에 위의 청원을
위해 어지두소御地頭所³⁷에 올라갑니다. 물론 술과 안주를 진상합니다. 어
여력중御與力衆(관리들을 말함)인 이토 덴베에伊東傳兵衛님에게도 위와 같이
술과 안주를 진상합니다.
　　어지두御地頭 시마즈 마가라島津真柄님

이것에 의하면 그가 통사 훈련을 명령받은 후, 이쥬인의 최고 관리인 지
토와 관인들에게 간포 3년 계해癸亥(1743) 9월 22일에 감사장과 상납 물

右之通川上瀬兵衛殿御取次を以被仰
渡候付一官江八於地頭所直二申渡相
済候間此段可被承置旨御地頭御差
図二而候. 以上
高木次□(虫食)太
八月十日
伊集院役人衆中
右之通被仰渡侯写相渡□(虫食)候. 以上

36 이는 방서傍書되어 있다.
37 지토地頭가 근무하는 관청을 말한다.

품을 보낸 것을 알 수 있다.[38] 지금까지의 연구에 의하면 교토대학에 소장되어 있는 나에시로가와의 조선어 자료는 하일관의 자손들에게 세전世傳되어온 것일 수도 있다.

5. 피랍 조선인의 명칭 호고려인

사쓰마의 시마즈군에 납치되어 사쓰마번에 끌려온 조선인들은 고려인高麗人이라고 불렸다. 앞의 4장에서 인용한 〈유래기〉의 "나에시로가와 사람들은 가고시마에서는 고려마을 (중략) 등지에서 거주하고 있던"이라는 기사나 "다수의 고려인들이 모여 살아서 도회(町)를 이룬 곳으로 지금도 고라이마치, 즉 고려마을이라고 불리는데"라는 기사에서 볼 수 있는 것처럼 피랍 조선인들이 거주하는 마을을 '고려마을', 또 조선인들을 고려인이라고 불렀다. 그들은 조선인보다는 고려인을 선호했던 것 같고 그들이 주거한 마을도 고려마을이라고 했음을 알 수 있다.

또 4장에서 인용한 사토 주료의 《중릉만록》(권7) 〈나에시로가와〉 조의 "그래서 도자기 장인이 될 수 있도록 사쓰마의 가고시마 마을에 살 곳을

---

38 《조선어학서》의 같은 곳에 하일관何一官이 답례로 이쥬인의 관인들을 답방한 것을 다음과 같이 기록하고 있다.

御祝□御地頭様ヘ八酒八□(虫食)肴□□□又(虫食),

近上仕候. 與力衆江八酒三□□□□□(虫食)

中取衆方江八酒

御家老衆御用入衆方江御禮□□(虫食)參上致候

제공하고 여러 가지의 도자기를 만들게 하였다. 이곳을 고려마을이라고 한다'라는 기사처럼 왜란 통에 끌려온 조선인들이 사는 마을을 고려마을로 불렀음을 말하고 있다.

왜란 때에 피랍된 조선인들이 사는 마을을 고려마을이라 하였으면 그들은 주로 고려인이라고 불렀을 것이다. 다만 일본인들은 이들을 그대로 고려인이라고 하지 않고 오랑캐의 뜻이 있는 '호胡'를 붙여 '호고려인胡高麗人'으로 부른 것 같은데 그것을 증명하는 도기陶器 하나가 있다. 다음은 원저에는 없는 부분이지만 도기의 차완茶碗에 쓰인 명문銘文에 대하여 고찰하기로 한다.

필자는 2017년 7월 21일경 한국의 국립박물관으로부터 일본에서 기증받은 차완의 한글 명문을 해독해달라는 부탁을 받았다. 이 찻잔은 일본에서 도자기로 유명한 야마구치현 하기에서 제작한 하기도기萩焼き 차완으로 1983년 70세로 사망한 교토의 고미술 수집가인 후지이 다키아키藤井孝昭 씨가 사망하기 직전에 교토국립박물관에 기증한 것으로 부인인 후지이 야에藤井八重 씨와 둘째 아들 케이慶 씨가 한국에 기증하기로 했다고 한다.

[사진 8]에서 볼 수 있는 것처럼 이 차완에는 언문으로 쓰인 시조가 적혀 있다. 일본의 〈아사히신문〉 2008년 7월 14일 자의 기사에서 이 차완에 대하여 소개하고 '고향에 돌아가고 싶다'라는 제목으로 새겨진 망향시望鄕詩에는 "고향에 대한 그리움으로 가득 차 있다"고 하였다.

[사진 8] 일본 하기도기 차완의 명문

필자는 이 차완에 임진왜란 때에 잡혀간 도공들의 망향가가 한글로 적혀 있다는 〈아사히신문〉의 기사 때문에 대단한 흥미를 갖고 해독에 임하였다. 그동안 여러 국어학자들이 해독을 시도하였으나 박물관에서 필자에게 보내온 그분들의 해독은 전혀 문맥도 통하지 않고 의미도 알 수 없는 내용이었다.

[사진 8]에서 볼 수 있는 언문의 시문은 다음에서 '원문 전사'로 보였고 그 의미는 '필자 해독'에서 정리하였다.

원문 전사　　　　　**필자 해독**

개야 즈치/말라　　　　개야 짖지 마라.

밤살음/다 도둣가[39]	밤 사람(밤에 다니는 사람)[40] 모두 도둑인가?
ᄌ/목지 호고려/님	ᄌ목지(인명 또는 지명인 듯) 호고려胡高麗님이[41]
지슘[42] 딩겨ᄉ라[43]	계신 곳에 다녀오련다.
그/개도 호고려/개로다	그 개도 호고려의 개로구나.
듯고 ᄌᆷᄌᆷ/ᄒ노라	듣고 잠잠 하노라.[44]
(/은 개행한 곳)	

필자에 앞서 이 가사를 해독한 많은 국어학자가 그 뜻을 제대로 알지
못하고 알 수 없는 해독을 한 것은 이 시문에 두 번이나 등장하는 '호고

---

39 이러한 의문 표현은 이 시조의 작가가 경상도 출신임을 말해준다.

40 펠 펄고니Pel Fulgoni가 편찬한 《조선선교자료집朝鮮宣敎資料集》(1801)의 제2편에 수록되었고 본서의 3장
각주 13에서 소개한 그레고리오 데 세스페데스에 대한 기사에 의하면 임진왜란 때에 납치된 조선인들
은 모두 일본인의 노예가 되어 낮에는 주인을 위한 일을 하고 밤에만 다닐 수가 있었다고 한다. 졸고
〈임진왜란에서 왜군의 조선인 납치-사쓰마 나에시로가와의 피랍 도공들을 중심으로〉(2008년 5월 23~24
일 '임진란과 국가위기의 문화정치학'이란 주제의 규장각국제워크숍) 참조.

41 호고려는 왜란 때에 일본으로 납치된 조선인을 현지 일본인이 부르던 호칭으로 '되 고려사람, 오랑캐
고려사람'의 뜻이었으나 어느 사이에 이들을 지칭하는 보통명사가 되었다.

42 '지슘'은 '겨시다'의 어간이 파찰음화破擦音化한 것으로 '지시(겨시-)+오/우ㅁ(동명사형)'의 형태결합을 한
것이다. 이러한 파찰음화 현상은 일본어의 영향으로 보아야 할 것이다.

43 '딩겨ᄉ라'의 'ᄉ라'는 원망형願望形 어말어미로서 "무엇을 하고자 한다. 같이 하자"의 뜻이 있음. 위의
오/우ㅁ(동명사형)과 ᄉ라(원망형)의 두 형태는 모두 16세기까지 조선어에서 생산적으로 사용되었으나 17세
기에 들어와서 사용이 제한되었다. 그러나 이러한 고형의 문법 형태를 왜란 때에 일본으로 납치된 조선
인이 사용한 것은 선대 조상으로부터 물려받은 것이지 이것이 17세기 이후에 제작되었다는 증거는 되
지 않는다. 왜냐하면 시조에 이러한 고형의 문법 형태가 사용되었지만 음운은 이미 일본어에 이끌리어
변했기 때문에 음운의 변화로 연대를 추정하는 것은 옳지 않다.

44 이후에 필자의 해독을 수정한 논문이 있다. 그러나 받아들이기 어렵다.

려'란 말을 이해하지 못한 때문이다. 필자는 전술한 바와 같이 사쓰마 가고시마에 정주定住한 피랍 조선인들이 사는 마을을 '고려인 마을〔高麗人村〕', 또는 '고려마을〔高麗町〕'이라고 한 사실로부터 왜란에 잡혀간 조선인들이 '고려인'으로 불렸던 것으로 보았다.[45]

아마도 일본인들은 여기에 그들을 폄하하는 오랑캐란 의미의 호胡를 붙여 '호고려인'으로 불렀던 것이 아닌가 하며 이것이 어느 사이에 그들 스스로의 명칭이 된 것으로 본 것이다. '호고려'가 해결되면서 이 가사는 쉽게 해독이 되었다. 즉, 이 가사는 종래 조선에서 유행한 시조의 형식을 띠고 있다.

> 초장 — 개야 즈치 말라 밤살 ㅇ 다 도둣가
>
> 개야 짖지 마라. 밤 사람이 모두 도둑인가?
>
> 중장 — 즈목지 호고려님 지슙 딩겨 스라
>
> 즈목지 호고려님이 계신 곳에 다녀오련다.
>
> 종장 — 그 개도 호고려 개로다 듯고 즘즘ᄒ노라
>
> 그 개도 호고려의 개로구나. 듣고 잠잠 하노라.

이 시문을 조선 전기에 유행한 시조 형식에 비추어보면 매우 잘 맞추

---

45 조센징朝鮮人, 또는 센징鮮人이란 말이 20세기의 일제강점기에 나쁜 의미로 쓰였지만 아마 왜란 때에도 이미 이런 호칭은 벌써 이미지가 나빴던 것으로 보인다. 따라서 왜란에 납치된 조선 사람들은 고려인이란 말을 더 선호했던 것이 아닌가 한다.

5장 피랍 조선인과 그 후예의 생활　189

어져서 초, 중, 종장의 배분도 세련되었고 표현도 적절하다고 할 수 있다. 밤에만 다닐 수 있는 피랍 조선인들의 설움을 잘 나타낸 시조라고 본다. 또 시조에 경상도 방언이 많이 반영되어서 경상도에서 납치된 피랍 조선 인이 지었음을 알 수 있다.

'하기萩 철회시문차완鐵繪詩文茶碗'이라 명명된 이 차완은 일본 야마구 치현의 하기도기로 알려졌다. 이는 왜란 때 모리 데루모토毛利輝元 군대에 납치된 이작광李勺光, 이경李敬과 그들의 후예들이 만든 것이다.

모리 데루모토는 일본의 히로시마広島를 거점으로 하는 아키노쿠니安藝國 의 영주로서 임진왜란 때에 가장 많은 왜병을 인솔하고 조선 침략에 가담 하였다. 임진왜란에서 모리군은 고바야카와 다카카게小早川隆景, 구로다 요시타카黑田孝高 등과 함께 조선 선조 임진년(1592) 4월 하순에 김해의 죽도竹島에 상륙하여 한반도의 경상도 쪽을 침략하기 시작하였다.

그러나 다른 두 장수에 비하여 모리군은 정복보다는 약탈에 치중하여 선조 25년(1592) 5월 18일에 도자기로 유명한 성주星州에 들어가 9일간 머물면서 이곳의 도공 등을 납치하여 자신의 영지로 보내었다. 이들이 일 본에 끌려가서 도자기를 굽기 시작하였는데 이것이 그들의 영지인 일본 히로시마에서 유명한 하기도기의 시조가 된 것이다.

주로 경상도를 침략하여 약탈한 일본 게이슈芸州(安芸藩)의 모리군은 남 원에서 도공을 납치한 사쓰마번의 시마즈군島津軍과는 달리 조선 경상도, 즉 동편東便의 도기陶器를 굽는 조선인들을 납치하였다. 동편제東便制의 도기는 화려한 전라도 지역의 서편제西便制 도기에 비하여 질박質朴하고

실용적이었다. 따라서 후에는 나에시로가와의 사쓰마도기薩摩焼き에 그 명성을 빼앗기게 된다.

일본에 납치된 조선인들은 자신들의 조선 문화에 대하여 상당한 긍지를 지닌 것으로 보이고 조선에서 유행한 시조 형식으로 자신들의 감정을 노래한 것이다. 시문의 내용으로 보아 언문을 많이 써보아서 익숙하고 시조의 형식도 잘 갖추어졌다. 특히 피랍 조선인들은 일본인이 알지 못하는 언문諺文으로 무엇인가를 쓸 수 있다는 것에 자부심을 느껴 차완에 이러한 시문을 써서 일본인 몰래 자신들의 설움을 표현한 것으로 볼 수 있다.

이 차완에 쓰인 시문은 어느 정도 시조에 익숙한 사람의 작품으로 보여서 납치된 도공이 직접 지은 것인지 다른 피랍 조선인의 작품을 이 차완에 옮겨 적은 것인지 분명하지는 않으나 적어도 납치 조선인의 1세대가 만든 작품으로 보는 것이 타당하다. 피랍 조선인들의 후예들은 조국의 노래나 시문을 이렇게 분명하게 시조 형식에 맞추어 쓰기도 어렵고 일본인이 모르는 언문으로 무엇을 써둔다는 것을 소중히 여기지도 않았을 것이다.

따라서 납치 1세대의 작품으로 보아야 할 것이며 그렇다면 이 차완의 도기는 16세기 말이나 17세기 초 작품으로 인정된다. 내용은 일상적인 피랍 조선인들의 설움, 특히 밤에만 돌아다닐 수 있는 자신들의 처지를 빗대어 푸념한 것이라 〈아사히신문〉 등에서 "저 멀리서 개 짖는 소리가 들린다. 그리운 고향에 돌아가고 싶다"는 내용의 망향가라고 한 것은 재고해봐야 할 것이다.

물론 일본으로 납치되어 온 조선인들이 자신들의 처지를 한탄한 것도 일종의 망향의 감정을 읊은 것으로 볼 수는 있다. 그러나 당시 사쓰마번의 피랍 조선인들처럼 왜란으로 납치되어 일본으로 끌려온 조선인들이 일본인들 앞에서 조국을 그리워하는 이야기를 대놓고 할 수는 없었다. 그래서 차완에 쓰인 시조와 같이 현재의 처지를 한탄하며 망향의 마음을 달랬을 것이다.

6
장

〈조선가〉와
〈학구무의 노래〉

1. 〈조선가〉는 무엇인가?

앞의 '2장 교토대학에 소장된 〈조선가〉'에서 살펴본 바와 같이 교토대학 문학부 언어연구실에 소장되어 있는 사쓰마 나에시로가와의 조선어 자료 중에는 임진왜란·정유재란 때에 끌려온 피랍 조선인들이 일본으로 전래 傳來하고 그들의 후예들에 의해 나에시로가와에 전승된 〈조선가〉가 있다.

이 문헌은 원래 세 장의 커다란 종이에 그들이 즐겨 부르던 노래의 가사를 손으로 베낀 것이다.[1] 후일에 접어서 책 형태로 바꾸었고 새로 장정된 표지에는 [사진 9]의 오른쪽에 보이는 것처럼 '조선가'란 표지 서명과 소장주의 이름이 '삿슈 나에시로가와 정씨 소전薩州苗代川 丁氏 所傳'이라고 적혀 있다.

그리고 [사진 9]의 왼쪽에 보이는 대로 〈조선가〉의 뒷면 표지의 안쪽에

---

1 그 사진이 무토 쵸헤이의 〈조선부수의 유족朝鮮俘囚の遺族〉에 실렸다.

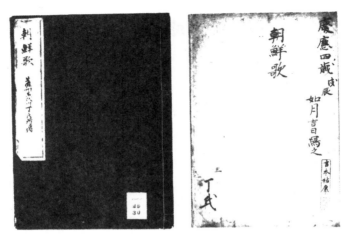

[사진 9] 〈조선가〉의 표지(좌)와 뒤표지의 안쪽(우)

"게이오 4세 무진 여월 길일 사지慶應四歲 戊辰 如月吉日寫之"라는 묵서가 있고 '요시모토 히로야스 기증본吉本祐康 寄贈本'이란 도서인이 보이며 맨 끝 왼쪽에 소장자의 이름으로 '정씨丁氏'라는 묵서墨書가 보인다.

이에 의하면 〈조선가〉는 정평석丁平碩, 즉 요시모토 히로나가吉本祐良가 게이오慶應 사세四歲(1868) 무진戊辰 여월如月(2월)에 옮겨 적었고 그의 자손인 정씨, 즉 요시모토 히로야스가 소장하다가 교토대학에 기증한 것임을 알 수 있다. 뒤에 나올 [사진 11]의 하단 왼편에도 '苗代川吉本祐康丁氏寄贈[나에시로가와 요시모토 히로야스(정씨) 기증]'이라는 글이 붓으로 쓰여 있다.

〈조선가〉는 앞서 '5장 피랍 조선인과 그 후예의 생활'에서 논의한 나에시로가와의 조선어 학습 자료 중에서 제7류 '조선전래 가요서'로 분류한 것이다. 엄밀한 의미에서 조선어학서라고는 말할 수 없기 때문이다. [사

[사진 10] 교토대학 소장 〈조선가〉, 원저에서 옮겨옴 **2**

진 10]에서 〈조선가〉의 전문을 볼 수 있는데 먼저 간단한 서지적 고찰을
해보도록 하겠다.

〈조선가〉는 모두 3엽의 저지楮紙로 되어 있고 겉과 뒤표지가 된 제1엽
에 이어서 제2엽에 〈조선가〉가 쓰였다. 제2엽의 뒷면은 [사진 10]의 우편
에서 보는 바와 같이 원래는 공백이었는데 교토제국대학의 장서인藏書印
과 다이쇼大正 6년(1917) 6월 22일이라는 이 문헌의 수령인受領印이 날인
되어 있다. 그리고 이어서 제2엽의 앞면에서 제3엽의 앞면까지의 세 면에
걸쳐 조선가요가 쓰였다. 이 부분을 사진으로 보이면 [사진 10]과 같다.

뒤이어 제3엽에는 [사진 11]의 우측 상단 말미에서 볼 수 있는 것처럼
'主 丁平碩' 화압花押, 그리고 이어서 '祐良' 화압이 있어서 소장자인 정평

---

2 일본에서는 인용 문헌의 사진도 반드시 소장처의 허가를 받아야 한다. 원저에서는 모든 인용 자료를 소
   장자, 또는 소장처의 허락을 받아 게재하였다. 이하 모든 사진 자료가 그러하다.

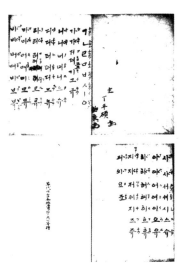

[사진 11] 정평석이 옮긴 〈언문자모〉

석, 즉 히로나가祐良의 수결手決로 된 화압이 보인다.

　[사진 11]의 상단 왼쪽과 하단의 오른쪽에 소장자가 언문을 배우기 위하여 〈언문자모諺文字母〉를 옮겨 쓴 것이 마치 낙서처럼 적혔다. 사진의 상단 오른쪽에 제시된 제3엽의 뒷면은 비어 있고 왼쪽 밑의 구석에 "주인 정평석(主丁平碩)"과 그의 화압이 있으며 이어서 '히로나가' 다음에 다시 화압을 넣었다. 이들 수결의 필적이 비슷하여 '정평석'과 '요시모토 히로나가'는 동일 인물로 추정된다.

　〈조선가〉의 마지막 엽은 앞면에서 뒷면까지 〈언문자모〉의 〈초성종성통용팔자初聲終聲通用八字〉 중에 한글의 7자모를 적고 그것의 발음을 가타카나로 기록하였다.[3] 이어서 이 초성(자음에 해당)과 중성(모음에 해당)의 자모字

母를 조합해서 만든 문자가 〈언문자모〉의 자모순으로 적혀 있다.

아마도 이것으로 언문을 익혀 〈조선가〉를 읽으라는 뜻으로 옮겨놓은 것 같다. 이는 〈조선가〉에서 사용된 한글 표기가 《훈민정음訓民正音》의 정서법正書法이 아니라[4] 〈언문자모〉식의 표기법임을 시사한다. 이 시대에는 조선에서도 한글의 《훈민정음》 정서법은 이미 쇠퇴되었고 〈언문자모〉의 표기법이 널리 사용되었기 때문이다.

그러나 〈초성종성팔자初聲終聲八字〉의 전부를 옮겨놓지는 않았다. 또한 〈초성독용팔자初聲獨用八字〉는 생략하고 〈중성독용십일자中聲獨用十一字〉에 대해서도 중성자를 불과 7개만을 사용하여 초성과 조합하고 있다. 왜 이처럼 일부의 초성과 중성의 한글 자모字母에 한정되어 있는지는 앞으로 더 고찰되어야 할 것이다.

그 이유와 배경은 대체로 짐작할 수 있지만 여기서는 그에 대한 설명이

---

3 〈언문자모〉는 최세진崔世珍의 《훈몽자회訓蒙字會》의 권두 범례에 실려 있었지만 본래는 조선 세조 때 간행된 《초학자회初學字會》에도 실려 있었던 것으로 추정된다. 이것은 〈초성종성통용팔자〉와 〈초성독용 팔자〉의 16개 초성자모初聲字母, 그리고 〈중성독용십일자〉의 11개 중성자모中聲字母, 합하여 27개의 한글 자모에 대해서 그 음가音價를 한자로 표시하고 그 자모들을 조합해서 문자로 만드는 방법 등을 이독吏讀에 자주 사용되는 글자로 해설한 것이다. 〈언문자모〉는 《훈민정음》의 정서법이 너무 어려워서 당시 일반인이 사용하고 있던 이두와 구결口訣의 한자로 언문의 음가와 정서법을 간단하게 설명한 것이다. 그 때문에 〈언문자모〉가 널리 유행하게 되었고 한글을 일반인에게 보급할 때 결정적인 역할을 한 것으로 보인다. 필자는 최근 논저에서 〈언문자모〉를 세종의 둘째 딸 정의공주貞懿公主가 창안하여 《초학자회》에 실었고 그로 인하여 동생인 세조로부터 많은 상을 받았다고 주장하였다. 이에 대해서는 졸고 〈세종의 한글 창제〉, 《한국학연구》(제51호, 2014. 12.)와 《한글의 발명》(서울: 김영사, 2015)을 참고할 것.

4 세종이 창제한 새 문자의 정서법은 초기에 《훈민정음》이란 제목의 한문본과 언해본에서 해설되었다. 그러나 이와는 별도로 〈언문자모〉에서 새로운 정서법을 제시하여 널리 이용되었는데 이에 대하여는 《한글의 발명》을 참고할 것.

너무 장황하여 생략한다. 다만 이미 언문諺文의 몇 자모가 일본어의 영향으로 이들에게는 구별되지 않았던 것으로 추정된다. 일본어 가나假名 문자에서는 '아, 이, 우, 에, 오'의 5모음자만을 구별하기 때문이다.

먼저 〈조선가〉의 중심을 이루는 가요는 앞의 [사진 10]에서 보이는 원문을 옮겨보면 다음과 같다. 독자의 편의를 위하여 한자 표기를 왼쪽에두고 중간에 가타카나로 표기된 조선어를 두고 오른쪽에 한글 표기 조선어를 두어 1행으로 표시하였다.

①

來日今日	ヲヲルナリイヲノリラ	오올 나리 오누리라
毎日如今日	マイルイトナヲノリラ	밀이도나 오누리라
日者暮亦	ナルノンチェムルト	날은 쳐믈도
曙益如今日	サイトロクヲノリラ	새도록 오놀이라
今日如今日	ヲノリイヲノルイコツルミヨム	오누리이 오놀이 굿트면
何世如也	ムスンセイロカツライ	무ᄉ(슨) 셰로 굿트라이

②

是遊哉遊哉	イリトノサイノサイ	이리도 ᄂ새 ᄂ새
彼彼遊哉遊哉	チェリチェリノサイノサイ	져이리 져이리 ᄂ새 ᄂ새
我房家外	ウリイハンチフハスクイ	우리 방 집 밧긔
遊木盛	ノサイナムキセツトンタ	ᄂ세 남기 셋튼다

200

| 如有出 | ハンカハイチヤコツヲイナヤシヤ | 흔가흥이디아 굿드면 나야사 |
| 暮曙遊哉 | チエムナサイノサイ | 졈나 새나 느새 |

③

南山松閑	ナムサンウイソルイハント	남산의 솔이 흔도
毎松鶴居與	ソルイマタハクハンツルカ	솔의마다 학 안잘가
西山日閑	セイサンヌイナリハント	셔산의 나리 흔도
毎日爲此也	ナルマタイラホロヲ	날마다 이리 훌야
況	ハヲムルイミヨムヒヤ	흥오믈이면 하야
能生日故	サルサンケンナリロソ	살산견 날이로스
暮曙遊哉	チエムナサイノサイ	졈나 새나 느새

④

山好水好處	サンチエコムルチエフヌコルイシヲ	산 죠고 믈 죠흔 골이샤
盞執直坐	サンヌルサハコンチアンサ	잔을 잡바 곤지 안쟈
彼處視	チエトコイホニロ	졔도 게 보니
彼山好處有	チエサンヌイチヨフンコルイシラ	제 산의 죠흔 곳이쟈
彼山好處	チエサンヌイヤチヨフンゴルイ	초흔의 초혼 곳디
不遊何爲	アニノルコヲシタハリ	아니 놀고 엇다 흐라

* 원저에서는 편집상의 이유로 한글 부분을 가타카나로 표기하였다.

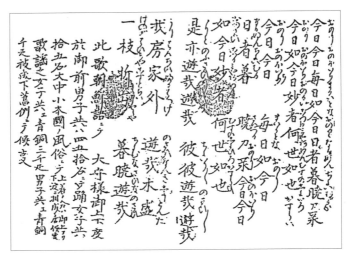

[사진 12] 《한어훈몽》 권말의 〈오누리〉

　〈조선가〉와 거의 같은 가사가 역시 교토대학에 있는 나에시로가와의 조선어 자료인 《한어훈몽》 권말에 히라가나로 부기附記되어 있다. 《한어훈몽》 권말에 낙서한 듯이 부기한 가사는 [사진 12]에서 보이는 바와 같이 〈조선가〉의 4연 중에 제1연과 2연만 적었는데 그것도 제1연은 반복하여 중복되게 적혀 있고 가타카나가 아니라 히라가나로 조선어 발음을 주음注音하거나 또는 이두吏讀식의 한자도 다른 글자를 사용하여 표기하는 등 〈조선가〉와는 상당한 차이를 보인다.

　거기다가 〈조선가〉의 언문으로 적은 것은 모두 삭제하였다. 여기서 [사진 12]의 전문全文을 옮겨 쓰면 다음과 같다.

　① おのりおのほいら

今日今日

まいるとなおのりら

毎日如今日

なるぬんちよいむる [さいとろく]⁵

日者暮 曉刀泉

おのりおのほいらこつるみやあぬん

今日如今日 妙者

むすのせいろかすらい

何世如也

② おのりおのほいら

今日今日

まいるとなおのひいら

毎日如今日

なるぬんちよいむる

日者暮

さいつろおのひら

曉刀泉 今日今日

おのりいかつらミやうぬん

如今日 妙者

---

5 이 부분은 가나로 쓴 [さいとろく]가 빠진 것으로 보인다.

むすのせいろかすらい

何世如也

③ いりとのふさひゝ

是亦遊哉遊哉

ちよいりゝのさいゝ

彼彼遊哉遊哉

うりはんちひふるはつけ

我房家外

のさひなんきしょつとんた

遊哉木盛

はのがのやさいとらいなやしや

一枝折出

ちよもなさひなのさひ

暮曉遊哉

　일본어의 히라가나로 쓰인 가사를 〈조선가〉의 언문 가사와 비교하면 비록 히라가나로 적었지만 이쪽이 훨씬 정제된 가사의 표기를 보인다. 또 내용도 〈조선가〉보다 정확하게 표기되었다. 따라서 《한어훈몽》의 〈오노리〉가 〈조선가〉보다 원가에 가깝고 아마도 후대에 〈오노리〉를 대본으로 하여 〈조선가〉가 작성된 것이 아닌가 한다.

　〈오노리〉의 가사에 이어서 부기附記로 "이 노래는 조선어로서 태수가

왔을 때에 그 앞에서 남자들은 모두 40~50명이 춤추고 여자들은 15명의 크고 작은 사람들이 본국의 풍속으로 [상의上衣는 태수로부터 내려주신 것이다] 노래를 불렀습니다. 여자들에게는 청동 3,000필, 남자들에게는 청동 1,000필을 내려주었는데 옛 예에 의한 것이라고 합니다 此歌朝鮮語ニテ, 太守樣御上下度於御前, 男子共ハ四五拾名ニテ踊. 女子共ハ拾五名大中小. 本國ノ風俗ニテ, [上着ノ分ハ御上ヨリ, 下淀と相度居候未詳], 歌謠之女子共工靑桐三千疋, 男子共工靑桐千疋, 袄下, 舊例ニテ候古叉"라는 기사가 있다.

이 기사에 의하면 나에시로가와의 피랍 조선인들이 사쓰마의 한슈藩主가 이곳에 들를 때에 〈오느리〉를 부르며 춤을 추어 보이면 한슈로부터 수고비를 받은 것을 알 수 있다. 아마도 사쓰마의 한슈는 이 노래의 뜻도 모르고 그저 조선 노래와 조선 춤으로 즐겼을 것으로 보인다.

따라서 《한어훈몽》의 〈오느리〉는 6장에서 고찰할 〈학구무의 노래〉를 옮긴 것으로 추정된다. 왜냐하면 사쓰마의 한슈가 이곳에 들렀을 때에 이곳 피랍 조선인들이 그 앞에서 학구무鶴龜舞를 추면서 부른 노래가 〈학구무의 노래〉이기 때문이다. 이에 대하여는 이번 장의 '4. 〈학구무의 노래〉'에서 구체적으로 살펴보기로 한다.

2. 옥산묘의 〈신무가〉

이제 〈조선가〉와 나에시로가와에 전승된 다른 조선가요의 관계를 살펴볼 필요가 있다. 먼저 〈조선가〉와 유사한 노래 가사가 나에시로가와의 교쿠

잔뵤玉山廟(이하 '옥산묘'로 약칭함)에 전해지는 〈신무가神舞歌〉라는 이름으로 전해진다.

옥산묘에서 신무神舞를 추면서 부른 〈신무가〉에 대해 신무라 이즈루 박사는 다음과 같이 적었다.

내가 수년 전 사쓰난薩南 나에시로가와의 옛 조선인 부락에 가서 이 부락의 유래와 토속 언어 등을 조사하러 갔을 때에 수집한 근세의 선가일수鮮歌一首를 예로 들어보겠다. (중략) 이것을 나에시로가와의 유민들은 옥산궁玉山宮이라 하여 향토의 신을 받들어 모시는 신사神社의 가을 제사 때에 부른다고 한다. 이 사당祠堂이 있는 산의 서쪽에 작은 언덕이 있는데 촌민村民들은 봄가을에 여기에서 행사를 하고 가무歌舞를 즐긴다는 것이다. 이것을 산무악山舞樂이라고 부르고 있다. 다이쇼大正 9년(1920) 8월 3일 쯤.

이에 의하면 〈조선가〉에 적혀 있는 노래 〈오누리〉는 옥산묘(옥산궁이라고도 함)의 제사 때에 산무악의 하나로서 신무를 추면서 부른 것임을 알 수 있다. 나에시로가와의 신무를 그림으로 보인 것이 있어 이를 옮겨보면 [사진 13]과 같다.

나에시로가와에 정착하여 살게 된 피랍 조선인의 마음을 지탱해주었던 것은 나에시로가와의 서북쪽 고지高地에 모셔둔 옥산묘이다. 이것은 나에시로가와의 피랍 조선인 박복겸朴福謙이 작성한 《옥산궁유래기玉山宮由來

[사진 13] 나에시로가와 신무도(《三國名勝図會》 권8, 薩摩國日置郡 조 所收)

記》(1867. 10.)[6]에 의하면 다음과 같이 한국 평양 기림리箕林里에 있는 기자묘箕子廟를 모방하여 세운 조상묘祖上廟임을 알 수 있고 기자箕子가 아니라 단군檀君을 모셨다고 한다.

옥산궁은 틀림없이 조선의 개조開祖인 단군의 묘廟이다. 평양의 옥산玉山에 신주神主를 모신 묘궁廟宮으로 큰 신전神殿인데 아름다움이 이를 바 없으며 황도皇都의 뿌리로서 가장 존신尊信하는 신령이다.

---

6 이 자료는 원래 심수관가沈壽官家의 소장 자료로 가고시마현립도서관鹿兒島縣立圖書館에 기탁되었다.

玉山宮は蓋し朝鮮開祖檀君廟也, 平壌玉山に神主を建, 廟宮を設て大社善美を尽す, 皇都の根軸最も尊信の神霊なり.

마쓰다 미치야스가 소개한 〈옥산신사명세장玉山神社明細帳〉과 장사훈張師勛 선생이 심수관沈壽官(14대)으로부터 손에 넣은 〈나에시로가와자료집苗代川資料集〉(등사본), 또는 전게한 《가고시마현사鹿児島縣史》와 《옥산궁유래기》 등에 의하면 옥산궁의 신체神体는 천조석天照石이라고 하는 큰 바위인데 어느 날 이 바위가 큰 소리를 내면서 움직였고 그때 빛도 발했기 때문에 그것을 조선의 개조開祖인 단군의 수적垂迹이라고 믿었다는 것이다.

《옥산궁유래기》의 다음 기사를 보면 그들은 고국을 그리워했고 마을의 공동 조상신으로서 단군을 모시는 옥산궁이 이곳 마을 사람들 모두의 노력으로 지은 것이라는 유래를 알 수 있다.

그런데 엔포 초년(1673)경에 밤마다 위의 산에서 화염의 기운이 생기는 기서奇瑞의 변이 많아서 사람들이 의심하여 복무卜巫하는 사람에게 물었더니 조선의 존숭하는 신의 수적垂迹의 변이라고 대답하였다. (이 대답은) 확실하게 사람들의 마음과 부합하여 즉시 좋은 날과 좋은 일진을 선택하여 화염의 기운이 생겨난 곳의 큰 바위에 절하고 궁전을 지어 8월 14일에 완성하였으니 모두의 힘을 모은 것이다. 즉시 기서의 변은 멈추었다. 이런 일로 인하여 이제는 옥산궁이라고 존칭하게 되었고 대대로 제일祭日을 정하였다. 여기의 녹지綠地가 파괴될 때마다 여럿의 힘으로 이를 복구하는 것이 항례였는데 분세이 때(1818~1829)에는 복구하려고 하여도 모두가 실패하였다. 게이오 정묘년(1867) 가을 7월에 새로 조영하여 9월 3일에 축자祝子[7]를 청하여 제사를 지내고 끝난 다음에 잔치를 열었다. 일한 사람들〔工人〕과 함께 즐겼으며 여러 사람들도 기뻐하는 모양이었고 늙은이 젊은이 모두 모여 배례하고 머리를 숙이려고 자리를 다투었으니 옛 나라의 옥산玉山[8]을 참배하는 것과 같았다. 신령의 변화가 없어져서 크게 기뻐하였으며 얼마 안 되어 이곳 여러 사람들의 힘으로 금 오관五貫을 모으게 되어 신위神威가 감응한 것을 알게 되었으며 대대로 이것을 기억하였다. 또한 고루固陋함을 잊고 이를 기록할 뿐이다.

然に延寶の初, 夜々上の山に炎氣を生じ, 奇瑞の變多し, 人々之を疑ひ卜巫者問ふ, 朝鮮尊崇の神垂迹の變也と答ふ. 人心符合著實す, 卽吉日良辰を選て炎氣生ずる所の大岩を拜し, 宮殿營造, 八月十四日成る, 皆衆力也. 卽奇瑞止む, 放故例に因り今玉山宮と尊稱す, 是なり, 代々祭日と定む. 此綠地, 破壞する每に衆の力を以て覆する, 恒例, 文政の度, 覆し度しと誰も今亦敗す, 慶応丁卯秋七月, 新造營す, 九月三日, 祝子を請して祭祀の礼終て宴を設く. 工人共に悦ふ, 衆人欣々然として老若蟻聚拜禮, 頭を抑へ席を爭ふ, 舊邦玉山に詣づるが如し. 神靈の變なくして大慶新たなり, 不日に至, 所の衆力金五貫目, 神威の感ずる所知るべきなり, 世々に之を思ふ, 仍て固陋を忘れ, 之を記すのみ.

그러나 실제로 옥산궁은 그들이 나에시로가와에 이주한 지 얼마 안 되

---

7 신神을 모시는 사람.

8 아마도 그들의 선조가 세운 옥산묘를 말하는 듯하다.

는 시기, 즉 게이초 10년(1605) 무렵에 이미 피랍 조선인들의 조상을 모시는 옥산묘가 있었던 것으로 보인다. 그리고 이미 간에이 2년(1625)에는 축자祝子, 즉 신을 모시는 일을 하는 사람들에게 녹봉이 지급되었다고 한다.

이어서 호레키 원년(1751) 여름에 옥산궁이 재건되어 12월에는 스님 신쇼인信証院 렌뇨蓮如가 참배하였고 이듬해에 쓰루기 다이묘진劒大明神의 재흥再興과 옥산궁의 입구에 도리이鳥居⁹가 세워졌다는 기사가 〈고기류〉에 보인다. 더욱이 메이와 3년(1766) 2월에는 시마즈가島津家가 옥산궁의 사전社殿을 만들어주었고 이후 모든 수리 등은 사쓰마번이 맡아서 해주었다고 한다.

전술한《사쓰요왕반기사》에 "또 마을의 입구에 있는 약간 높은 숲 안에 조선의 신을 모시는 띠를 씌운 누문樓門과 본사배전本社拜殿이 있으며, 제전祭典도 열린다"라는 기사가 있어 나에시로가와에 옥산궁이라는 신사神社와 도리이가 있다는 것과 이때에 제사도 치러졌다는 것을 알 수 있다.

이때의 제전祭典은 완전히 조선식이었고 의식도 화려하고 성대하게 이루어졌다고 한다.《중릉만록》에도 다음의 기사가 있다.

지금에 이르도록 그 제전을 벌인다. 그곳에서 한 것처럼 다과茶果와 갱병羔餅을 만들고, 이웃끼리 서로 송향送餉하며 국례國禮를 잊지 않는다. 나도 또한 그 식사를 대접받았다. 조리법도 진귀했으며, 모두 처음 보는 것이 많았다.

---

9 신사의 세우는 기둥으로 된 문을 말하며 하늘 천天 자의 모양이다.

또한 《가고시마현사료鹿児島縣史料》의 〈이오키군 시모이쥬인 나에시로가와 연혁 개요日置郡下伊集院苗代川沿革概要〉의 '옥산신사玉山神社'항에는 "사사四社의 제신祭神을 합사合祀하여 나에시로가와의 각호各戶는 모두 씨신氏神으로서 존숭尊崇한다. 신사神社 전래의 무악舞楽으로 악기와 신무神舞가 있으며, 고려가高麗歌 및 신궁神宮이 보유하고 있는 도구에 이르기까지 조선 전래의 물건으로써 신사神事를 벌이며 고려의 떡은 [음식으로서는 유일한 유물이다] 옛날부터 제물祭物로 쓰였다. 큰 제일祭日은 매년 음력 9월 15일로 마을 전체의 제전이 열린다"라는 기사가 있어 옥산묘의 제사는 조선의 풍속으로 행해졌음을 알 수 있다.[10]

또한 나에시로가와 문서인 〈소역일기〉 고카弘化 2년(1845) 뱀해〔巳年〕 6월 20일 〈입원문立願文〉 조에 있는 다음의 기사에서 볼 수 있듯이 옥산묘에 모시는 여러 신神이 조선의 무속巫俗과 관련이 있는 것이 많아 옥산묘를 둘러싼 나에시로가와의 민속신앙이 어떠한 성격을 띠었는지 미루어 짐작할 수가 있다.

一, 옥산궁玉山宮   一, 검대명신釰大明神

一, 진수대명신鎮守大明神 一, 관양원님寬陽院樣

一, 스와노대명신諏訪大明神 一, 신명대명시新明大明神

一, 남종대명신楠宗大明神 一, 약궁대명신若宮大明神

---

10 이에 대해서는 이두현李杜鉉 박사의 〈옥산궁묘제玉山宮廟祭〉《南日本文化》 第六號, 1973)와 구사노 다에코의 전게 논문 〈일본 속의 한국 전통음악의 잔영−도공들이 전한 '오노리나'를 고찰하다〉를 참고할 것.

一, 청급대명신青鈒大明神　　一, 실성전實盛殿

一, 관세음観世音　　　　　一, 제불신諸仏神

위의 취지는 마을에 악질 및 전답의 병충해가 없도록 해달라고 기원합니다.

언제나처럼 기서祈誓합니다.

弘化二年巳六月　　所中

　메이지유신 이후에는 일본의 신사神社 제도 개편에 의해 옥산묘가 옥산신사玉山神社로 바뀌었고 주제신主祭神을 단군으로 하면서 일본 신화神話의 스사노오노미코토素盞嗚命, 이소타케루노미코토五十猛命, 다케미카즈치노미코토武甕槌命, 후쓰누시노카미経津主神 등을 합사合祀하게 되었다고 한다(마쓰다 미치야스의 전게 논문).

　옥산묘의 제사는 매년 구력舊曆 8월 15일에 거행되었는데《가고시마현사료》에는 9월 15일에 행해진다고 되어 있다. 아마도 양력으로 환산했기 때문인 것 같다. 그러나 무토의《서남문운사론》에서는 "옥산궁玉山宮 제사는 원래 조선의 조신祖神 단군을 모시는 제사로 매년 10월 14일에 거행되었다고 한다"라고 서술하고 있어 차이가 난다.

　원래 음력 8월 15일은 조선에서 '추석秋夕'에 해당하고 10월 10일에는 가을 '시제時祭'가 있었기 때문에 무토가 말하는 14일은 10일을 잘못 들은 것이 아닐까 한다. 이들 모두 선조先祖를 제전祭典하는 날이다. 필자로서는 아마도 초기에는 음력으로 추석인 8월 15일과 가을의 시제인 10월 10일에 두 번 제사를 지냈다고 생각한다. 그리고 아마 봄에도 제전이 있었을 것이다.

최근에 발표된 구사노 다에코의 〈일본 속의 한국 전통음악의 잔영-도공들이 전한 '오느리나'를 고찰하다〉에는 구사노가 직접 나에시로가와를 방문해 주민들에게 들은 옥산묘의 제사에 관한 이야기가 다음과 같이 적혀 있다.

> 고로古老들은 자신들의 부모 세대 때에 옥산궁이 신사로 바뀌었다는 것, 그 제사가 추제秋祭가 아니라 하제가 되어 쇼와昭和 17년(1942)까지 매년 행해지고 있었다는 것, 여름방학에 가고시마의 중학교나 여학교에서 귀향하여 제사의 징 소리나 북소리가 울려 퍼지면 경외하는 마음과 즐거움이 섞여 뭐라고 표현할 수 없는 감정이 복받쳐 올라왔었다는 것, 그리고 제사의 분위기는 학구무로 절정에 이른다는 것 등 어렸을 때 봤던 제사의 상황을 그리워하듯 말하였다.

이에 의하면 쇼와 17년에 옥산묘의 본래 제사가 폐지되기까지는 하제夏祭였다는 것을 알 수 있다.

이상으로 보아 나에시로가와의 조선인과 그 후예들은 매년 가을 혹은 여름에 옥산궁의 제사를 치르고 산무악을 연주하며 하루를 즐겁게 지낸 것 같다. 제사 때에 그들은 고국 전래의 신무 및 학구무를 추면서 노래도 불렀다.

옥산궁의 옛날 제사에는 술 한 병, 회 한 접시, 고려 찜떡 한 시루, 쌀 한 그릇을 바치고 조선 악기를 사용한 신무가 축관祝官에 의해서 행해졌으며 쓰루카메鶴龜, 즉 학구무의 춤이 바쳐졌다.

　장사훈 선생의 《한국음악사韓國音樂史》(서울: 정음사, 1976)에 의하면 옥산 신사에는 '〈신무가〉·〈신봉축사神奉祝詞〉·〈학구무의 노래〉' 등 세 개의 가사가 전래되었다고 한다. 신무는 칼〔神刀〕, 방울을 들고 춤을 추며 이때에 신가神歌(혹은 신무가)를 부른다고 한다.

　여기서 마쓰다 미치야스가 소장하고 있던 옥산신사의 〈신무가〉와 나이토 슌스케의 전게서에 있는 이 노래에 대한 원문과 역문을 옮겨 쓰면 다음과 같다.

옥사신사 〈신무가〉

원문	역문譯文
① オノリオノリラ, オノ—リラ	今日此の日
ナルノンチヨイムル	我身にとりて心にかゝりし
チエィムルドサィズル	供物の憂を忘れぬ
オノリラ—	今日の日
② オノ—リラ	今日の此の日
ヒヲオヌルイコヌルイナ	指折りの數へし今日の日
ムツノソイロムツノソイロ	いざ諸共に遊びなむ
オノリラ—	今日の日
③ イリドノサイ イリドノサイ	さまざまの遊びせむ

チエイリ チエイリ ウラバン	我等の氏神ぞ
ノサイナンギ ノサイナンギ	遊ばむ遊ばむ
ハナガ ハイチヤナ	神忘られめや

④ ハナガ ハイチヤナ　　　　　神忘られめや

　コスライナ コスライナ　　　　穀物の神穀物の神

　チヨナサイナ　　　　　　　　眠むるも醒むるも

　ハナガ ハイチヤナ　　　　　神忘られめや

　이에 대해 가타카나로 쓰인 조선어 가사나 일본어로 풀이한 역어를 비교하면 다음에서 논의하는 바와 같이 내용이 와전되거나 자의적으로 고친 것을 알 수 있다. 이들 가사에 대하여는 다음의 〈신무가〉에서 그 내용을 살펴보기로 한다.

3. 〈신무가〉의 가사

옥산신사의 〈신무가〉는 조선에서 유행하던 신가神歌의 무가巫歌와 매우 비슷하다. 조선은 유교儒敎가 국교國敎였지만 전부터 내려온 무속巫俗은 여전히 민중 사이에 퍼져 있었다. 그리하여 무당, 무녀巫女 또는 박수무당에 의한 무속신앙은 어디에서나 유행하였다.

　옥산신사의 〈신무가〉는 더 앞에 보인 〈조선가〉와 매우 비슷한 가사이지만 그 역문이나 다음의 역어에서 많은 잘못이 발견된다. 즉, 가타카나로 쓰인 조선어 원문에 대하여 일본어 역문이 있고 이어서 이를 내용이 드러나도록 고친 역어가 있다. 그 역어는 다음과 같이 일본어로 의미를 해석하였다. 이를 원문과 우리말로 해석하면 다음과 같다.

〈신무가〉의 역어

① 今日此ノ日ハ   오늘, 이날은

我ガ身ニトツテハ気ヲモンダ   내 몸에서는 조심해야 하네

供物ノ心配マデハラシダ   바칠 물건의 걱정까지 없애고

今日ノ今ダヨ   오늘의 지금이구나

② 今日此ノ日ハ   오늘 이날은

指折リ數テハ今日コソハ   손꼽아 세어보던 오늘이야말로

イザ共々ニ遊ビマセウ   자, 모두 함께 놀아보세

今日コソハ   오늘이야말로

③ 種々ヤツテ遊ビマセウ   여러 가지로 놀아보세

氏子ノ皆ノ親様ヨ   같은 조상 모두의 선조들이여

遊ビマセウ遊ビマセウ   놀아보세, 놀아보세

神ガドウシテ忘ラレヨウ   신을 어떻게 잊을 수 있겠는가

④ 神ガドウシテ忘ラレヨウ   신을 어떻게 잊을 수 있겠는가

穀物の神樣ヨ	곡식의 신이시여
眠ツテモ醒メテも	잠이 들어도 깨어 있어도
神ガドウシテ忘ラレヨウ	신을 어떻게 잊을 수 있겠는가

원문과 역어를 비교하면 내용에 많은 차이가 있는데 이에 대하여 각각 그 차이가 어떻게 생겼는지 고찰하기로 한다.

먼저 〈신무가〉①의 첫째 구 "오놀이 오놀이라"를 해석한 역어의 "오늘, 이날은今日此ノ日ハ"은 원가의 "오늘이 오늘이라, 오늘이라オノリオノリラ, オノ―リラ"를 의역한 것으로 원래 이 구절은 다음에 소개할 조선가요 〈오느리〉의 첫 구 "오느리 오느리나"를 옮긴 것이지만 본문의 조선어 노래와 역어와는 의미상의 차이가 있는 것으로 보인다. 본래의 원가 〈오느리〉에서의 의미는 '오늘도 역시 똑같은 평화로운 날이구나'의 뜻이다.

다음에 다시 논의하겠지만 임진왜란·정유재란 이전부터 조선에서 유행하던 〈오느리〉라는 노래가 있었다. "오느리 오느리나 미일에 일에 오느리나"로 시작하는 이 노래는 매일 오늘처럼 평화로운 날이 계속되기를 바라는 노래였다. 이 노래의 첫 구절인 '오느리나'의 '-나'는 바람(祈願)을 나타내는 어미였기 때문에 이 말은 "오늘과 같으소서"의 의미가 있었다.

다만 이러한 의미를 가진 '-나' 형태가 중세 한국어 이후에는 없어졌기 때문에 후일에 이 구절의 해석에 혼란을 가져왔다. 조선에서 임진왜란 때에 만들어진 《양금신보》의 〈심방곡〉에서는 '오느리 오느리나'가 '오느리 오느리쇼서'로 바뀐다. 어미 형태인 '-나'의 기능이 이미 상실되었음을 알 수 있다.

〈신무가〉 둘째 구의 "날은 저물ナルノンチヨイムル"은 〈심방곡〉에서 "졈
그디도 새디도 마르시고"를 잘못 적은 것인데 신무가의 역어에서는 "내
몸에서는 조심하다我ガ身ニトツテハ気ヲモンダ"라고 이해하였다. "날은 저
물어도"를 전혀 다른 뜻으로 해석한 것이다. 처음부터 의미가 와전되어서
피랍 조선인들이 아마도 자의적으로 이렇게 해석한 것으로 보인다.

셋째 구의 "저물어도 새도록チエィムルドサイズル"을 "바칠 물건의 걱정까
지 없애고供物ノ心配マデハラシダ"로 해석한 것도 전혀 다른 내용이다. 본문
의 조선어는 앞에 인용한 〈조선가〉의 "날은 저물어도 새도록"을 옮긴 것
이므로 역문이나 역어의 내용과는 맞지 않는다.

둘째 구와 셋째 구는 모두 〈조선가〉의 "날은 저물어도 새도록 오늘이
라"와 같은 것이고 신무가의 역문이나 역어가 원가를 모두 자의적으로 고
친 것임을 알 수 있다. 넷째 구의 "오늘이라オノリラ−"는 역시 앞에 인용한
"날은 저물어도 새도록 오늘이라"의 '오늘이라'를 옮긴 것이다. 역시 〈조
선가〉에 의해서 〈신무가〉의 이 부분을 바로잡을 수가 있다.

〈신무가〉②의 첫 구 "오늘이라オノ−リラ"를 역어에서는 "오늘 이날은今
日此ノ日ハ"으로 번역한 것도 의역이다. 역시 〈오느리〉의 첫 구절 "오늘이
나"를 옮긴 것으로 역어의 해석은 원가와 다르다. 조선의 원가를 보면 "오
늘과 같구나"의 뜻으로 보아야 한다.

둘째 구의 "오늘이 그늘이나ヒヲオヌルイコヌルイナ"가 역어에서는 "손꼽
아 세어보던 오늘이야말로指折リ數テハ今日コソハ"인데 이것도 전혀 다른

내용으로 해석한 것이다. 물론 조선어 가사에 들어 있는 의미가 이미 와전되었기 때문에 피랍 조선인의 후예들이 이 구절을 제대로 해석하기는 무리가 있었을 것이다.

셋째 구의 "무슨 세이로 무슨 세이로ムツノソイロムツノソイロ"는 "무슨 세世로 같겠는가?"를 중복한 것이다. 앞에 소개한 〈조선가〉의 "何世如也 ムスンセイロカツライ 무슨(슨) 셰로 굿트라이"의 '何世(무슨 세로)'를 연거푸 부른 것이다. 이것은 역어인 "자 모두 함께 놉시다イザ共々ニ遊ビマセウ"와는 전혀 다른 뜻이다.

마지막 넷째 구의 '오느이라'를 역어에서 "오늘의 지금이야今日ノ今ダヨ"로 한 것도 원래의 뜻을 살리려고 이렇게 번역한 것이지만 원문과는 내용이 다르다. 원래 원가의 〈오느리〉의 "오느리나"가 가진 뜻은 매일 변함없이 평화로운 오늘이 계속되라는 뜻인데 이미 이런 의미를 이해하지 못하고 "오늘의 지금이야今日ノ今ダヨ"로 한 것이다.

이미 일본에 납치된 지 2, 3대가 지난 나에시로가와의 조선인들에게 중세 조선어의 '-나'가 가진 미묘한 시적 의미가 이미 잊힌 것으로 볼 수밖에 없다. 그리하여 원가와 관계없이 적당하게 다른 가사를 붙여놓은 것으로 보인다.

〈신무가〉 ③의 첫 구인 "이리도 노세, 이리도 노세イリドノサイ イリドノサイ"를 "여러 가지로 놉시다種々ヤツテ遊ビマセウ"로 번역한 것은 원가의 의미를 살렸다고는 하지만 아무래도 자의적인 내용이 들어갔다고 보지 않을 수 없다. 아마도 앞에 든 〈조선가〉의 "是遊哉遊哉, イリトノサイノサイ, 이

6장 〈조선가〉와 〈학구무의 노래〉   219

리도 느새 느새"에 의지한 것으로 보인다.

둘째 구의 "저이리 저이리 우리 방チエイリ チエイリ ウラバン"은 역어에서 "같은 조상 모두의 선조들이여氏子ノ皆ノ親様ョ"로 하였으니 전혀 다른 내용이다. 이리저리 놀자는 원가의 의미를 자신들의 조상에 대한 추모의 정으로 바꿔놓았다.

이것은 〈조선가〉의 "彼彼遊哉遊哉, チェリチェリノサイノサイ, 져이리 져이리 느새 느새, 我房家外, ウリイハンチフハスクイ, 우리 방 집 밧긔"에서 다음 구인 '우리 방 밧긔(我房家外)'까지 옮겨 쓴 것이다. 여기에 등장하는 '우리 방 집 밧긔'는 조선의 원가에는 전혀 없고 새롭게 추가된 것이다. 왜 이 구절이 추가되었는지 현재로서는 추정할 길이 없다.

③의 셋째 구 "노세 남기, 노세 남기ノサイナンギ ノサイナンギ"는 역어에서 "놉시다, 놉시다遊ビマセウ遊ビマセウ"로 해석했으나 이것 역시 〈조선가〉의 "遊木盛, ノサイナムキセットンタ, 느세 남기 셋튼다"의 '노세 남기'를 가져온 것이다. 여기에 왜 '노세 남기'가 추가되는지 현재로서는 알기 어렵다.

③의 넷째 구 "하나가 하이쟈나ハナガ ハイチヤナ"는 역시 〈조선가〉의 "如有出, ハンカハイチヤコツヲイナヤシヤ, 흔가ㅎ이디아 곳두면 나야샤"를 잘못 옮긴 것으로 이 부분은 원래부터 의미가 분명하지 못했던 내용이었다. 아마도 이 구절은 "한 가지를 꺾어내어"일 것인데 역어에서 "신이 어떻게 잊힐 것인가神ガドウシテ忘ラレヨウ"로 완전히 다르게 해석하였다.

〈신무가〉 ④의 첫째 구 "하나가 하이쟈나ハナガ ハイチヤナ"는 ③의 마지막 구를 되풀이 한 것으로 역어譯語도 똑같이 "신이 어떻게 잊힐 것인가神

ガドウシテ忘ラレヨウ"여서 ③의 마지막 구처럼 "신을 어떻게 잊을 수 있겠는가"로 풀이하였으나 위에서 살펴본 것처럼 잘못된 것이다.

④의 둘째 구 "고스라이나 고스라이나コスライナ コスライナ"도 조선의 신가神歌에서 자주 등장하는 '고수레'(무당이 굿을 할 때에 둘레에 음식을 던지면서 지르는 소리)에서 온 것으로 보아서 "곡식의 신이시여穀物の神樣ヨ"로 해석한 것도 일단 그 의미를 살리려고 노력한 것으로 보이지만 제대로 된 풀이라고 보기 어렵다.

물론 무당들의 '고수레'가 곡식의 신에게 흠향歆饗하는 의미가 있어서 이것을 "곡식의 신이시여"로 의역한 것이 완전히 틀렸다고 보기 어렵지만 오히려 땅의 신에게 음식을 나눠 올린다는 뜻으로 보아야 할 것이다. 따라서 이것 역시 자의적인 해석으로 볼 수밖에 없다.

셋째 구의 "죠으나 사이나チヨナサイナ"를 "잠들거나 깨었거나眠ツテモ醒メテも"로 해석한 것도 원가의 본뜻을 살렸다고 보기 어렵다. 원래 이 구절은 〈조선가〉의 "日者暮亦, ナルノンチェムルト, 날은 처믈도 曙益如今日, サイトロクヲノリラ, 새도록 오ᄂᆞ이라"의 '저무나 새나'를 옮긴 것으로 보아야 한다. 그렇다면 〈조선가〉의 이 구절은 '날이 저물거나 새거나 오늘이라'일 것이며 이 구절을 옮긴 것이라면 위의 역어는 역시 원뜻에서 멀어진 것이다.

마지막 넷째 구도 첫 구의 "하나가 하이쟈나ハナガ ハイチヤナ"와 같이 셋째 구의 마지막 구절을 되풀이한 것이어서 역어도 똑같이 "신을 어떻게 잊을 수 있겠는가"로 풀이했다. 역시 자의적인 풀이로 볼 수밖에 없다.

이상으로 보아 옥산신사의 〈신무가〉는 〈조선가〉를 변형해 부른 것이며 그 해석은 신가神歌에 맞게 자의적으로 이루어진 것으로 보인다. 이미 〈조선가〉의 조선어는 거의 잊었고 이를 부르는 나에시로가와 사람들도 내용을 모르면서 춤에 맞추어 개작한 것으로 보아야 할 것이다.

그리고 그 노래의 뜻은 신가로서 다시 해석되어 몇 가지 내용이 추가된 것으로 이해된다. 그리하여 굿을 할 때에 무당의 주술처럼 완성된 의미가 없어지고 기억 속에 남아 있는 〈조선가〉를 적당하게 개작하여 곡조와 춤에 맞추어 부른 노래가 〈신무가〉였다고 여겨진다.

따라서 옥산묘의 〈신무가〉는 조선에서 유행하던 신가의 무가巫歌와도 비슷하다. 조선은 유교가 국교였지만 고래古來의 무속은 여전히 뿌리가 깊었고 무당(무녀 혹은 박수)에 의한 제사는 모든 곳에서 행해지고 있었다. 백성들은 물론 양반 사대부 및 궁중에서도 무속의 '굿'[11]이 행해졌는데 그때에는 반드시 무속음악과 무가가 연주되었고 주술식 주문呪文을 이 곡에 맞추어 읊으면서 진행되었다. 한국에서는 지금도 굿을 할 때 무녀가 춤을 추면서 다양한 가요를 신가로 부르고 있다.

영신무迎神舞가 신무가와 함께 펼쳐진 뒤에 신이 내림하는 신행가神幸歌를 부르는 것이 굿의 순서이다. 이것은 완전히 주술적인 가사로 되어 있어 쉽게 해독할 수는 없지만 마찬가지로 나이토 슌스케의 《분로쿠·게이초 전쟁에서 잡힌 포로들의 연구》에서 〈어신행축사御神幸祝詞〉를 여기에

---

11 굿은 한국에서 무당이 행하는 액풀이의 무속으로 한국전쟁 전에는 한국 전역에서 성행하였다.

옮겨 써보도록 하겠다. 괄호 안에 일본의 가타카나로 쓰인 부분은 조선어임이 틀림없으나 내용을 알기는 어렵다.

옥산신사 〈어신행축사〉

원문	역문
一,	一,
タイ韓魂昭視(ハンホンソーシ)	神よ照鑑あらせ給へ
	한혼(한국의 신령님)이시여 굽어보소서.
昭代八路(ソタイバンロツ)ピントラ	御代の八路(朝鮮)を転つと廻って
	임금이 다스리는 팔로(조선)를 돌고 돌아서
クイムルホロソニホロ	何の爲にか客となり
	웬일인지 객이 되어
タニホロツソルホロヅネ	歩くばかりを業として
	걷기만 하는 것을 업으로 삼아
ヘイモククイクルホンホ	働いて食ひ, 貴くなるやうに
	일해서 먹고 귀해지도록
コエソサルアリキソサル	可愛がり給へ, 教へ給へよ.
ロク(ソカ)ムン(ナカ)ギ	불쌍히 여기소서, 가르쳐주소서.
世尊(セイチツム)キベツチヤンチ	皆さん, その世尊に詣りませう.
	여러분, 부처님을 참배합시다.

ムタマホイトヒコヒトリ	何だって故なしによくなりやせぬ
	무엇이든지 이유 없이 좋아지지 않
	습니다.
チヒトソネト	家にでも山にでも
	집에서나 산에서나
ソクテンチヨブテンチ	間引くも, 又蒔くも
	솎아낼 때도 씨 뿌릴 때도
ヨタンツクブリアンガスミチヤンホ	行く末かけて尽きぬ幸を祈ります
	앞으로 끝없는 행복을 빕니다.
イコースボリ	此處は林よ
	여기는 숲이오.
ナムトベコトムルガトツトリトベコナ	森も見ゆれば, 石段も見える
	숲도 보이고 돌계단도 보인다.
オウリドツバ	お― 我等を助け給へ
	오! 우리를 도와주소서.
トリスル盞對(チンダ)ホコ	くるくる廻りの杯で
	돌고 도는 술잔으로,
ハルナマデ(ナカ)モチウナ	飲まうや, 濁り酒
	마시자 막걸리를.
ムデモヨイシナ	氏子諸共打揃い
	같은 조상을 모시는 마을 사람들이
	모여,

ムデモスウヂムネ	皆々受くる獨り酒
	모두 모두 받아 마시는 막걸리.
イランダイキランダイ	こうぢや,あゝぢやと言うたとて
	이렇다, 저렇다 말하지만
オウナムセイトムキブコ	あゝ鳴く鳥も楽しけりや
	아! 우는 새도 즐겁겠구나.
ソネツサムトラスコ	山に泉も湧き出づる
	산에는 샘도 솟는다.
イマハントリコダ	此れで先づ廻るまいぞや
	이것으로 먼저 돌지도 않으리.
ヤボマルヤセキリヤセ	モシモシ止めよや,そうしませう
	여보시오, 그만합시다. 그렇게 합시다.
山(ソ)ネンカンドリチン(ルカ)ガンドリ	山に行っても道歩いても
	산에 가도, 길을 걸어도
オヒコトムオノボリスボイロニ	あゝ此處は何處の野ぞ森ぞ
	아! 여기는 어디 들인고, 숲인고?
サクヘ(サカ)モンホウセムスタン	ゆうべあしたにやろうや何でも
	저녁이나 내일 하자. 뭐든지
田地(テンチ)ナンブルクロエダキ	田地は殖えて,蚕,魚の
	논밭은 불어나서 누에와 물고기의
セキチヤクチヤク	子がつきせぬ,つきせぬ
	새끼가 끝없네, 끊이지 않네.

スポイロニモノ	悲しうなる，云ふをやめよ
	슬퍼지니 말하지 마소.
コナンボンコナムヂ	去る花の，花の樹ぞ
	지는 꽃의, 꽃의 나무로구나.
ナンナシトロシ(セカ)	めいぬいに遊ぼうや
	매일 매일에 노세.
ロコロノハ	遊び遊ぼう
	노세 노세.

二，	二，
シンダホコハルナンデモチウモ(ナカ)	心任せに飲まうや濁酒
	마음껏 마시는 탁주.
ムデモヨイシナ	氏子諸共打揃い
	같은 조상을 모시는 마을 사람들이 모여,
ムデモスヂムネ	皆々受ける濁酒
	모두 받아 마시는 탁주.
イランダイチランダイ	モウぢや，そうぢやと言ふたとて
	이렇다 저렇다 말했어도,
ウネムセイトムチブコ	鳴く鳥も楽しけりや
	우는 새도 즐겁겠구나.
ソネツサシムトラスコ	山に泉も湧き出づる
	산에 샘도 솟는다.

イマハントルコタ	此れて先づ廻るまいぞ(土着の意)
	이것으로 먼저 돌지 않으리?
ヤポマルヤ(ネカ)セチリヤセ	モウシモウシ止めよやそうしませう
	여보, 여보, 그만합시다, 그렇게 합시다.
ソネンカンドリチリカンドリ	山に行っても, 道歩いても
	산에 가도, 길을 걸어도
オノポリスポイロニ	何處の野ぞ森ぞ
	어디 들인고, 숲인고?
オノコナ(スカ)ンコンコナムリ	何れも美しき花の木ぞ
	모두가 아름다운 꽃나무로구나.
ナンナチドロシロコロノハ	それぞれに遊び遊ぼぅや
	각각 노세, 노세.
オクサン(ルカ)グ根本(グンバン)チオ	來ては住ひ根拠をたみめ
	와서는 살고, 근거를 말 말고
ソンニンブンテセツブン	客が主となった気で(本來)
	객이 주인이 된 기분으로(본래)
山坂(ソンバン)ソロイロニ	山や畠を互に開墾しませう
	산이나 밭을 서로 개간합시다.
アイサ(ソカ)サ後(フイ)カ	あゝ続かせ給へよ, 後は永遠に
モン(ルカ)ダケ	아! 늘 계속되게 하소서, 후에도 영원히.
タブリフイソササ(ソカ)サ	皆の者を守り給へ
	모든 이를 지켜주소서.

왼쪽의 조선어는 해독이 어렵다. 이미 일본어와 섞여서 많이 변질되었기 때문이다. 오른쪽의 역문도 제멋대로 왼쪽의 조선어를 이해하고 해석한 것이다. 따라서 문맥도 통하지 않고 다른 굿의 축문처럼 전체의 의미도 잘 알 수 없다. 다만 '오노리'나 다른 가사를 혼합하여 번역한 것으로 보인다. "이곳 나에시로가와에 객혼客魂으로 와서 산을 개간하여 밭을 만들고 주인처럼 살게 되었다"라는 피랍인들의 의중을 은연히 표하고 있다.

4. 〈학구무의 노래〉

앞서 인용한 신무라 이즈루 박사의 전게 논문에서도 옥산묘의 제사 때 산무악山舞樂의 하나로 조선의 노래를 불렀다는 점을 언급하였다. 더욱이 《사쓰요왕반기사》의 같은 곳에는 "또 선조先祖 전래의 학춤과 창가는 조선말로 노래를 부른다. 이 무용은 태수太守가 참근교대參勤交代로 통과할 때도 상행과 하행의 모두에서 반드시 이 마을에 머물면서 학춤을 구경하는 것이 가례嘉例이다. 그렇기 때문에 마을 중간의 왼쪽에 오카리야御仮屋가 있어, 태수가 통행하기 전에는 무인舞人과 노래 부르는 자가 함께 미리 연습을 한다"라는 기사가 있다.

이 기사로 보면 이 노래는 옥산묘의 제사 때만이 아니라 사쓰마 태수가 참근교대 때문에 통행할 때, 나에시로가와에 들러 오카리야에 머무를 때에도 이 지역의 사람들은 조선 전래의 학鶴과 구龜의 무창가舞唱歌를 부르면서 학과 거북의 춤을 선보였던 것을 알 수 있다. 이 학춤은 학구무라고도 말하는데 학구무라는 것은 쓰루鶴와 가메龜의 2조로 나뉘어 수십 명의 사람들이 북[太鼓], 장구[小鼓], 징[大金], 소금小金 등을 들고 원을 그리면서 나는 듯이 기복진퇴起伏進退하는 춤이어서 붙인 이름이라고 한다.

이때 부르는 노래가 〈학구무의 노래[鶴龜歌]〉인데 장사훈 선생은 그것의 1절을 《한국음악사》(1976)에서 인용하고 있다. 이 세 개의 노래 가사가 지금도 옥산신사에 전해져 신사神社의 사사社司인 마쓰다 미치야스가 소장하고 있었다고 한다.

나이토 슌스케의 《분로쿠·게이초 전쟁에서 잡힌 포로들의 연구》에서도 옥산신사 〈신무가神舞歌〉의 4절과 옥산신사 〈어신행축사御神幸祝詞〉의 3절 및 〈학구무의 노래〉의 4절이 수록되어 있다고 앞에서 언급한 바 있다. 여기에 〈학구무의 노래〉를 옮겨 쓰면서 가타카나로 쓰인 조선어를 현대어로 풀어서 한글로 표기하면 다음과 같다.

〈학구무의 노래〉

① 來日今日　　ヲヲルナリイヲノリラ　　올 날이 오늘이라[12]

　　毎日如今日　マイルイトナヲノリラ　　매일도 오늘이라

　　日者暮亦　　ナルノンチエムルト　　날은 저물어도

　　曙盆如今日　セイトロクヲノリラ　　새도록 오늘이라

　　今日如今日　ヲノリヲノルイコツルミヨム　　오늘이 오늘과 같으면

---

12 한글 부분은 가타카나로 적힌 것을 유추하여 적은 것이다. 이하 같음.

何世如也	ムスンセイロカツライ	무슨 세로 같으랴

②
是遊哉遊哉	イリトノサイノサノ	이리도 노세 노세
彼彼遊哉遊哉	チエリチエリノサイノサイ	저리 저리 노세 노세
我房家外	ウリイハンチフワスタイ	우리 방 집 바끽
遊木盛	ノサイナムキセットンタ	노세 남기 셋튼다
如壱出	ハンカハイチヤコツライナヤシヤ	한가지로 나샤
暮曙遊哉	チエムチサイノサイ	져므나 새나 노세

③
南山松閑	チムサンウイノルイハント	남산 위의 솔이 한도
每松鶴居與	シルイマタハクハンツルカ	솔이마다 학 안즐가
西山日閑	セイサンスイナリハントドル	서산의 날이 한도
每日爲此也	ナルマタイヲホロヲ	남마다 이러하랴
況	ハヲムルイミヨムヒヤ	하물며
能生日故	サルサンヌイナリケソナリロソ	새로 생긴 날이거니
暮曙遊哉	チエムナサイノサイ	져므나 새나 노세 노세

④
山好水好處	サンチユコムルヂフヌコルイシイ	산 좋고 물 좋은 골에서
盞執直坐	サンヌルサハコンナアンサ	잔을 잡고 곧처 안자
彼處視	チェトコイホロニ	제도 곳을 보니
彼山好處有	チェサンタイチヨフンコルイシラ	저 산에도 좋은 골이 이시랴
彼山處	チエサンタイヤチヨフンゴルイ	전 산등에도 좋은 골이

230

不遊何爲	アニノルコヲシタハリ	아니 놀고 엇더하리

〈학구무의 노래〉는 한글로 쓰인 부분만을 제외하면 교토대학에 소장된 〈조선가〉와 거의 같은 가사로 되어 있다. 따라서 장사훈 선생이 전게서에 수록한 것과 후지이 시게토시가 일본어의 저본底本으로 한 것도 아마도 이 가사일 것이다.[13]

그러나 〈학구무의 노래〉와 전게한 〈조선가〉의 표기에 보이는 가나仮名로 된 조선어 발음 표기를 비교한다면 〈학구무의 노래〉 쪽이 잘못이 많다. 따라서 나에시로가와의 피랍 조선인 후예가 춤을 춘 학구무는 조선에서 잘 알려진 춤이었음이 틀림없지만 그때에 부른 노래는 후대에 변화를 거친 것임을 알 수 있다.

전게한 《통항일람》(권103), 게이초 12년(1607) 조에도 "태수가 참근교대를 위해 통행할 때에는 예부터 늘 배알拜謁을 하고 조선 춤을 춘다"라는 기사가 있다. 또 "쓰루가메鶴龜의 춤을 출 때에는 〈심방곡〉에 맞춰 노래를

---

13 나이토 슌스케의 전게서에 실린 〈학구무의 노래〉와 장사훈이 참고한 것과는 미세한 차이가 보인다. 장사훈이 인용한 것은 〈학구무의 노래〉의 1절뿐인데 여기에 옮겨 쓰면 다음과 같다.

① 來日今日 ヲカルナリ イ키ノ リラ   每日如今日 マイ니トト 키ノリラ

　日者暮亦 ナルン チュム니ト   曙盆如今日 セイトロク 키ノリラ

　今日如今日 키ノリ 키ノル이コツル이 ミ ヨム   何世如也 ムスンセイ 로カンライ

장사훈은 이 자료에 대해서 "필자(장사훈)가 일본 사쓰마도기의 종가, 14대 심수관으로부터 입수한 현립 가고시마공업고등학교鹿児島工業高等學校 사회과社會科의 등사본謄寫本을 나에시로가와 자료에서 인용하였다"라고 말하고 있다. 한편 후지이는 전게 논문에서 마쓰다 미치야스가 소장한 원본은 보지 않았지만 마쓰다의 〈옥산신사 고려 신무의 원류를 찾아서玉山神社高麗神舞の原流を探して〉라는 논문에서 이 자료를 인용했다고 말하고 있다. 따라서 이 세 개의 〈학구무의 노래〉는 대략 동일계통의 것으로 마쓰다의 소장본에 바탕을 둔 것으로 보인다.

부른다. 이 노래의 가사가 조선어로 불린 것 같다"라는 기록도 있다.

이에 대해서는 〈유래기〉의 나에시로가와의 박평의(6대)가 분세이文政 6년(1823) 12월 21일에 쓴 부분에 다음의 기사가 있다.

차야茶屋의 마쓰松라고 부르는 곳에 찻집[御茶屋]을 건설하시고 도자기 점포[燒物店]에 공납미 일석壱石씩 한슈藩主의 창고로부터 건네주시고 감주甘酒 및 소주燒酎를 준비하여 사시미生肴와 같은 것을 한슈의 조리사를 시켜 건네도록 했다. 그리고 미소味噌(된장), 쇼유醬油(간장), 제도구諸道具, 시나모노品物는 관청[御春屋]으로부터 건네도록 했다. 그렇게 하여 당장 있는 물건들까지 [그곳에서 당장에 모을 수 있는 물품들만 모두 모아, 구시야키串燒라고 부르는 것을] 준비하여 오차야점御茶屋店을 차리도록 분부하셨다. 신神에게 바치는 무용舞踊은 이 오차야御茶屋에서 이루어진다. 여자들이 15명씩 나와 조선의 노래를 부른다. 여자들에게는 상의를 미리 준비해준다. 또한 청동青銅을 300필三百疋 하사한다. 남자들에게는 무용에 참가한 사람 숫자만큼 술을 하사했는데 겐로쿠元祿 시대부터 중지했다.

이것에 의해 겐로쿠 시대(1688~1704) 이전까지 학구무가 끝나면 태수太守로부터 사례로 청동青銅을 받은 것을 알 수 있다.

교토대학에 소장된 나에시로가와의 조선어 학습 자료인 《한어훈몽》(분큐 4년, 1864년 서사書寫)의 권말에도 학구무의 가사와 동일한 가사의 일부가 게재되었다는 것은 앞서 언급한 바가 있다.

앞에 게재한 [사진 12]에도 보이지만 가사에 이어서 그 가사의 주注로 서 "이 노래는 조선어로 부르며 태수님이 참근교대할 때도 상행과 하행 모두 태수님 앞에서 남자 40~50명이 춤을 추고, 여자 15명 어른, 청소년, 어린아이가 본국의 풍속대로 [상의는 태수님이 미리 하사하신다] 가요를 부른다. 여자들에게는 청동 3,000필三千疋을, 남자들에게는 청동 1,000필 을 하사하시는 것이 구례舊例이다"라고 적혀 있다.

이 기록들에 의하면 태수太守의 참근교대 때에 나에시로가와의 조선 의 복을 입은 사람들이 무용에 맞춰서 이 노래를 불렀음을 알 수 있다. 이때 태수는 여자들에게는 청동 3,000필, 남자들에게는 청동 1,000필을 구례舊 例에 따라 하사했다는데 이것은 앞에서 말한 〈유래기〉의 청동의 양보다 열 배 정도 늘어난 것이다.

청동을 하사하는 것은 〈유래기〉의 기사에 의하면 겐로쿠 시대 이전까지 이므로 이는 아마도 잘못된 기록이거나 후에 다시 재개된 것을 쓴 것일 것 이다. 한편 나에시로가와의 문서인 〈소역일기〉에는 고카弘化 2년(1845) 3월 12일에 생긴 사건을 다음과 같이 기록하고 있다.

동同 12일

종석宗碩: 태심泰心·현익玄益, 운남雲南: 리덕利德 신新

수열壽悅: 이열伊悅

태윤泰潤: 정열正悅·금단金丹, 조단早丹: 용설用雪 치치治

태수께서 영지에 내려오시다.

오늘 七つ時(오후 4시경) 건강하게 도착하셔서서 즉시 전례대로 신에게 바치는 무용·舞踊 및 여자들의 노래를 친히 보시고 七つ半時分(오후 5시경)에 아무 탈 없이 잘 종료했다.

一, 전례대로 고려떡〔高麗餠〕을 하나 진상해드렸다.
一, 청동青銅 80돈疋, 나에시로가와 야쿠닌 3명,
 오카리야카미御仮屋守 1명,
一, 청동 300돈, 가요歌謡 여자들에게 위와 같이 하사하셨다.

위의 두 군데에 문후인사를 드리러 전례대로 고려떡 한 시루씩과 茶家(菓?, 다과) 두 개씩을 진상하고 야쿠닌 박수열朴壽悅과 구미가시라與頭 박정열朴正悅이 물러났다.

이에 의하면 한슈가 이 지역을 들러 오카리야御仮屋에 머무를 때 통상적으로 신무용神舞踊을 관람한 후에 가요를 부른 여자들에게 청동 300필을 하사했던 것을 알 수 있다. 한슈가 학구무를 관람하고 무용수들에게 청동을 하사하는 것은 〈유래기〉에 의하면 겐로쿠 시대에 일시적으로 중지되었으나 〈소역일기〉에 의하면 다시 재개된 것을 알 수 있다.

〈조선가〉(이하 〈조〉)와 마쓰다 소장의 〈학구무의 노래〉(이하 〈학〉)를 비교하자면 언문 표기가 없어진 것뿐만 아니라 한자의 오른쪽에 가타카나로 기록된 부분에도 다른 점이 있다. 먼저 ①의 제3구를 보자.

〈조〉ウリイハンチフハスクイ我房家外

〈학〉ウリイハンチフワスクイ上同

　이와 같이 〈조〉에서는 'チフハスクイ—집 밧긔'가 〈학〉에서는 'チフワ
スクイ—집 왓긔'로 양쪽의 표기가 다르다. 이것은 조선어의 '집 밧긔(집
밖의)'를 표음한 것으로 〈조〉의 표기가 맞다. 〈학〉은 잘못 표기되었거나 아
니면 옮겨 적는 과정에서 생긴 오자誤字일 것이다.

　또한 ③의 제1, 2, 3, 6구에도 마찬가지로 차이점이 보인다. ③의 제1구
는 〈조〉의 "ナムサンウイソルイハント— 남산의 솔이 한도"의 'ソル(솔
〔松〕)'가 〈학〉에는 'ノル(노루)'로 되어 있어 서로 다르다. 그러나 이것도
〈학〉이 잘못된 표기이다.[14] ③의 제2구도 〈조〉의 "ソルイマター 솔의마다
〔每松〕"가 〈학〉에서는 "シルイマター 시리마다"(아마도 솔의마다의 잘못일 것임)
로 되었고 제3구도 〈조〉의 "セイサンヌイ—서산 누의(西山 위에)"가 〈학〉에
서는 "セイサンスイ—서산싀"로 잘못 표기되어 있다.

　③의 제6구는 한자의 본문이 '能生日故'여서 〈조〉에서는 "サルサンケン
ナリロソー사루 산겐 나리로소(새로 생긴 날이구나)"로 표기했고 〈학〉은 "サル
サンヌイナリケソナリロソー사로 산긴 게난 나리로소"로 표기했다. 이것
은 아마도 "サルサンケナンナリロソー사로 생긴 나리로소"의 'ナン—난'(현
재를 나타내는 연체형 어미)을 삽입하려는 과정에서 잘못 표기되었을 것이다.

---

14 〈학〉의 'ノルイハント'는 '놀이 한開도'라는 의미로 볼 수 있어 반드시 잘못되었다고 말할 수는 없지만
한자의 표기가 '송한松開'이므로 이것도 오기라고 추측된다.

④에도 서로 다른 점이 많다. 제1구는 〈조〉의 "サンチエコー산 져코(山好)"가 〈학〉에서는 "サンチユコー산 쥬고"로 되어 있는데 〈학〉이 〈조〉의 잘못을 바로잡고 조선 남부의 방언이 들어가 바뀐 것이다. 같은 곳의 〈조〉의 "ムルチエフヌー물 져흔(水好)"은 〈학〉에서는 "ムルヂフヌー물 조흐누"로 표기되어 있는데 역시 〈학〉에서 잘못을 바로잡아 조선어의 '물 좋은'을 표음한 것이다.

이것은 중세 조선어의 '둏(好)'이 근대 조선어에서는 '좋'으로 구개음화된 발음의 표음인데 〈학〉의 표음은 발달한 구개음을 반영한 표기일 것이다. 이 구의 마지막에 있는 〈조〉의 "イシヲー이쇼"는 〈학〉에서는 "イシイー이시"로 되어 있다. 〈조〉의 "イシヲー이쇼"의 'ヲ'는 아마도 조선어의 연결어미 '어(-ə)'를 나타내는 표기였는데 〈학〉에서는 '이시(有)'의 어간만을 표기한 것으로 보인다.

④의 제2구도 〈조〉의 "コンチアンサー곤지 안자(直座)"가 〈학〉에서는 "コンナアンサー곤나 안자"로 남부 방언의 구어체를 사용하고 있다. 제3구는 〈조〉의 "チエトコイホニロー제도 고이 보니로(彼處視)"가 〈학〉에서는 "ホロニー보로니"로 적혀 있는데 이것도 〈학〉이 오기이거나 아니면 잘못 옮겨 적은 것으로 보인다. 'ボニロ―보니로'는 '보다(見)'의 남부 방언의 연용형 連用形이다.

제4구의 '彼山好處有'의 표기는 〈조〉에서는 "チエサンヌイー저 산에"라고 표기하고 있지만 〈학〉에서는 "チエサンタイー저 산의 대에"[15]라고 되어 있어 서로 다르다. 제5구의 '彼山好處'의 가나 표기에도 같은 차이점이 보인다.

236

이러한 〈조선가〉와 〈학구무의 노래〉를 비교하면 마쓰다 미치야스의 소장으로 나이토 슌스케의 전게서에 수록된 〈학구무의 노래〉보다 교토 대학의 〈조선가〉가 더 정확하게 가사를 기록하고 있다고 할 수 있다.

---

15 'サンタイ―산 대'의 표음은 본래 조선어의 중부 방언에서는 '산 등[san-tɯŋ]'이었지만 여기에서는 말 음末音의 비음鼻音이 생략되었거나 혹은 남부 방언의 반영이라고 생각된다.

朝鮮歌

7 장

조선 전기의 가요
〈오ᄂ리〉와 〈조선가〉

지금까지 살펴본 바에 의하면 나에시로가와에 전해지는 조선가요로는 첫 구를 비교하면 교토대학 소장의 "오올 나리 오느리라來日今日"의 〈조선가〉와 《한어훈몽》 부록에 게재된 "오느리 오느호이라今日今日", 그리고 옥산신사玉山神社에 전해지고 있는 "오느리 오느리라, 오느ー리라オノリオノリラ, オノーリラ"의 세 종류가 있음을 고찰하였다.

이들 노래의 가사는 언제 만들어진 것이며 어떻게 하여 나에시로가와의 조선인들에게 전승되었는가? 이 노래는 조선에서, 그것도 남원에서 유행하던 것으로 나에시로가와 도공들이 왜란에서 피랍되기 전에 고향에서 널리 부르던 노래였음은 상상하기 어렵지 않다. 실제로 이 노래가 조선에서 어떻게 유행했는지 살펴보기로 한다.

1. 안상《금합자보》의 〈오느리〉

조선 전기, 즉 임진왜란 이전인 선조 5년(1572)에 개판開板된 안상安瑺의
《금합자보》의 평조平調 만대엽慢大葉에 〈조선가〉의 노래와 거의 같은 종류
의 가사 1절이 보인다. 여기에 옮겨보면 다음과 같다.

> 오느리 오느리나
> 믜일에 오느리나
> 졈므디도 새디도 오느리새리나
> 믜일 댱샹의 오느리 오쇼서

《금합자보》의 〈오느리〉가 실린 평조 만대엽의 모습은 [사진 14]와 같
다.《금합자보》는 조선 명종明宗 16년(1561)에 당시 장악원掌樂院의 첨정僉
正이었던 안상이 그때까지의《합자보合字譜》를 개수改修하여 허억봉許億鳳
의 적보笛譜, 이무금李無金의 장고보杖鼓譜를 첨가하여 새롭게 편집한 것
으로 거문고(玄琴)의 합자보合字譜뿐만 아니라 다른 악기의 총보總譜와 같
은 역할을 하였다.

《금합자보》는 선조 5년에 간판된 목판본으로 지금은 세상에 단 한 편밖
에 없다. 필자가 참고한 것은 한국의 유명한 서화書畵 수집가였던 고故 간
송澗松 전형필全鎣弼에 의해서 수집되어 간송미술관에 진장珍藏된 간본이
다. 이 고서는 한국의 보물 제283호로 지정되어 있는데 이처럼 귀중한 책
을 필자에게 보여주고 복사까지 허락한 간송미술관 관계자 여러분께 감

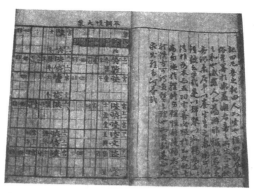

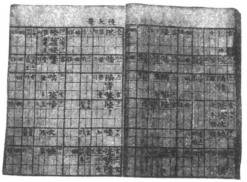

[사진 14] 《금합자보》 평조 만대엽의 〈오누리〉

사를 표한다.

《금합자보》의 기초가 된《합자보》는 이규경李圭景이 지은《오주연문장전산고五洲衍文長箋散稿》의 〈속악변증설俗樂辯証説〉(권19)에 의하면 조선 성묘조成廟朝에 문사文士 성현成俔이 당시 전악典樂이던 박곤朴棍과 김복근金福根 등과 함께《사림광기事林廣記》,《대성악보大晟樂譜》등에 의거하여

자기의 마음을 실어 손톱으로 치는 법과 현絃 및 금주琴柱의 순서 등을 문자[符號]로 표기하면서 악보로 만든 것이라 한다.[1]

더욱이《악학궤범》에도 현금[琴] · 가야금伽倻琴 · 당비파唐琵琶의 합자보合字譜에 관한 설명이 실려 있다. 이것에 의하면《금합자보》의 합자合字는 앞에서 언급한 대로 조선 성종成宗 때에 장악원掌樂院 제조提調였던 성현에 의해서 작성되었다고 보아야 할 것이다. 따라서《금합자보》는 조선에서 간행된 가장 오래된 현금玄琴 악보로서 오음五音 · 합자合字 · 육보肉譜의 세 가지 방법을 취해 만든 악보였음을 알 수 있다.

악보樂譜 다음에 가사가 한글로 적혀 있고 이어서 적보笛譜가 오음악보五音樂譜와 육보肉譜로 기록되어 있다. 마지막에는 장고杖鼓(장구) · 고고鼓鼓(북)의 순으로 오음악보와 육보가 기록되어 있다. 그렇지만《금합자보》라는 서명을 붙인 것은 주로 현금의 악곡을 합자에 의거해서 적었기 때문이다.

합자에 의거해 악보를 적는 것은 매우 편리한 방법으로《악학궤범》의〈현금玄琴〉조에 사용한 합자의 예를 하나 들면 "왼손의 집게손가락으로 대현大絃의 다섯 번째 금주琴柱(棵라고 함)를 누르고 제5현弦을 매끄럽게 퉁기는 것을 '㘴'라고 적는다"라고[2] 하는 것에서 볼 수 있는 것처럼 수많은 부호符號(字라고 한다)를 만들었고 이 기호들을 모아서 현絃의 이름과 금주

---

1 이에 대해서는《오주연문장전산고》〈속악변증설〉에 "合字譜, 成俔爲楽院提調年, 典楽朴輥, 臣金福根 等, 依事林廣記, 大晟楽譜等書, 用備規參巳. 意以指爪之法, 幷絃柱之次第, 合諸字爲之譜. 收其擢而爲 之聲, 用其綱而爲之邦, 曰玄琴合字譜. 如伽椰琴, 唐琵琶, 凡有線者, 皆類推而譜之絶総, 題其目曰合字 譜. 刊行於世, 今之吹弾"이라는 기사를 참조할 것.

2 '㘴'에 대하여는《금합자보》의〈금보합자해琴譜合字解〉에 "㘴 者 스르랭, 自文弦畫亟武弦小停, 而力 畵之也"를 참고할 것.

琴柱의 순서, 왼손의 치는 방법, 발목撥木의 사용 방법 등을 일괄하여 기록한 것이 합자법合字法이다.

이러한 악보가 실제로 곡의 악보를 적을 때 어느 정도 유용한 것인가에 대해서는 《금합자보》의 서문에 "거문고(琴)를 배우려고 뜻을 두었으나 스승이나 친구를 얻을 수 없으면 이를 얻어 보라. 좋은 스승이 옆에 있는 것처럼 확실하게 알 수 있도록 하나둘을 지시해서 어려운 곳이 없다有志學琴, 而未得師友者, 得此而観之. 則有知明師在傍, 指示一二, 無有難處矣"라고 적은 대로일 것이다.

《금합자보》는 안상의 서문에 의하면[3] 종래에 사용해온 합자보合字譜의 불비한 점을 개수改修하고 적보笛譜와 장고보杖鼓譜 및 고보鼓譜를 첨부해 현금玄琴과 적笛의 합자보에 '육보肉譜'를 함께 수록하는 등, 이러한 점들을 종합하여 총보總譜로서의 체재를 갖추고 있다.

《금합자보》의 목차는 '금보서琴譜序, 금도琴圖(調絃法 및 執匙圖), 장고보(杖鼓譜 및 鼓譜), 적안공법笛按孔法, 금합자해琴合字解, 평조平調 만대엽慢大葉, 정석가鄭石歌, 한림별곡翰林別曲, 감군은感君恩, 평조북전平調北殿, 우조북전

---

3 《금합자보》의 〈금합자보서琴合字譜序〉에서 해당 부분을 옮겨 쓰면 "餘於嘉靖五十四(1561), 爲掌楽僉正, 観其試工譜冊, 棄古之合字譜. 而只有上下卦次, 無用匙之法, 在初學不可暁也. 於是使楽師洪善終, 取當時加指曲若干調, 改修合字譜. 又使許億鳳爲笛譜, 李無金爲瓯鼓之譜. 而並録其歌詞肉譜, 盖善終諸遠譜法, 而李許二工以笛瓯鳴於世者也. 一点一画音律具備, 而優柔和淡發, 皆中節方之古譜, 亦未多讓知此譜, 則雖使鼓絃鏗鏘歌管迭作, 而聞之不亂其於辯別奪倫明若観火矣. 然雖有此譜而未知合字之規, 則亦若面墙. 茲著合字注解, 以附卷上, 僻在遐方, 有志學琴而未得師友者, 得此而観之, 則有如明師在傍指示一二, 無有難處矣. 隆慶壬申, 竹溪安瑺書"와 같다.

羽調北殿, 여민락與民樂(目海東章至鳴呼章), 보허자步虛子, 사모곡思母曲(界面調), 당비파도唐琵琶圖, 탄금수법彈琴手法, 이용비파법利用琵琶法, 비파법琵琶法 (合字解, 指法, 彈法, 調絃), 만대엽慢大葉' 순으로 나열되었다.

또한 이것과 같은 내용의 실명씨失名氏의 시조時調도 있는데 그것을《진본청구영언珍本靑丘永言》[4]에서 인용하면 다음과 같다.

오ᄂ리 오ᄂ리쇼셔, 미일에 오ᄂ리쇼셔
졉그디도 새디도 마르시고
새라난 미양 장식에 오ᄂ리쇼셔

이 시조는《교주해동가요校注海東歌謠》와《근화악보槿花樂譜》[5]에도 수록 되었다. 이들 가집歌集에 수록되어 있는 점을 참고로 하면《금합자보》의 평조 만대엽에 보이는〈오ᄂ리〉의 가요는 조선전기, 즉 임진왜란·정유재 란 이전부터 조선에서 널리 유행한 시가임을 알 수 있다.

시조집인《청구영언靑丘永言》과《해동가요》와《근화악보》같은 가요집 에 수록된 가사의 내용을 비교하여 보면 이 노래는 매일 오늘과 같은 평

---

4 《청구영언》은 조선의 영조 4년(1728)에 김천택金天澤이 편찬한 시조 가사집으로 고려 말기에서 조선 중 기까지의 시조 998수를 수록하고 있다. 《진본청구영언》은 현재 전해지는 이본異本 중에서 가장 오래 된 간본이므로 '진본珍本'이라는 이름을 붙인 것이다. 오장환吳璋煥의 구장본舊藏本이기도 해서《오씨청 구영언吳氏靑丘永言》이라고도 부른다. 이 책에는 580수의 시조만이 곡조曲調에 따라 분류되어 배열되어 있다.

5 《교주해동가요》는 마에마 교사쿠의 수고본手稿本인《교주가곡집校注歌曲集》에 수록된 것이고《근화악 보》는 편자와 편찬연대가 미상이지만 정조 3년(1779), 또는 헌종 5년(1839)에 간행되었다는 설도 있다.

화로운 날이 계속되기를 바라는 내용의 가사임을 알 수 있다. 왜란에 희생되어 일본으로 납치된 조선인들에게는 정말로 가슴에 와닿는 가사로서 평화를 기원하고 전쟁을 혐오하는 반전反戰의 노래였을 것이다.

2.《양금신보》의 속칭 〈심방곡〉

유사한 가사가 광해군 2년(1610)에 남원에서 개판開板한《양금신보》에도 수록되어 있다. 이 책은 악사樂師 양덕수梁德壽가 임진왜란을 피해서 남원에 임시로 거처하고 있을 때 그의 친구인 임실任實 현감縣監 김두남金斗南의 권유로 간행한 것이다.

이 금보琴譜는 양덕수가 지금까지의 여러 금보를 정리하여 남원에서 간행한 것이라고 김두남의 후서後序에 설명되었다.《양금신보》의 권말에 부록된 김두남의 후서에는 만력萬曆 경술庚戌(1610)이란 간기가 있다. 이를 사진으로 보이면 [사진 15]와 같다.

이 책에는 전부 9곡의 악보가 실려 있는데 만대엽慢大葉(樂時調), 북전北殿(平調界面調, 羽調界面調, 羽調 등은 北殿易楪뿐이다), 중대엽中大葉(속칭 心方曲), 중대엽, 중대엽(羽調), 중대엽(羽調界面調), 중대엽(平調界面調), 조음調音(俗稱 다스림), 감군은感君恩(平調 4篇)이 그것이다. 이 중에서 중대엽中大葉(속칭 心方曲)에 앞에서 지적한 시조와 동일한 시가詩歌가 실려 있다.

[사진 16]에 보이는 가사를 여기에 옮겨보면 다음과 같다.

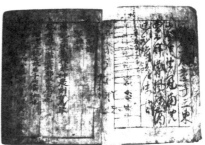

[사진 15] 《양금신보》의 권수와 권말의 김두남 후서

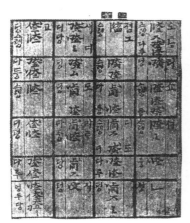

[사진 16] 《양금신보》 중대엽의 속칭 〈심방곡〉

오느리 오느리쇼서

믜일에 오느리쇼서

졈그디도 새디도 마르시고

새라난(나는) 믜양 댱식에

오느리 오느리소서

이 가사는《금합자보》평조 만대엽에 수록된 가사와 실명씨의 시조 및 《양금신보》의 것과 비교해보면 부분적인 차이는 있지만[6] 동일 계통의 시가임을 알 수 있다.

그러면 어째서《금합자보》의 평조 만대엽에 수록된 것이《양금신보》에는 중대엽으로 실렸을까? 이에 대하여《오주연문장전산고》의〈속악변증설〉조에 다음의 기사가 있다.

동방(우리나라를 가리킴)의 가사는 대엽조大葉調라는 것이 있어 모두 같다. 그러나 이미 장단의 구별이 오래되었고 그 가운데 또 만慢, 중中과 여럿의 삼조三調가 있는데 이것은 본래〈심방곡〉이라고 불렀다. 만慢조는 너무 느려서 사람들이 싫어하여 없어진 지 오래이다. 중中조는 촉급해서 역시 좋아하는 사람이 없었다. 이제 통용되는 것은 곧 대엽大葉의 여러 가사이다. 그 속된 가사 1편이 삼조三調에 통할 수 있었다. 그러나 이것도 비속하여 도락

---

6 예를 들면《금합자보》의 '오느리나'가 '오느리쇼서'와 같이 정중한 표현으로 변했고 '믜일 댱샹'의 每日 長常이 '믜일 양댱식'의 每樣 長息으로 바뀌었다.

道樂이 아니다.

　東方歌詞, 有大葉調四方同. 然旣久長短之別, 其中又有慢, 中, 數三調, 此本號心

方曲. 慢者極緩, 人厭廢久矣. 中者差促, 亦鮮好者. 今之所通用卽大葉數詞也. 其俚詞

一篇可以通於三調. 然此本鄙俗不是道楽. 云云.

　이 기사에 의하면 조선의 가사에는 대엽조라는 곡이 있고 그중에 만
慢·중中·수數의 삼조가 있어 이들을 〈심방곡〉이라고 불렀는데 만대엽은
지극히 느린 곡이어서[7] 사람들이 좋아하지 않아 사라진 지 오래고 중대
엽은 조금 빠르지만 역시 좋아하는 사람이 적었다고 한다. 그리고 지금
현재 남아 있는 것은 대엽조의 몇 개 가사뿐이라는 것이다.
　이 기사에 의하면 《금합자보》와 《양금신보》 사이는 만대엽에서 중대엽으
로 바뀌는 시기라고 볼 수 있다. 거기다가 이 기사 중의 "그 속된 가사 1편
〔其俚詞一篇〕"이 만약에 속칭 〈심방곡〉, 즉 〈오느리〉의 그것이라면 이 가사
만이 만·중·수의 삼조로 통했기 때문에 이 노래가 폭넓게 유행했던 것이
아닐까 한다.

7　《양금신보》의 만대엽에 "慢大葉, 樂時調. 調音及慢大葉畵之之時, 先点文, 絃聲出, 然後仍畵所按之, 絃
　　聲可緩也"라는 기록이 있어 만대엽은 특히 느린 곡이었기 때문에 특별한 방법으로 연주했음을 알 수
　　있다.

3. 〈조선가〉의 제1연과 《금합자보》의 〈오누리〉

앞에서 왜란 때에 남원에서 피랍된 도공들이 일본 사쓰마의 나에시로가 와에 정착하여 일본의 도예사에서 유명한 사쓰마도기薩摩燒き의 주인공이 된 피랍 조선인들의 후예들이, 고국을 그리워하며 부르던 〈조선가〉가 실제로는 왜란 이전에 조선에서 유행한 속칭 〈심방곡〉으로 부르던 〈오누리〉에서 온 것임을 알 수 있었다.

앞의 6장에서 살펴본 바와 같이 《통항일람》 게이초 12년(1607) 조에 "태수가 참근교대参勤交代를 위해 통행할 때에는 예부터 늘 배알拜謁을 하고 조선 춤을 춘다"라는 기사 다음에 "쓰루가메鶴龜의 춤을 출 때에는 〈심방곡〉에 맞춰 노래를 부른다. 이 노래의 가사가 조선어로 불린 것 같다"라는 기사도 있다. 따라서 이때에 부른 가사가 앞에서 논의한 〈학구무의 노래〉이며 이 노래를 〈심방곡〉에 맞추어 부른 것이다.

물론 이 노래가 일본에서 〈조선가〉라는 망향과 반전反戰의 노래로 굳어지기까지 많은 시일이 흘렀고 따라서 노래도 세월의 흐름에 따라 변화되었다. 여기서는 조선의 〈오누리〉 원가와 일본 나에시로가와에 전래된 〈조선가〉를 비교하여 그 변화의 모습을 살펴보기로 한다.

앞에서 조선 전기에 한반도에서 유행하던 〈오누리〉가 《금합자보》의 평조 만대엽에, 그리고 《양금신보》의 중대엽에 속칭 〈심방곡〉의 가사로 수록되었음을 살펴보았다. 따라서 이 노래는 임진왜란 이전부터 조선에서 널리 불리던 노래였다고 추정된다.

특히 《양금신보》는 악사 양덕수가 임진왜란을 피하여 남원에 머물면서 친구인 임실 현감 김두남의 도움으로 그곳에서 간행한 악보로서 권두에 〈심방곡〉이란 이름의 〈오누리〉를 실었다. 따라서 이 노래는 그곳 사람들 사이에서 유행하던 노래임을 알 수 있다. 더욱이 정유재란 때에 남원에서 피랍된 도공들과 그 후예들은 자신의 고향에서 늘 부르던 노래가, 망향의 슬픔을 달래면서 함께 부르던 노래이며 나에시로가와에 전래된 〈조선가〉이자 〈학구무의 노래〉였음을 알 수 있다.

조선 남원에서 간행된 《양금신보》에 실린 〈오누리〉는 정유재란 당시 남원이 함락되었을 때에 이곳을 침공한 왜군의 시마즈군에 납치되어 사쓰마에 끌려간 도공들이 고향이 그리울 때마다 부르던 노래였다. 그리고 자연히 그의 후예들도 이 노래를 망향가로서, 그리고 평화를 갈구하고 전쟁을 혐오하는 반전의 노래로서 대를 이어 부르게 된 것이다.

이 노래가 〈조선가〉로서 옥산신사玉山神社에 전승되는 〈학구무의 노래〉로 구전되었고 이두식의 한자와 한글 및 가타카나로 기록한 〈조선가〉가 신무라 이즈루 박사에 의하여 수집되어 교토대학에 수장收藏된 것이다. 그리고 본서의 1장에서 언급한 대로 필자가 교토대학의 분에쓰에서 이 가사를 찾아보고 왜란의 참혹함과 피랍 조선인들의 한恨 맺힌 망향의 슬픔에 충격을 받았던 것이다.

적지敵地인 사쓰마에 끌려가서 외래인外來人에 가장 적대적인 이곳 원주민의 갖은 행패에 시달리면서 가고 싶어도 돌아갈 수 없는 고국을 그리워하며 부른 노래가 〈조선가〉이다. 실로 임진왜란의 참혹한 전쟁에 희생된 피랍 조선인들이 평화를 갈구하는 이 노래를 목청껏 부르며 쓰라린 적지에서의 슬픔을 달랜 것이 바로 〈조선가〉이고 또 〈학구무의 노래〉였던 것이다.

《금합자보》와 《양금신보》의 가사를 〈조선가〉와 비교하기 전에 먼저 〈조선가〉(이하 〈조〉로 약칭)와 《한어훈몽》의 권말에 첨기添記된 〈오느리〉(이하 〈한〉으로 약칭)와 비교하여 검토하기로 한다. 다만 옥산신사 전래의 〈학구무의 노래〉(이하 〈학〉으로 약칭)는 〈조〉와 거의 동일한 표기이므로 필요한 경우가 아니면 비교에서 제외한다. 이 두 가사는 앞의 6장에서 차례로 전문을 제시하였으나 논의 전개를 위하여 ①만 나란히 살펴보면 다음과 같다.

〈조〉의 ①

來日今日	ヲヲルナリイヲノリラ	오올 나리 오느리라
每日如今日	マイレイトナヲノリラ	밀이도나 오느리라
日者暮亦	ナルノンチェムルト	날은 쳐믈도
曙益如今日	サイトロクヲノリラ	새도록 오놀이라
今日如今日	ヲノリイヲノルイコツルミヨム	오느리이 오놀이 굿트면
何世如也	ムスンセイロカツライ	무스(슨) 셰로 굿트라이

〈한〉의 ①에도 비슷하지만 조금 다른 내용이 적혔다.

| 今日今日 | おのりおのほいら |
| 每日如今日 | まいるとなおのり |

日者暮 曉刀泉	なるぬんちよいむる [さいとろく]
今日如今日 妙者	おのりおのほいらこつるみやあぬん
何世如也	むすのせいろかすらい

이 두 가사를 비교하면 거의 동일한 노래의 가사임을 알 수 있다. 다만 〈조〉, 〈한〉의 두 노래에서 첫 구가 하나는 "오올 날이 오늘이라"(〈조〉)이고 또 하나는 "오늘이 오늘이라"(〈한〉)여서 서로 다를 뿐이다. 이 두 가사를 조선의 《금합자보》(이하 〈금〉으로 약칭)와 《양금신보》(이하 〈양〉으로 약칭)의 〈심방곡〉에 실린 〈오ᄂ리〉와 비교하면 적지 않은 이동異同이 보인다.

본서의 앞 장에서 고찰한 나에시로가와에 피랍된 조선인들에게 전승된 〈조〉, 〈한〉의 가사를 〈금〉의 〈오ᄂ리〉나 〈양〉의 〈심방곡〉과 비교하여 보면 아무래도 〈금〉의 〈오ᄂ리〉에 보이는 가사가 기본이 된 것 같다. 물론 〈양〉의 〈심방곡〉도 영향을 준 것으로 보이지만 전체 가사의 내용으로 볼 때에 〈금〉의 〈오ᄂ리〉가 왜란 때에 일본에 납치된 조선인들의 망향가로 불린 것으로 보아야 할 것 같다.

그러나 조선의 〈금〉과 〈양〉의 〈오ᄂ리〉가 일본에 피랍된 조선인들에게 전승될 때에 여러 변형이 있었던 것으로 보여서 많은 중요한 차이를 발견할 수 있다. 먼저 〈금〉의 〈오ᄂ리〉를 여기에 옮겨 현대어로 그 의미를 부연하면 다음과 같다. 일본어 원저에서 일본인 독자를 위하여 필자가 붙인 일본어 역문도 같이 소개한다.

오느리 오느리나	今日のこの日が今日のまま	오늘이 오늘이기를
미일에 오느리나	每日その日が今日のまま	매일이 오늘과 같기를
졈므디도 새디도	暮れもしないで明けもせず	저물지도 새지도 [말고]
오느리새리나	今日のこの日こそ	오늘이소서
미일 댱샹의	とこしえに	매일 장상長常에
오느리 오쇼서	今日のこの日であられかし[8]	오늘이 오소서

〈양〉의 속칭 〈심방곡〉에 실린 〈오느리〉는 좀 더 내용이 분명하다. 앞의 [사진 16]으로 본 〈양〉의 가사를 원문과 현대어 표기를 여기에 옮기고 그 내용을 설명하면 다음과 같다.

오느리 오느리쇼서	오늘이 오늘이소서
졈그디도 새디도 마르시고	저물지도 새지도 말고
새라난(나는) 미양 댱식에	새롭게 매양 같은 모습의
오느리 오느리쇼서	오늘이 오늘이소서

〈양〉의 〈심방곡〉은 〈금〉보다 후대에 기록된 것이라 중세 한국어가 아니라 17세기 초기의 근대 한국어를 반영하였다. 따라서 〈금〉의 가사보다 훨씬 알기 쉬운데 무엇보다도 '바라다'라는 뜻의 어미語尾 '-나'가 이미 이

---

8 이 가사의 일본어 번역에는 故 야스다 아키라 교수가 도움을 주었다. 근엄하던 평소와 달리 매우 부끄러워하면서 일본어 역문을 필자에게 전해주던 모습이 지금도 눈에 선하다.

시대에는 그 기능을 잃어버려서 역시 원망願望의 문장 종결어미 '-쇼서'로 바뀌었다.

〈금〉의 "오느리 새리나"를 〈양〉의 가사에서는 다음 구에 "새라나는(새로운)"으로 하여 새로운 오늘도 평화로운 날이 영원히 같기를 바란다는 뜻으로 고쳤다. 〈금〉의 원가가 미묘한 시적詩的 의미를 나타낸 것이어서 일본에 납치된 조선인과 그 후예들은 이를 제대로 이해하지 못하고 후대에 여러 가지 잘못된 가사로 바꾸었음을 알 수 있다.

일본 사쓰마의 나에시로가와에 전승된 〈조선가〉에 보이는 ①은 〈금〉의 가사와 혹사酷似하다. 6장에 인용한 〈조〉의 ①을 여기에 옮기고 일본어로 번역한 것도 다시 한국어로 번역한다. 한국어판에서는 일본어의 번역이 필요하지 않지만 이 책이 원저의 한국어 번역이므로 원저에 따라 일본어 번역을 다시 한국어로 번역하여 붙인다.

來日今日	ヲヲルナリイヲノリラ	오올 나리 오느리라
來る日が今日である		올 날이 오늘이다.
每日如今日	マイルイトナヲノリラ	밀이도나 오느리라
每日が今日であられかし		매일이 오늘이소서.
日者暮亦	ナルノンチェムルト	날은 쳐믈도
日は暮れるも		날은 저물었어도

256

| 曙益如今日 | サイトロクヲノリラ | 새도록 오늘이라 |
| 明けるまでは今日である | | 샐 때까지는 오늘이다. |

今日如今日	ヲノリイヲノルイコツルミヨム	오누리이 오늘이 굿트면
今日が今日と同じであれば		오늘이 오늘과 같으면
何世如也	ムスンセイロカツライ	무ᄉ(슨) 셰로 굿트라이
何の世で同じであろう		무슨 세상과 같을 것인가?

같은 〈오ᄂ리〉의 가사를 〈금〉과 〈조〉와 비교하면 〈조〉가 많이 변형되어 의미도 바뀌었음을 알 수 있다. 먼저 〈금〉의 첫 구 "오ᄂ리 오ᄂ리나"가 〈조〉에서는 "오올 나리 오ᄂ리라"로 변형되어 '올 날이 오늘이다來る日が 今日である'로 의미도 바뀌었다. 원래의 뜻은 오늘과 같은 평화로운 날이란 뜻이 '오는 날이 오늘이다'라는 실질적인 의미로 바뀐 것이다.

한국어 시가에서 '바라다'라는 뜻을 가진 '-나'의 의미는 근대 한국어에서 그 기능을 상실하였고 왜군에게 납치된 나에시로가와 도공들의 후예들에게도 이미 잊힌 것으로 보인다. 왜란 때에 간행된 〈양〉의 〈심방곡〉에서는 "오ᄂ리 오ᄂ리쇼셔"로 '-나'가 이미 '-쇼셔'로 바뀐 것을 감안하면 〈조〉에서 이러한 가사의 변형은 특별할 것도 없다.

〈조〉에서는 원래의 '오ᄂ리 오ᄂ리라'의 "오늘도 오늘과 같은 평화로운 날이 되리라"와 같은 미묘한 가사의 뜻을 잃어버리고 "오올 나리 오ᄂ리라來日今日"라고 하여 '오는 날이 오늘이다'라는 평범한 뜻으로 변하였다. 오히려 《한어훈몽》의 권말에 부기된 〈한〉의 ②는 "おのり おのいら(今日今

日) まいるとな おのり(每日如今日)"로 시작하여 원래 이 노래의 가사가 갖고 있는 "오늘은 평화로운 오늘이고 매일이 오늘 같으소서"라는 원래의 뜻을 살려내려던 흔적이 남아 있다.

〈조〉 ①의 제2구 "マイルイトナヲノリラ(每日如今日, 밀이도나 오ㄴ리라)"는 〈금〉에서 "미일에 오ㄴ리나"여서 '매일의 날들이 오늘처럼'이란 뜻을 갖는다. 그러나 〈조〉에서는 "밀이도나 오ㄴ리라每日如今日"로 보았으니 '매일每日'이 '밀이'로 표기된 것은 구어적인 축약형일 것이다.

또 '밀이'의 '-이'도 조선 남부 방언에서 '-도나'로 바뀌었다. 원가原歌의 '미일에'의 '-에'가 〈조〉에서는 '-도나'로 변한 것은 조선 서남 방언의 영향을 받은 것으로 원가 '미일에'의 '-에'가 가진 '역시'의 뜻을 살린 것이다. 그뿐만 아니라 〈금〉의 "오ㄴ리나"가 〈조〉에서는 "오ㄴ리라如今日"로 바뀌어서 원가의 '-나'가 가진 '바란다는 뜻'을 잃어버리고 '오늘이구나!'로 현실적인 뜻으로 변하였다.

즉, 이 구句의 의미는 원가인 〈금〉의 "오ㄴ리 오ㄴ리라"에서 '오늘처럼 평화로운 오늘이 되어라' 하는 의미가 〈조〉의 "밀이도나 오ㄴ리라"에서 '매일이 오늘과 같은 날이구나!'란 평범하고 현실적인 의미로 바뀌었다. 이로부터 필자는 〈양〉보다는 〈금〉의 〈오ㄴ리〉를 근거로 하여 〈조〉가 형성되었다고 본 것이다.

〈조〉 ①의 제3구 "ナルノンチェムルト(日者暮亦, 날은 쳐믈도)"는 원가의 〈금〉에서 "졈므디도 새디도"여서 '저물지도 새지도 말고'였지만 〈조〉에서는 "날은 쳐믈도"의 '날은 저물었어도'로 바뀌었다. "졈므디도 새디도"가 가

진 시적詩的 의미를 〈조〉에서는 살리지 못하고 역시 평범하게 '날이 저물었어도'로 이해한 것이다.

원래 원가의 의미는 평화로운 오늘이 저물지도 말고 새지도 말고 영원히 계속되기를 바란다는 뜻인데 〈조〉에서는 평범하게 '날이 저물었어도'로 이해한 것이다. 특히 중세 한국어에서 '뎌물다'가 구개음화해서 '져물다'로 변한 것으로 보아 〈조〉가 이미 근대 한국어의 영향을 받은 것으로 볼 수 있다.

〈조〉 ①의 제4구 "サイトロクヲノリラ(曙益如今日, 새도록 오늘이라)"는 〈금〉의 〈오누리〉에서 "오누리 새러나"를 '새도록 오누리라'로 이해하였다. 이 부분은 〈금〉의 제3구 "졈므디도 새디도"에 이어서 자의적으로 추가한 것으로 보인다. 즉, 제3구의 끝부분 '새디도' 다음에 이 구절을 이어 붙여서 '새도록 오늘이라'로 한 것이다.

제3구와 제4구의 가사는 《한어훈몽》의 〈학〉에서 "なるぬんちよいむる[さいとろく]─日者暮 曉刀泉"에서 더 분명하게 표시하였는데 '날은 저물어도 새도록 [오늘이라]'를 의미한다. 원가의 내용과 관련이 없이 문맥에 따라 엉뚱한 내용이 추가된 것이다.

〈금〉의 제5구 "미일 댱샹의 오누리 오쇼셔"는 '매일이 영원토록 오늘과 같으소서'이지만 〈조〉에서는 제5구의 "ヲノリイヲノルイコツルミヨム(今日如今日, 오누리이 오늘이 굿트면)"은 '오늘이 오늘과 같으면'을 표기한 것이어서 '어떻게 오늘이 오늘과 같겠는가?'라는 의문을 노래에 반영한 것이다. 이러한 생각은 〈조〉를 옮겨 쓴 작자가 원가에 가졌던 의문을 드러낸 것이다. 특히 'ヲノリイ(오누리이)'에서 주격 '-이'가 중복된 것은 '오누리' 다음에 '-이'를 덧붙여 표기상의 혼란으로 보인다.

〈조〉 ①의 제6구 "ムスンセイロカツライ(何世如也, 무스(슨) 셰로 굿트라이)"는 '어떤 세상과 같을 수가 있겠는가?'를 앞의 구에 자의적으로 연결한 것으로 보인다. 즉, 어떤 세상이 똑같을 수가 있겠는가? 같은 의문을 노래에 추가한 것이다. 이것 역시 〈학〉에서 "ヲノリヲノルイコツルミ キム(今日如今日), ムスンセイロカツライ(何世如也)"와 같이 '오늘이 오늘과 같으면 무슨 세世로 같으랴'에서 그 뜻을 분명하게 하였다.

4. 〈조선가〉의 나머지 구

이와 같이 〈오느리〉의 원가인 〈금〉과 〈양〉의 가사를 일본 사쓰마의 나에시로가와에 납치된 조선인들의 망향의 반전가인 〈조〉의 ①과 비교하면 원가의 내용이 많이 변질되었음을 알 수 있다. 〈조〉의 나머지 연聯들도 원가를 빗대어 작성되었으나 자신들의 생활과 가사에 대한 이해를 덧붙여 전혀 다른 내용으로 바꿔놓았음을 살펴볼 수 있다.

먼저 앞의 6장에 소개된 〈조〉의 ②를 여기에 옮겨 살펴보면 다음과 같다.

是遊哉遊哉	イリトノサイノサイ	이리도 느새 느새
彼彼遊哉遊哉	チェリチェリノサイノサイ	져이리 져이리 느새 느새
我房家外	ウリイハンチフハスクイ	우리 방 집 밧긔
遊木盛	ノサイナムキセットンタ	느세 남기 셋튼다

| 如有出 | ハンカハイチヤコツヲイナヤシヤ | ᄒᆞᆫ가ᄒᆞ이디아 곳두면 나야사 |
| 暮曙遊哉 | チエムナサイノサイ | 졈나 새나 ᄂᆞ새 |

여기에 다시 소개된 〈조〉의 ②는 원가 〈오ᄂᆞ리〉와는 아무런 관련이 없음을 알 수 있다. 그뿐만 아니라 내용으로 보아 왜란에 피랍되어 적국敵國에서 살아가는 자신들의 처지를 돌아보면서 하루하루를 즐기고 놀면서 지금의 시름을 잊자는 내용으로 일관되어 있다.

특히 5구의 "ハンカハイチヤコツヲイナヤシヤ(如有出, ᄒᆞᆫ가ᄒᆞ이디아 곳두면 나야사)"는 이미 조선어의 모습에서 크게 일탈되었다. 아마도 '한가하다면 놀러 나가서'를 잘못 표현한 것으로 보이므로 이미 이 노래를 부른 왜란의 피랍 조선인들은 모국어를 거의 잊은 것으로 보인다.

〈조〉의 나머지 ③과 ④도 당시 조선의 어떤 노래에서 가져왔는지 지금으로서는 알 수 없다.

③

南山松閑	ナムサンウイソルイハント	남산의 솔이 흔도
每松鶴居與	ソルイマタハクハンツルカ	솔의마다 학 안잘가
西山日閑	セイサンヌイナリハント	셔산의 나리 흔도
每日爲此也	ナルマタイラホロヲ	날마다 이리 ᄒᆞᆯ야
況	ハヲムルイミヨムヒヤ	ᄒᆞ오믈이면 하야
能生日故	サルサンケンナリロソ	살산견 날이로ᄉᆞ
暮曙遊哉	チエムナサイノサイ	졈나 새나 ᄂᆞ새

④

山好水好處	サンチェコムルチェフヌコルイシヲ	산 죠고 믈 죠흔 골이샤
盞執直坐	サンヌルサハコンチアンサ	잔을 잡바 곤지 안쟈
彼處視	チエトコイホニロ	졔도 게 보니
彼山好處有	チエサンヌイチヨフンコルイシラ	졔 산의 죠흔 곳이쟈
彼山好處	チエサンヌイヤチヨフンゴルイ	초흔의 초혼 곳디
不遊何爲	アニノルコヲシタハリ	아니 놀고 엇다 ᄒ라

③과 ④는 이미 가사에서 문맥도 연관이 되지 않고 내용도 일관되지 않는다. 다만 당시 조선에서 유행하던 다른 여러 노래의 가사에서 몇 구절을 따다가 자신들의 놀이나 춤에 맞도록 맞춘 것으로 볼 수밖에 없다.

5. 가나 표기에 보이는 문제점

사쓰마 나에시로가와 전승의 〈조선가〉는 조선어를 가나假名로 표기하였다. 그리고 〈조선가〉(〈조〉로 약칭) 이외로 전술한 《한어훈몽》의 〈오ᄂ리〉(〈한〉으로 약칭)와 옥산신사玉山神社에 전승된 〈학구무의 노래〉(〈학〉으로 약칭)와 역시 옥산신사에 전래하는 〈신무가神舞歌〉(〈신〉으로 약칭) 모두 조선어를 가나로 표기하였다.

이 네 종류의 노래가 모두 유사하며 적어도 ①로 표시된 제1연은 전술한 《금합자보》평조 만대엽의 〈오ᄂ리〉나 《양금신보》〈심방곡〉의 〈오ᄂ

리〉에 의거하여 작성되었을 것임을 지금까지 고찰했다.

일본의 사쓰마 나에시로가와에 정착한 왜란의 피랍 조선인들은 앞에 든 네 종류의 가사에 보이는 조선어를 모두 일본의 가나 문자, 즉 가타카 나와 히라가나로 적었는데 각각의 가사에서 약간의 차이가 발견된다. 이 러한 차이는 그들이 조선어를 어느 정도 이해하고 있었는지를 보여주기 때문에 자세하게 살펴볼 필요가 있다.

먼저 〈조〉 ①의 최초의 가나 표기인 "ヲヲルナリイヲノリラ"는 '올 날이 오늘이라'라는 언문을 축자逐字 표기한 것으로 〈신〉과도 같고 〈학〉과도 일 치한다. 또 〈한〉에서는 히라가나로 표기되었으나 가타카나로 표기한 〈조〉, 〈학〉 그리고 〈신〉과 크게 다르지 않다.

다만 ①의 첫 구에 보이는 언문 "오올 나리 오느리라"가 〈학〉과 〈신〉에 서는 원가에 맞도록 "오느리 오느리라"에 맞추었으나 〈조〉만이 "올 날이 오늘이라"로 다르다. 그리고 〈조〉에서 잘못 표기된 'ナリイ(ᄂ리이)'가 〈학〉 과 〈신〉에서는 'ナリ'(ᄂ리, 또는 놀이)로 바로잡혔다. 〈조〉를 기록한 사람은 이미 언문보다는 가나에 익숙했음을 알 수 있다.

〈조〉와 〈학〉에서 가나로 쓰인 제2구의 "マイルイトナヲノリラ"와 "おのり おのほいら"는 〈조〉의 언문 "밀이도나 오느리라"를 가나로 전사한 것이 다. '매일이 역시 같은 오늘이다'란 뜻으로 '미일每日'이 '밀이'이 된 것도 언문 표기가 서투르다. 오히려 가나 표기가 정확한 것으로 보아서 〈조〉를 쓴 사람은 이미 언문에 서툴렀음이 다시 한번 확인된다. 〈한〉에서는 "まい るとなおのり(な)"로서 거듭되는 '-나'의 하나를 지운 것이다. 〈한〉의 가나

전사가 원가原歌의 "미일이 오느리나"에 보다 가까운 것이다.

〈조〉의 제3구의 "날은 쳐물도, ナルノンチェムルト, 日者暮亦"은 원가 "졈 므디도 새디도 오노리새리나"에 대응하는 것으로 그 언문 가사 '쳐물도' 는 '저물어도'를 옮긴 것이다. '저'를 '쳐'로 한 것은 일본어에서 구별되는 유성음의 '저'와 구별하여 무성음임을 표시한 것이다. 현대 일본어의 한글 표음에서도 흔히 발견되는 일이다.

"ナルノン"의 'ノン'은 근대조선어에서 주제격의 '-ᄂ', 또는 '-는'의 표기 로 '-ᄋ, -은'과 상보적 관계에 있는데 '놀'이 일본어식으로 '누루'로 표기 했기 때문에 '-는'으로 표기한 〈조〉의 표기자가 어느 정도 언문에 대한 지 식이 있었던 것으로 보아야 할 것이다. 〈학〉에서도 'ノン'이지만 〈한〉에서 는 "なるぬんちよいむる"의 'ぬん'이어서 차이가 있지만 조선어에서 주제 격인 '-는'은 일본어로 'ノン[non]', 또는 'ぬん[nun]'으로 전사할 수밖에 없었을 것이다.

〈조〉의 제4구는 "새도록 오늘이라, サイトロクヲノリラ, 曙益如今日"이어 서 〈신〉이나 〈학〉과 동일한데 다만 〈한〉에서는 '새도록, さいとろく'의 부 분이 빠져서 보이지 않는다. 〈한〉에서는 이 부분을 ②의 제3구와 4구에서 "なるぬんちよいむる(日者暮), さいつろおのひら(曉刀泉 今日今日)"과 같이 ②에 붙여놓았다.

그리고 '새도록'을 "サイトロク"이 아니라 'さいつろ'로 하여 '도'가 일본어 에서처럼 구개음화되었고 마지막의 '-ㄱ, -く'도 빠졌다. 그리고 〈한〉에서 제3구가 된 'ちよいむる'도 '저물어도'를 전사한 것이지만 마지막에 '-도'가 빠졌다.

〈조〉에서 제5구의 "ヲノリイヲノルイコツルミコム(今日如今日)"은 "오느리이 오눌이 굿트면"을 가나로 전사한 것인데 몇 곳에서 잘못된 표기가 눈에 띈다. 우선 '오느리'에 주격의 '-이'를 불필요하게 덧붙여 썼다. 이러한 표기는 '오느리'가 주격임을 표하기 위한 것으로 보인다.

'굿트면'을 "コツルミコム"으로 전사한 것도 '-트'가 일본어에서처럼 '쓰[ツ]'로 구개음화되었고 '-면'도 'ミコム'이 올바른 전사로 보기 어렵다. 아마도 말음의 'ン[n]'을 음절 초의 'ミ[m]'에 이끌려 'ム[mu]'로 전사한 것 같다. 그리고 'ル'를 붙인 것으로 보아 '같으려면'을 전사한 것으로 볼 수도 있다. 아마도 〈조〉의 표기자는 '오늘과 같으려면'과 '오늘과 같으면'이 갖고 있는 표현상의 차이를 잘 구별하지 못한 것이 아닌가 한다.

따라서 〈조〉나 〈학〉, 그리고 〈한〉의 표기자들은 왜란에 잡혀간 피랍 조선인의 후예들이겠지만 원가 〈오느리〉의 시어詩語를 제대로 이해하지 못하고 시가가 가진 뜻도 올바르게 알지 못하면서 선대先代의 노래 가사를 자기 나름대로 이해하여 적었다고 볼 수밖에 없다.

6. 한자 표기

〈조〉를 비롯하여 〈신〉에서는 가타카나로, 그리고 〈학〉에서는 히라가나로 조선어 가사를 적고 이에 해당하는 이두식의 한자로 기입하였다. 그리고 앞에서 살펴본 바와 같이 부정확한 언문으로 가사를 적었는데 아마도 조선어 가사보다 이두식 한자로 쓰인 것으로 가사의 내용을 이해하는 데 한자 표기가 도움이 된 것 같다. 일본에서도 조선의 이두와 유사한 한자 표기가 있어서 한자는 조선과 일본에서 모두 배우지 않으면 안 되는 문자였기 때문이다.

특히 남원에서 잡혀간 도공들은 중인이었거나 상민이어서 한문보다는 이두나 언문을 상용했을 것이다. 헨드릭 하멜Hendrik Hamel의 《하멜 표류기》(원제: 《야하트 선 데 스페르베르호의 생존 선원들이 코레 왕국의 지배하에 있던 켈파르트섬에서 1653년 8월 16일 난파당한 후 1666년 9월 14일 그중 8명이 일본의 나가사키로 탈출할 때까지 겪었던 일 및 조선 백성의 관습과 국토의 상황에 관해서》)에는 당시 조선의 문자생활을 양반은 한문漢文을, 중인中人들은 이문吏文을, 상민常民은 언문諺文을 사용했다고 하여 사회 계층에 따라 문자 사용이 달랐음을 증언하였다.[9]

조선시대 국가의 정문正文은 이문이었다. 《수교집록受敎輯錄》(1698) 〈호부戶部〉 '징채徵債' 조에 "빚을 얻어 문서로 만들 때 (중략) 언문으로 쓰거나 쓴 사람이 증거가 없으면 심리하지 않는다出債成文, (中略) 諺文及無證筆者, 勿許聽理"라 하여 언문으로 쓴 것, 증인이 없거나 쓴 사람이 분명하지 않은 경우에는 채권債券의 효력을 인정하지 않는다고 하였다. 당시는 한문도 아니고 오로지 이문[10]으로 쓴 것만이 효력을 얻어서 대한제국 시대까지는

---

9 이에 대하여는 졸저, 《동아시아 여러 문자와 한글》(서울: 지식산업사, 2019)을 참조할 것.

10 이문은 조선시대에 관청의 공문서에 쓰인 한문의 특수 문체로 일반인들도 이런 한문 문체를 흉내 내

이문이 국가가 인정하는 정식 문자였다. 따라서 도공들도 이문의 한자를 잘 이해하였을 것이다.

이제 이두식 한자로 쓰인 가사에 대하여 논의하고자 한다. 〈조〉에서는 한자로 표기된 가사를 중심으로 그 좌우에 가타카나와 언문으로 가사의 조선어를 표기하였다. 이 가운데 이두식 한자로 적은 것은 나에시로가와의 조선 피랍인들이 알고 있는 이두식 한자의 사용을 규지窺知할 수 있어 의미가 있기 때문에 이에 대하여 다음에 살펴보기로 한다.

〈조〉 ①의 첫째 구 "ヲキルナリ(來日)"은 '오늘'이 '올 날〔來日〕'에서 온 것이라는 어휘의 어원을 밝혀 그 의미를 살린 것으로 보인다. 실제로 '오늘'이 '올 날'에서 온 것인지는 확실하지 않지만 나에시로가와 피랍 조선인들의 후예는 '오늘'을 그렇게 인식한 것 같다.

또한 〈조〉 ①의 넷째 구의 '새도록'을 "曙益"으로 적은 것은 이두에서 '益'을 '도록'으로 읽었음을 잘 알고 있었다는 증거이다. 원가가 가진 '오늘이라'의 의미를 잊어버리고 '새도록은 오늘'이라는 의미로 이해한 것이다. 이것은 〈학〉 ①의 넷째 구에서도 동일하고 〈한〉 ①의 셋째 구에서 "曉刀彔"도 이를 표기한 것이나 히라가나 표기에서는 'さいとろく'가 빠져 있지만 이러한 표기의 차이는 석독釋讀하는 '益' 대신에 '刀彔(도록)'으로

어 사용하였다. 토지나 노비 문서 등이 이문으로 쓰였다. 원래에는 원대元代에 몽골인이 사용하던 한이문漢吏文에서 발달한 것으로 우리말의 어순에 따르고 구결 등을 사용했으며 특수한 투식을 가졌다. 필자는 한이문에 대하여 조선 이문이라 부른다(鄭光, 〈元代漢吏文と朝鮮吏文〉《朝鮮學報》(일본 朝鮮學會) 제224집, pp.1~41).

음차音借를 표기하여 일어난 일이었다.

　왜란으로 일본에 납치된 조선 도공들은 고국에서 양반 사대부가 아닌 서민庶民이어서 언문諺文과 이두吏讀에 익숙하였을 것이다. 따라서 그들은 자신이 알고 있는 이두나 언문으로 고향의 노래를 적었을 것임은 두말할 나위도 없다. 다만 언문이나 조선식 이두 표기는 후대에 점차 잊히거나 일본식 표기에 이끌려 변질되었다.

　〈조〉①의 제3구의 "日者暮亦, 날은 쳐물도"는 '날은 저물어도'를 표기한 것으로 마지막 '亦'은 '어도'의 형태부를 적은 것이다. '새도록'을 '曙益'의 '益'과 더불어 〈조〉에서 형태부를 표기한 유일한 예로 보이며 그 외에는 모두 의미부만 어순에 따라 한자로 표기하였다.

　〈조〉②의 첫째와 둘째 구에서 '是'를 "이리도", '彼'를 "져이리"로 표기한 것도 이두에서 '是'와 '彼'를 각기 '이'와 '저'로 석독釋讀하는 방식에 따른 것으로 보인다. "우리 방 집 밖긔"를 '我房家外'로 적은 것도 이두식 표기임을 보여준다. "느세 남기 셋튼다"를 '遊木盛'으로 하거나 "졈나 새나 느세"를 '暮曙遊哉'로 적은 것은 같은 방식의 한자 표기라 할 수 있다.

　다만 "혼가흥이디아 긋두면 나야사"를 '如有出'로 표기한 것은 어떤 내용인지 분명하지 않다. 혹시 '閑如出'의 잘못이 아닌가 하며 그렇다면 "한가하면 나아가서"의 이두 표기라고 볼 수 있지만 이것도 일반적인 이두 표기와는 거리가 있다.

　〈조〉③과 그 이후의 모든 한자 표기가 이두식이어서 조선어 어순에 따라 한자를 대입하는 방식이다. 즉, ③의 "南山松閑, 남산의 솔이 흔도"나 "每松鶴居與, 솔의마다 학 안잘가", "西山日閑, 셔산의 나리 흔도" 등이 모두 그러하다. 다만 "能生日故, 살산견 날이로소"는 아마도 '새로 생긴 날이로세'인 것 같지만 이를 어떻게 '能生日故'로 표기한 것인지 알 수 없다.

④도 조선 가사에 해당하는 한자를 의미에 따라 나열하였는데 어떤 가사에서 따온 것인지 현재로서는 알 수 없고 의미도 분명하지 않다.

고 이기문 선생의 《개정 국어사개설》(서울: 민중서관, 1978)에서는 이두식 한자 표기의 기원을 삼국시대에서 찾고 있다. 특히 신라에서는 지명·인명·관직명 등의 고유명사를 한자의 음音과 새김(釋)으로 표기하는 단계가 있었고 신라어의 어순語順에 따라 한자를 나열하는 단계, 그리고 말의 조사나 어미와 같은 형태부만을 한자의 음과 새김을 빌려 표기하는 구결口訣의 세 단계가 이두식 표기에 있었다고 주장하였다.

여기서 이두식 표기라는 것은 좁은 의미의 이두, 구결, 향찰鄕札로 나누어 발달한 것이지만 조선시대에서는 향찰은 없어지고 좁은 의미의 이두와 구결만이 언문이 제정된 이후에도 계속해서 사용되었다. 그러나 나에시로가와의 〈조〉, 〈한〉, 〈학〉 그리고 〈신〉에 쓰인 한자 표기는 조선시대의 좁은 의미의 이두와도 일치하지 않고 구결도 거의 사용하지 않았다.

이러한 한자 표기는 위에서 언급한 여러 이두 표기 가운데 원시적인 〈임신서기석壬申誓記石〉의 한자 표기와 유사하다.[11] 조선어의 어순에 맞추

---

11 신라시대 〈임신서기석〉은 1940년에 발굴된 어른 팔뚝만 한 오석烏石을 말한다. 임신년壬申年(552 또는 612)에 두 명의 신라 화랑花郞의 서약을 적은 것으로 현재 경주박물관에 소장되어 있다. 그 돌에는 "임신년 6월 16일에 두 사람이 함께 맹서하여 적다. 하늘 앞에 맹서하니(壬申年六月十六日, 二人倂誓記, 天前誓)"와 같이 신라어의 어순에 맞추어 조사와 어미는 빼고 의미부만 한자로 적었다.

어 한자로 의미부만 적고 조사나 어미와 같은 형태부는 위에서 지적한 '-도록〔盡, 刀彔〕', '-도〔亦〕'를 제외하고는 대부분 사용하지 않았다. 또 이러한 형태부의 한자 표기도 이두 본연의 표기 방법과 매우 다르다.

아마도 일본 사쓰마의 나에시로가와에 납치된 조선인 후예들은 가장 원시적인 방법의 한자 표기로 자신들이 알고 있는 한자를 동원하여 이 가사를 적었던 것으로 볼 수 있다. 따라서 엄밀한 의미로 이두식 표기라고 할 수도 없다.

8
장

맺음말

지금까지 임진왜란·정유재란 때에 납치되어 일본 사쓰마에 끌려가 나에 시로가와에 정착한 조선인 도공들과 그들의 후예가 만든 나에시로가와의 고려인 마을[高麗人村]이 형성된 과정을 고찰하였다.

또 그곳에 전승된 조선가요에 대하여 교토대학에 소장되어 있는 〈조선 가〉를 중심으로 다른 전승 시가와 비교하여 살펴보았다. 그리고 〈조선가〉를 중심으로 나에시로가와에 전승된 가요를 한반도에서 조선 전기부터 유행한 〈오누리〉와 비교하여, 왜란에 피랍된 조선인들의 망향가로 볼 수밖에 없는 〈조선가〉가 실제로는 왜란 이전부터 그들의 고향에서 널리 유행하던 노래였음을 밝혔다.

이 노래의 가사는 매일 평화로운 날이 계속되기를 바라며 전쟁의 아픔을 달래고 평화를 기원하는 의미를 지녀 전란이 많았던 한반도에서 일찍부터 널리 애창된 노래였다. 임진왜란 때 왜군에게 잡혀가 적지에서 노예처럼 살아온 피랍 조선인들에게는 이 노래가 그들의 소원과 매우 부합하였으며 이 노래가 전승된 것은 가사가 그들이 지닌 망향의 슬픔과 전쟁의 아픔을 달래주었기 때문이다.

그리하여 가려야 돌아갈 수 없는 조국을 그리워하며 조선으로 연결되는 바다가 보이는 언덕에 올라 목청껏 부르던 노래였으니 이 노래의 가사는 피랍 조선인들과 그 후예의 한恨이 서린 것이다. 여기서는 앞의 논의를 정리하여 요약하는 것으로 맺음말을 대신하고자 한다.

먼저 '2장 교토대학에 소장된 〈조선가〉'에서는 교토대학 문학부 언어학 연구실에 진장珍藏된 나에시로가와 전래의 〈조선가〉에 대하여 고찰하고 어떻게 이 자료가 수집되어 교토대학에 수장收藏되었는지 살펴보았다. 그리하여 〈조선가〉가 신무라 이즈루 박사에 의하여 사쓰마 나에시로가와에서 수집되어 교토대학에 소장된 것임을 밝혔다.

이어서 〈조선가〉에 대한 그동안의 연구 성과를 소개하였다. 다만 이 책은 졸저 《薩摩苗代川傳來の朝鮮歌謠(사쓰마 나에시로가와에 전래된 조선가요)》의 번역이므로 이 책이 간행된 다음에 있었던 일본에서의 적지 않은 연구에 대해서는 언급을 자제하였다. 특히 일본 사쓰마의 나에시로가와에 피랍된 조선인들의 연구는 전게한 졸저가 간행된 다음 일본에서 많은 연구가 수행되어 상당한 연구 논저가 출판되었다.

원저에서 논의한 〈조선가〉는 모두 4연으로 되어 있으며 나에시로가와에 전승되는 피랍 조선인들의 평화를 추구하는 반전의 노래이기도 하고 그들의 고향을 그리워하며 불렀던 망향가였으며 역시 그곳에 전승되어온 〈학구무의 노래〉가 〈조선가〉와 같다고 보았다. 또 유사한 노래 가사가 《한어훈몽》의 권말에 부록되었음을 밝혔고 옥산신사玉山神社의 〈신무가〉도

274

이 가사와 관련을 맺고 작성된 것이라고 주장하였다.

본서에서 소개한 〈조선가〉와 〈학구무의 노래〉, 그리고 옥산신사의 〈신무가〉는 모두 임진왜란 때 납치된 조선 도공들의 망향의 노래이다. 그들이 고국에서 늘 부르던 평화를 기원하는 〈오느리〉가 일본 사쓰마 나에시로가와에 정착한 조선인들에게 전승된 노래의 원가原歌일 것으로 보고 본서에는 이에 대하여 고찰했다.

이어서 '3장 사쓰마의 피랍 조선인'에서는 임진왜란·정유재란 때에 일본으로 잡혀 온 조선인들에 대하여 고찰하면서 어느 정도의 조선인들이 어떻게 잡혀서 일본으로 납치되었는가를 살펴보았다. 그 결과 지금까지의 연구에 의해서 밝혀진 숫자보다 훨씬 많은, 상상을 초월하는 수효의 조선인이 일본으로 납치된 것을 알 수 있었다.

본서에서는 일단 5만~6만에 달한다고 보았으며 기록에 의하면 그중에서 불과 7,500여 명이 조선으로 쇄환된 것을 논술하였다. 잡혀간 사람의 불과 10분의 1 정도가 조국으로 돌아온 것이라고 본 것이다. 더욱이 임진왜란 때보다 정유재란 때에 더 많은 조선인이 납치되었음을 밝히고 이들 피랍된 조선인 기술자와 그들에 의하여 전달된 조선의 기술이 일본의 근대화에 초석이 되었음을 강조하였다.

왜 이처럼 많은 조선인을 일본으로 연행했는가에 대해서는 다섯 가지의 사정, 즉 첫째, 전란에서 잃어버린 일본 내 노동력을 보충하기 위하여, 둘째, 다도茶道의 유행에 따른 도공의 수요에 따라서, 셋째, 미모 혹은 재능이 있는 소년과 여자를 납치하여, 넷째, 전란 중에 일본군에 가담한 자

를 데려와서, 다섯째, 조선에서 얻은 처자의 동행 등을 지적하고 각각의
예를 들었다.

임진왜란·정유재란 때에 조선에 출병한 다이묘들 중에 사쓰마번의 시
마즈군이 가장 많은 조선인을 납치해간 것으로 보았다. 이것은《조선왕조
실록》과 왜란에서 잡혀 일본으로 납치된 후에 쇄환되어 조선으로 돌아온
강항과 정희득 등의 수기手記, 또는 왜장倭將 고니시 유키나가의 막하幕下
에서 종군한 예수회 신부 세스페데스의 기록에 의거해 추정한 것이다.

그뿐만 아니라 일본 측의 자료에도 오타 히다太田飛驒의 의승医僧으로
서 종군한 승려 게이넨慶念의《조선일일기》등이 있어 어느 정도의 조선
인들이 어떻게 잡혀서 일본으로 끌려갔는가를 살펴볼 수 있었다. 이러한
기록에 의하면 나가사키에만도 피랍된 조선인이 5,000명 이상 억류되었
음을 알 수 있었다.

그러나 현재 남아 있는 사쓰마의 자료에 의하면 사쓰마에는 '200여 명'
이라고 기록되어 있고 그중에 일부는 쇄환되었다고 전한다. 일본의 연구
에는 되도록 납치한 조선인의 수효를 줄이려고 노력한 흔적이 있다. 일본
의 역사가들이 외국의 침략과 전쟁의 참상, 그리고 전혀 전쟁과 관련 없
는 양민을 납치한 선조들의 무도함을 어떻게든 숨겨보려는 의도가 있었
던 것이다.

임진왜란·정유재란 때에 연행된 피랍인의 쇄환에 대해서도 3장에서
자세히 살펴보았다. 도요토미 히데요시의 조선 침략이 끝난 후에 쓰시마
번은 조선과의 국교를 회복하기 위해 다수의 피랍 조선인을 송환했다. 또
한 조선에서는 3회에 걸쳐 포로쇄환사捕虜刷還使가 일본으로 건너갔다.

그러나 쇄환자들은 대체로 쇄환 사절使節이 통과한 지방이나 그 주변 지역에 한정되어 있었고 사쓰마와 같이 통신사가 통과하지 않은 곳에서는 다수의 피랍 조선인이 쇄환의 사실을 알지 못했거나 알았더라도 주인인 일본인의 반대로 그대로 남았다고 보았다.

그 외에 피랍인은 일본인과 결혼하여 자식도 있어 귀국을 포기한 자, 혹은 본인은 귀국을 희망해도 주군主君이나 남편 등 고용 관계 때문에 귀국할 수 없는 자, 일본에서 재지才智나 기술에 의해 대우를 받고 있던 자, 그리고 귀국해도 왜군에 가담한 사실이 밝혀져 본국에서 냉대를 받아 부산에 상륙하자마자 어찌할 바를 모르고 생활에 어려움을 겪는다는 소문에 따라 귀국의 희망을 버린 자 등 여러 가지 이유로 인해 일본에 그대로 남았던 것이다.

다음으로 '4장 사쓰마의 고려인 마을'에서는 왜란 때에 시마즈군에 납치된 조선인들이 사쓰마번의 나에시로가와에 이룩한 고려인 마을과 일본 굴지의 도향陶鄕을 건설하는 과정에 대하여 나에시로가와에 전해지는 여러 고문서 자료를 통해 고찰하였다.

게이초 3년(1598) 겨울에 정유재란이 끝나고 일본으로 돌아온 시마즈군이 80여 명의 조선인들을 납치하여 데려왔다. 그 가운데는 가고시마로 가는 것을 거부하고 구시키노에 상륙한 42명의 피랍 조선인들이 있었다. 원래는 황무지였던 나에시로가와에 고려인 마을을 만들기 시작한 것은 여기에 버려진 42명의 피랍 조선인들이었다.

그들은 처음 선착船着하여 내린 구시키노에 방치되어 5, 6년간 비참한 나날을 보냈고 게이초 8년(1603)에 비로소 나에시로가와로 옮겨졌다. 그곳에서 박평의가 백토白土와 백사白砂, 유목楢木 등을 발견하여 백자기를 만들기 시작하면서 겨우 사쓰마의 한슈藩主로부터 얼마간의 대우를 받게 되었고 그곳에 정착하게 되었다.

그 후 사쓰마의 각지에 분산하여 거주하고 있던 조선인과 그 후예들이 나에시로가와에 점차 모여들었고 이곳에서의 도업陶業도 상당히 번창하여 나에시로가와는 일본에서 가장 중요한 도예陶藝의 마을로 세상에 알려지게 되었다.

나에시로가와의 피랍 조선인과 그 후예들의 생활에 대해서는 예로부터 일본의 문인文人, 풍류객風流客 등이 쓴 여행기나 수필에 의하여 어느 정도 그 모습을 엿볼 수 있었다. 본서에서는 그들의 생활에 관하여 지면이 허용되는 한 자세히 추구追究해보았는데 그들의 역할은 훌륭한 도자기를 만드는 것뿐만이 아니었다. 그들은 사쓰마번의 조선어 통사로서 야쿠닌役人으로 임명되어 사쓰마와 조선 사이에 어떠한 접촉이 있을 경우 통역을 담당해온 것이다.

근세에 들어오면서 사쓰마에 해난海難 사고가 잦아져서 표류해 온 조선인을 취조하거나 보살펴주는 조선어 통사通事(또는 通詞, 通辭)의 역할이 중요해졌다. 본서의 '5장 피랍 조선인과 그 후예의 생활'에서는 나에시로가와의 조선인들이 통사가 된 동기나 그들이 통사의 역할을 하기 위해 필요한 조선어의 학습, 그리고 통사직의 세습 등에 대해서 언급하였다. 필자가 이 방면에서 많은 공부를 했기 때문이다.

특히 나에시로가와에 전해지는 〈고기류〉, 〈묘대천유장〉 등의 고문서와 교토대학에 소장되어 있는 나에시로가와의 조선어 자료 중에서《표래지 조선인서문집漂來之朝鮮人書文集》에 실려 있는 표착漂着 조선인에 관한 기사와 고문서 등을 고찰하였다. 나에시로가와의 조선어 통사가 실제로 사쓰마로 표래漂來한 조선인을 취조한 여러 서류가 남아 있고, 이 고문서를 통하여 그들의 통사로서의 역할이 어떠했는지 알 수 있었다.

한편 나에시로가와에 남아 있는 조선어 학습서와 교토대학에 소장되어 있는 나에시로가와의 조선어 자료 등은, 일부는 나에시로가와의 통사들과 그 제자들의 조선어 교육을 위해 편찬한 것도 있지만 대부분은 쓰시마에서 부임한 조선어 교사가 가져온 것을 나에시로가와에서 서사書寫한 것이라고 주장하였다.

왜냐하면 나에시로가와의 피랍 조선인들과 그의 후예들도 세월이 흘러 200년 정도 지나자 점차 모국어인 조선어를 잊어버리게 되었기 때문이다. 따라서 후대에는 일본에서 유일하게 조선과의 접촉이 허락되어 영지 안에 조선어학소를 갖고 있던 쓰시마로부터 조선어 교사를 초빙하여 모국어를 배웠다고 보았다.

교토대학에 소장된 나에시로가와의 조선어 학습서 자료들의 편집연도가 대략 분카文化 4년(1808)에서 분큐文久 4년(1864)의 60년간에 집중되어 있기 때문에 이 시기에 쓰시마에서 부임한 조선어 통사가 나에시로가와의 마을 사람들에게 조선어를 가르쳤다고 추정했다. 이 시기는《사쓰요왕반기사》의 저자 다카기 젠스케가 이 지역의 고려인 마을〔高麗人村〕을 방문해 쓰시마에서 온 조선어 통사를 만난 시기와 같다.

이어서 '6장 〈조선가〉와 〈학구무의 노래〉'에서는 교토대학에 소장된 피랍 조선인들의 망향가인 〈조선가〉에 실린 가사에 대하여 고찰하고 나에시로가와에 전승된 〈학구무의 노래〉 가사와 비교하여 이 둘이 매우 유사함을 지적하였다.

그리고 〈조선가〉를 나에시로가와의 옥산신사에 전승된 〈신무가神舞歌〉와 〈어신행축사御神幸祝詞〉와 비교하여 서로 관련이 있는 것으로 보았다. 또 이들과 나에시로가와에 전존傳存된 〈학구무의 노래〉와도 상호 비교하여 가사의 의미를 파악하려고 노력하였다. 이들의 가사는 나에시로가와의 피랍 조선인들이 부르던 망향가를 한자와 언문諺文, 그리고 가타카나와 히라가나로 표기한 것이지만 그 해독은 쉽지 않았다.

임진왜란·정유재란 때에 사쓰마에 끌려가서 나에시로가와에 정주定住한 피랍 조선인과 그 후예들의 마음을 위로해준 것은 나에시로가와의 서북고지西北高地에 모신 옥산묘였다. 이 사당이 있는 산의 서쪽에 작은 언덕이 있어 피랍 조선인들은 가을에 이곳에서 행락行樂을 즐기고 가무를 펼쳤다고 한다. 이때 그들은 고국을 그리워하며 고향의 공동 선조의 신으로서 단군檀君(혹은 箕子)에게 제사를 지내고 나서 산무악山舞樂을 마련하여 학구鶴龜의 춤을 추면서 〈조선가〉를 불렀다.

이것은 나에시로가와에서 〈학구무의 노래〉라는 명칭으로 전승되어왔는데 현재 문자로 기록되어 남아 있는 이 노래의 가사는 옥산신사 사사社司였던 마쓰다 미치야스의 소장을 비롯해 교토대학 소장본의 《한어훈몽》에 부재附載된 것, 그리고 교토대학 문학부에 소장된 〈조선가〉의 가사, 이렇게 세 종류가 있다. 그중에서 〈조선가〉가 4연聯 전부 한자와 언문, 가타카나로 기록되어 있어 가장 정확한 표기를 유지하고 있음을 강조하였다.

〈조선가〉와 〈학구무의 노래〉 제1연이 임진왜란·정유재란 때에 조선에서 간행된 악보樂譜《금합자보》의 평조平調 만대엽慢大葉에 수록되어 있는 〈오느리〉와 매우 흡사하기 때문에 이 노래가 도요토미 히데요시의 조선 침략이 있기 전부터 조선에서 유행했던 가요라고 주장하였다.

또한 〈오느리〉와 유사한 가사가 임진왜란·정유재란 때에 남원에 피난해 있던 악사樂師 양덕수가 편찬한 《양금신보》에도 실려 있어 이 노래는 당시 남원에서 널리 유행했다고 추정하였다. 그리고 이곳 남원에서 붙잡혀 일본 사쓰마로 끌려간 피랍 조선 도공들이 전란을 한탄하고 평화를 바라면서 고향을 그리워하며 부른 노래가 〈조선가〉이며 〈학구무의 노래〉라고 보았다.

《금합자보》는 조선 명종明宗 16년(1561)에 장악원의 악사 안상이 편하여 거문고의 악보로 간행되었지만 그 이전부터 전해오던 《합자보》를 개수한 것이어서 실제로는 조선 전기의 악보라고 할 수 있다. 반면에 《양금신보》는 광해군 2년(1610)에 전라도 남원에서 간행한 것이어서 여기에 보이는 가사들은 《금합자보》와 달리 시대적으로 근대 한국어의 특징을 반영하였기 때문에 〈조선가〉에도 근대 한국어의 흔적이 남아 있음을 지적하였다.

본서의 '7장 조선 전기의 가요 〈오느리〉와 〈조선가〉'에서는 조선의 《금합자보》에 실려 있는 〈오느리〉와 〈조선가〉의 제1연을 비교하고 이를 통하여 나에시로가와에 전승되어온 이 가사를 비교적 정확하게 해독하였다.

그리고 〈조선가〉의 제1연은 〈오느리〉에서 온 것이며 〈오느리〉는 현재 한국에 남아 있는 최고最古의 악보인《금합자보》를 비롯하여 그 후의 다양한 악보와 가곡집, 혹은 시조집 등에 비슷한 가사가 수록되어 있어 〈조선가〉의 가사를 이해하는 데 많은 도움을 주었음을 밝혔다.

〈조선가〉의 ①의 제1연은 조선시대 전기, 즉 임진왜란·정유재란 이전부터 한반도의 남부에서 상당히 유행했던 노래의 사장詞章으로 피랍 조선인들에 의하여 일본 사쓰마에 전해졌다고 주장하였다. 그리고 이 노래는 피랍 조선인의 후예들에 의해 다소 변형이 되었지만 그래도 대략 원가原歌가 갖고 있던 "오늘 이대로의 평화로운 날이 영원히 계속되기를 바란다"는 의미를 유지하고 있다고 보았다.

따라서 〈조선가〉는 단순한 망향望鄉의 노래가 아니라 전란 때문에 적국인 일본으로 끌려가서 온갖 고통을 받고 살았던 피랍 조선인들이 평화를 갈망하며 부르던 절규라고 하였다. 임진왜란 때의 많은 전쟁의 아픈 흔적 가운데 필자가 특별히 〈조선가〉를 책으로 남겨 그 노래의 참뜻을 밝히고자 한 것은 이를 통하여 전쟁의 참화를 다시 한번 되씹어보기 위한 것이다. 그리고 이 책이 일본에서 반전反戰의 작품으로 알려진 이유도 여기에 있을 것이다.

한국어판을 내면서

이 책은 필자가 일본의 교토대학에 유학할 때에 편찬한 《薩摩苗代川傳來
の朝鮮歌謠(사쓰마 나에시로가와에 전래된 조선가요)》를 한국어로 번역하면서 내
용을 첨삭한 것이다. 원서는 유학 당시 교토대학 문학부 열람실(분에쓰로 불
렀다)에 소장된 〈조선가〉를 보고 이에 대하여 연구한 노트를 묶은 것으로,
이 책은 원래는 다른 용도가 있어 출판한 것이다.

당시 일본 국제교류기금의 후원으로 일본에 가게 된 필자는 재단의 풍
부한 지원을 받아 유서 깊은 교토대학에서 자유롭게 연구를 계속하였다.
그러다가 어느 날 문학부 문학열람실의 어두운 서가書架 한구석에 꽂혀
있는 〈조선가〉를 보게 되었다. 서투른 필체로 적힌 〈조선가〉는 한눈에 보
아도 임진왜란 때에 잡혀간 조선 도공들이 한 맺혀 부르던 망향의 노래임
을 알 수가 있었다.

어떻게 이 노래가 문서로 기록되어 〈조선가〉란 이름으로 이곳에 소장되
었는가를 조사하면서 왜란에서 일본으로 납치된 도공들의 비참한 사연들
을 조금씩 알게 되었다. 그래서 왜란에 희생되어 일본에 끌려온 그들의

기막힌 사연들을 하나씩 찾아내 연구 노트에 빼곡하게 적어 나갔다. 그리고 몇 번 교토대학에서 열린 연구회에서 이에 대하여 발표를 하였더니 주변에서도 필자의 이러한 연구에 관심을 갖게 되었다.

당시 교토대학에서 필자의 세와世話 교수였던 고故 야스다 아키라 교수가 이것을 한 권의 책으로 출판하자면서 일본에서 매우 권위가 있는 신무라 이즈루 기념재단에서 출판 조성비를 얻어주었다. 이렇게 출판된 책이 야스다 교수가 여러 차례 명저라고 칭찬하던 졸저《사쓰마 나에시로가와에 전래된 조선가요》라는 책이다.

이 책은 정식으로 출판사에서 간행된 것이 아니고 필자의 연구 노트를 조성비로 인쇄한 것이다. 얼떨결에 책을 출판하면서도 이 책을 내려고 한 야스다 교수의 속셈을 제대로 파악하지 못하였다. 책이 나온 다음에 알게 된 사실은 이 책으로 필자에게 교토대학에서 논문박사 학위를 주려던 것이었다. 당시 일본 대학의 대학원에서는 과정박사와 논문박사를 수여하는 제도가 있었고 논문박사는 훌륭한 업적을 낸 연구자에게 그 학술서적을 심사하여 박사학위를 주는 제도였다. 따라서 반드시 일본어로 쓴 저서가 있어야 했다.

그러나 필자는 이미 한 해 전에 국민대학교에서 문학박사 학위를 취득하였다. 학부와 석사를 서울대학교에서 마친 필자가 국민대학교에서 학위를 얻었는데 여기에는 특별한 사연이 있었다. 1980년대에 들어와서 국민대학교 대학원 국어국문학과는 교육부로부터 박사과정 개설의 인가가 나서 현대문학과 고전문학, 그리고 국어학의 세 분야에서 박사학위를 줄 수 있게 되었다.

국민대학교 국어국문학과에서는 이 세 분야의 제1호 박사만은 명망 있는 연구자에게 주기로 의견이 모아진 것 같았다. 그리하여 현대문학에는 연극학의 대가인 유 모 교수에게, 고전문학 역시 시가문학의 권위자인 황 모 교수에게 제1호 박사를 주었고, 국어학 분야는 필자에게 그 영광을 주겠다는 제안이 왔다.

　당시 국민대학교 문과대학 학장이시던 선배 교수로부터 이 제안을 받고 무망 결에 긍정적으로 검토하겠다고 했더니 일방적으로 날짜를 정해서 대학으로 나오게 했다. 그리고 필자의 손을 끌고 대학원 교무과로 데리고 가서 직접 원서를 사주신 다음에 그 자리에서 기입하여 제출하게 하였다. 그렇게 원서를 내고 시험을 보아 합격하고 시간을 쪼개어 공부한 다음 3년 후에 국어학 분야의 제1호 박사를 받았다. 다만 학위논문은 서울대의 은사께서 심사위원장을 맡으셔서 혹독하게 심사를 거쳤다.

　이렇게 요란스러운 학위를 받은 지 1년도 안 된 시점에서 교토대학이 필자의 호기심으로 행한 〈조선가〉 연구로 학위논문을 주려고 심사를 하겠다니 순순히 따라갈 수가 없었다. 그래서 이미 한국에서 학위를 받았는데 또 무슨 학위를 받겠느냐고 하면서 거절 의사를 비쳤다. 거기다가 한국어학을 전공하는 사람이 왜 일본에서 학위를 하느냐고 반문까지 하였다. 이 말을 듣고 황당해하던 야스다 교수의 모습이 지금도 눈에 선하다. 그는 후일 필자의 회갑연에 참석해서 그때를 회상하며 아쉬운 눈물을 지었다.

　물론 지금 생각해보면 교토대학의 학위를 거절한 것은 어리석기 짝이 없는 판단이었다. 박사학위를 하나 더 받는다고 잘못될 것이 없기 때문이다. 필자가 인생에서 여러 번 어리석은 결정을 하였는데 아마 이것도 그 중의 하나일 것이다. 한참 후에 이 일을 전해 들은 집사람은 참으로 바보라고 하면서 필자의 어리석음을 한탄하였다. 그러나 필자는 당시에 그것이 옳다고 생각한 것이다.

교토대학에서의 유학생활은 대부분 분에쓰에서 책을 보는 일이었다. 한국의 근무하던 대학에서 어렵게 귀한 시간을 얻어 일본으로 유학을 온 필자는 거의 매일 사서들보다 먼저 도서관에 출근하여 그들을 기다렸다가 열람실에 들어갔다. 이 때문에 사서들 사이에서 필자에게 '벤쿄무시ベんきょうむし(공붓벌레)'라는 고약한 별명까지 붙였다.

그때에 읽은 수많은 책들이 그 후에 필자의 여러 저서에 반영되었다. 정년퇴임 후에 지금까지 25권의 책을 낼 수 있었던 것도 이때에 조사한 자료가 노트로 남아 있어서 가능하였다. 그리고 나이가 여든이 돼서도 아직도 저술할 책이 남아 있는 것은 이때에 연구한 밑천이 있기 때문이다. 참으로 유익하고 알찬 유학생활이라고 자부한다.

필자가 〈조선가〉를 보고 나서 임진왜란 때에 납치된 도공들의 기구한 생애와 설움이 그 안에 서려 있음을 알게 되면서 이에 대한 더 많은 자료를 여기저기에서 찾아보았다. 오늘날 일본을 세계적인 도예陶藝 국가로 만든 근원이 임진왜란과 정유재란 때에 조선의 도공들을 납치하여 그들로 하여금 일본에서 조선의 도자기와 똑같은, 아니 오히려 그보다 뛰어난 도자기를 만들게 한 데 있었음은 주지의 사실이다.

현대 일본에서 이름을 날리는 명문 도예가陶藝家들의 대부분이 임진왜란 때에 납치되어 일본에 끌려온 조선 도공들의 후예였음을 보더라도 임진왜란이 일본 도예사에서 한 전환점이 되었음을 알 수 있다. 이들이 없었다면 일본이 과연 오늘날과 같이 세계에 자랑하는 도예를 발전시킬 수 있었을까?

필자가 일본에 유학했을 때에 일본의 오사카를 중심으로 하는 간사이關西 지방에는 태평양 전쟁 때에 일본에 의하여 강제로 끌려온 재일동포들이 어렵게 살고 있었다. 특히 오사카 쓰루하시鶴橋 근처에는 태평양 전쟁 때에 일본으로 끌려와서 고생스럽게 생을 이어가고 있는 재일동포들이 많았다. 필자도 주말이면 이곳을 찾아서 고향의 음식을 즐기면서 그들과 어울리는 일이 많았다.

당시 그들은 이승만 정권의 기민棄民(백성을 버리는) 정책을 강하게 비판하였다. 일본에 끌려온 재일동포들은 이승만 정권이 자신들을 포기하여 일본에 남을 수밖에 없었다고 여기고 있었기 때문이다. 그리고 재일동포의 앞날을 비관하면서 일본인이 될 수도 없고 한국인으로도 인정받지 못하는 자신들의 처지를 한탄하였다.

필자는 그때마다 임진왜란 때에 납치된 조선 도공들의 이야기를 들려주면서 재일동포의 나아갈 길이 그와 같다고 그들을 위로하였다. 필자의 조사에 의하면 왜란 때에 납치된 조선인들도 매우 어려운 시기가 있었고 수백 년을 고생하였지만 결국은 성공하여 일본 사회에서 존경받는 인물이 된 경우가 많았기 때문이다.

도예가로서 성공한 경우에 대하여는 이 책에서도 언급했지만 승려로서 이름을 날린 구마모토 혼묘지의 일요선사가 있다. 그는 바로 왜란 때에 경상도 하동에서 납치된 여대남이란 재동才童이었다. 그는 후에 고려 선사로도 알려졌고 본서의 3장에서 살펴본 것처럼 일본 구마모토의 혼묘지에서 본행원本行院 일요日遙, 또는 고려 요사遙師로 불리던 유명한 선승禪僧이었다.

한편 태평양 전쟁을 일으킨 일본제국의 마지막 외무대신이던 도고 시게노리는 이 책의 주인공으로 왜란 때에 납치된 남원의 도공 박평의의 후손인 박수승朴壽勝의 자손이다. 물론 그는 태평양 전쟁의 책임을 물어 전후戰後에 스가모巢鴨에서 전범戰犯으로 20년형을 선고받고 수감 중 사망하였으니 존경할 만한 인물이라고 하기는 어렵지만 일본에서 그를 추앙하는 사람들은 지금도 적지 않다.

박수승의 자손이 메이지유신 때에 작위爵位를 받으면서 도고東鄕라고 성을 바꾸었는데 역시 자신들의 고향을 생각한 듯 '동쪽 고향(東鄕)'으로 이름을 정한 것이다. 이를 보더라도 그들의 뿌리는 조선이었다. 이 책에서 살펴본 〈조선가〉의 내용처럼 적국에서 고국을 그리워하며 평화를 기원하던 왜란의 피랍 조선인들은 누구라도 동향東鄕이라고 이름을 짓고 싶어 했을 것이다.

이 책은 바로 정유재란 때에 남원에서 사쓰마의 시마즈군에게 납치된 도공 박평의의 이야기라고도 할 수 있다. 그를 통하여 임진왜란과 정유재란에서 얼마나 많은 조선의 도공들이 납치되었으며 그들이 어떻게 적지에서 살아남아 오늘날 일본이 자랑하는 사쓰마도기薩摩燒き를 만들게 되었는지 살펴본 것이다.

이 책이 일본에서 출판된 것이 벌써 30년이 넘었다. 그동안 임진왜란 때에 잡혀간 도공들에 대한 연구도 많이 발전하였다. 필자의 일본어판도 일본의 여러 연구서에서 인용되거나 보완되었다. 따라서 새삼스럽게 이 책을 내는 것은 만시지탄晚時之歎이 없지 않지만 이제라도 피랍 조선인들의 고향에서 이 책이 출판되는 것을 다행스럽게 생각한다.

다만 졸저가 나온 이후에 일본에서 연구된 도향陶鄕 나에시로가와와 그곳의 피랍 조선인들의 연구를 이제 이 책에 반영하는 것은 옳지도 않을 뿐만 아니라 그러기에는 필자의 나이가 너무 많다. 혹시 필요한 부분만을 인용하고 대부분은 원저를 살려서 그 내용에 국한하려고 하였다.

또 이 책은 앞에서 밝힌 여러 가지 사정에서 저술된 것이고 일본에서 출판할 예정으로 집필한 것이었다. 따라서 일본 연호를 그대로 쓴다든지, 일본의 시각에서 왜란을 본다든지, 지나치게 왜군을 매도하는 과격한 표현은 자제하는 등 조심스럽게 저술했다. 그럼에도 불구하고 이 책을 읽은 교토대학 대학원생들은 "오소로시이恐ろしい(무서워)!" 하면서 전쟁의 참화慘禍를 두려워하게 되었다. 그래서 이 책은 한때 반전反戰의 서적으로 분류되기도 하였다.

원래 일본에서 이 책을 출판한 의도는 일본인들에게 과거에 임진왜란이 얼마나 잔혹한 침략 전쟁이었는가를 알릴 필요가 있다고 보았기 때문이다. 그러나 그동안 한국에서 이 책을 간행하지 않은 것은 굳이 왜란의 잔혹상을 알려서 일본에 대한 반일 감정을 부추길 필요가 없다고 생각했기 때문이다. 또 그동안 필자의 관심이 조선 사역원의 외국어 교육에 있었고 특히 훈민정음이란 이름으로 창제된 한글에 몰두하고 있었기 때문에 이 책을 우리말로 출판할 엄두를 내지 못한 것이다.

그동안 필자가 관심을 둔 조선시대의 외국어 교육과 훈민정음의 연구는 얼핏 보면 서로 다른 것 같지만 실제로는 연관이 있는 주제이다. 사역원의 외국어 교육에서는 동북아 여러 민족의 언어와 문자에 대하여 공부해야 하고 훈민정음, 즉 언문諺文은 사역원의 외국어 교재에서 발음기호였기 때문이다.

필자의 한반도에서 있었던 외국어 교육에 관한 연구는《조선시대의 외국어 교육》(김영사, 2014. 11)과 《역학서의 세계》(박문사, 2017. 9)로 일단락을 지었다. 후자가 사역원의 외국어 교재에 관한 연구였다면 전자는 사역원에서 시행되던 외국어 교육과 평가에 관한 것이다. 조선 사역원에서 한어漢語, 몽고어, 일본어, 여진어 또는 만주어를 교육하면서 교재를 개발하였는데 이 언어들은 모두 서로 다른 문자로 기록되었다.

즉, 동북아 여러 민족들은 새로운 국가를 세우면 새로운 문자를 제정하는 전통이 있어서 중국의 북방민족들은 한자가 아닌 다른 문자를 사용하였다. 따라서 사역원의 언어 교재들도 모두 다른 문자로 작성되어서 이에 관한 연구는 한반도 주변 민족들의 문자 제정과 사용에 대하여 고찰해야 했다. 또 서로 다른 문자로 적힌 조선 사역원의 외국어 교재에서 언문, 즉 한글은 발음기호여서 한글 발명의 동기가 한자와 주변 문자의 발음 표기가 아닌가 하는 생각을 하게 된 것이다.

특히 조선 초기 사역원의 몽학서, 즉 몽고어 교재로도 등장하고 몽학관의 시험으로 출제되는 첩아월진帖兒月眞(dörbeljin, 사각문자), 즉 파스파문자는 바로 몽고인들의 한자음 표기에 사용한 발음기호였다. 훈민정음의 첫 글자가 아음牙音 'ㄱ, ㅋ, ㄲ, ㆁ'의 순서인 것처럼 파스파문자도 첫 글자의 순서가 'ꡂ[k], ꡁ[kh], ꡂ[g], ꡃ[ng]'이다. 물론 파스파문자의 근거가 된 티

베트 서장西藏문자도 똑같은 순서이고 이 문자가 모델로 삼은 고대인도의 범자梵字에서 체문体文(vyañjanā, consonants)의 순서도 그러하다. 모두 같은 계통의 문자라 할 수 있다.

고려 후기와 조선 전기에 파스파문자는 역관譯官들만이 아니라 많은 지식인에게 친숙한 문자였다. 왜냐하면 원대元代에 간행된《몽고운략蒙古韻略》이나《몽고자운蒙古字韻》과 같은 운서는 고려 후기와 조선 전기에 한반도에서도 유행했던 한자음의 참고서였다. 몽운蒙韻이라고 불리는 이 운서들은 한자의 발음을 표음문자인, 그것도 언문과 유사한 파스파문자로 표음하여 한자음 학습에 매우 유용했기 때문이다. 이 파스파문자가 세종으로 하여금 새로운 문자 제정을 하도록 동기를 부여한 것이다.

이러한 시각에서 살펴본 훈민정음과 한글에 대한 연구는《한글의 발명》(김영사, 2015. 7)과《증정 훈민정음의 사람들》(박문사, 2019. 6), 그리고《동아시아 여러 문자와 한글》(지식산업사, 2019. 7)로 출판되어 필자의 주장을 마무리하였다. 후자의 두 책은 모두 2015년의《한글의 발명》에 대한 학계의 비판에 대응하려고 쓴 논문들을 모아서 책으로 출판한 것이다. 이제 이러한 논저의 발표가 끝났기 때문에 이제 좀 여유가 생겨 옛 책《사쓰마 나에 시로가와에 전래된 조선가요》를 번역하여 출판할 준비를 하게 되었다.

앞의 두 분야에 대한 필자의 논저들은 우리 학계에 큰 반향을 불러일으켰다. 먼저《조선시대의 외국어 교육》은 중앙과 지방의 여러 신문에서 대서특필되어 책의 간행을 소개하였다. 그리고《한글의 발명》도 그동안의 한글 창제에 대한 통설과 매우 다른 주장이어서 학계에 적지 않은 파문을 일으켰고, 기존 연구자들로부터 격렬한 비판을 받았다.

그러나 이 책에 비판적인 연구자들은 주로 한글을 신성시하고 세종대왕의 업적을 찬양하는 것으로 일관하는 국수주의자들이었기 때문에 학문적으로 졸저를 반박하는 논저는 없었다. 다만 한글에 대하여 "영명하신 세종대왕이 사상 유례가 없는 글자를 독창적으로 만드셨다"는 학계의 통설은 너무 두꺼운 벽이어서 이를 극복하는 일은 매우 어려웠다.

그리하여 필자의 주장은 한글을 연구하는 기존 학자들로부터 사문난적 斯文亂賊으로 몰리게 되었다. 그 후 몇 차례 이에 대한 대응 논문을 썼지만 학계에서는 전혀 관심이 없었다. 이런 학계의 태도를 보면서 한때 필자는 한글 창제에 대한 필자의 주장이 몇 세대가 지나서야 빛을 볼 것이라고 비관하지 않을 수 없었다.

그런데 뜻밖에도 2019년 7월 하순에 〈나랏말싸미〉란 영화가 만들어져 상영되면서 그동안 세종의 단독 발명이며 독창적인 문자라는 철벽같던 통설이 일반 대중으로부터 심각한 도전을 받았다. 상영 전부터 화제가 됐던 이 영화는 《신미信眉 평전》을 간행한 출판사가 저작권을 주장하면서 상영금지 가처분 신청까지 당하였다. 당황한 영화사에서는 기자간담회를 자청하였고, 간담회에서 영화의 제작자가 원래 정광의 《한글의 발명》에서 영감을 얻어 영화를 제작하게 되었다고 고백함으로써 필자도 졸지에 논쟁에 휘말리게 되었다.

이 영화는 신미 스님의 주도하에 산스크리트문자와 파스파문자 등을 참고하여 한글이 제정된 것이라는 내용을 담고 있다. 따라서 그동안 한글은 세종대왕의 단독 창제이고 독창적인 문자라던 학계의 통설에 재를 뿌린 것이라 거센 비판에 휘말렸고 드디어 조기에 종영하는 사태에 이르렀다. 필자도 결국 이 영화를 보지 못하였다. 그러나 고려대 영문과의 어떤 교수는 〈나랏말싸미〉가 매우 잘 만든 영화이며 자기는 세 번이나 관람하였다고 나에게 실토하였다.

물론 이 영화는 필자의 학설과는 거리가 먼 것으로 보이지만 이로 인하여 한글 제정에 대한 국민적 관심이 생겨나 매스컴에서 필자의 학설을 주목하는 인터뷰가 여러 차례 있었다. 물론 한글 관계의 기존 학자들이 집단적으로 반발했고 그동안 필자의 주장에 불만을 보였던 국수주의적인 한글학자들이 영화와 더불어 필자까지 싸잡아서 함께 성토하고 매도하였다.

다행히 〈조선일보〉 2019년 7월 30일 자 A23면에 "나랏말싸미 역사 왜곡 논란에 '세종이 주연, 신미 스님은 조연', 신미는 후반 작업에 참여한 듯"이라는 소제목을 붙인 필자와의 인터뷰 기사가 큼직하게 실려 겨우 한글학자들의 거센 성토에서 필자가 빠질 수 있게 되었다. 〈조선일보〉의 발빠른 인터뷰와 올바른 기사에 감사하지 않을 수 없다. 그러지 않았으면 아마 이 영화와 더불어 필자도 많은 오해 속에서 세인世人의 비난을 피하지 못했을 것이다.

비록 영화가 일찍 종영되어 한글 창제에 대한 새로운 주장은 다시 수면 아래로 내려갔지만 이것으로 필자가 의도했던 한글 창제에 대한 다양한 논의가 시작될 것으로 기대할 수 있게 되었다. 그리고 후학들의 연구가 뒤를 이을 것으로 믿으면서 이제는 필자가 해야 하는 역할이 별로 없다는 생각이 들었다.

이런 와중에 2019년 7월 31일 필자의 개인 연구실인 불암재佛岩齋에서 국립한글박물관이 주관하는 한글 문화 인물의 구술 사업의 하나로 필자의 인생과 학문에 대한 구술 작업이 있었다. 필자를 촬영하면서 마지막으로 대담자가 "앞으로 무엇을 하시겠습니까?"라고 묻기에 "이제는 사역원의 역학서와 한글 창제에 대한 연구는 종지부를 찍고 다음에는 임진왜란 때에 잡혀간 도공들의 이야기를 책으로 내겠다"고 공언하였다. 30년 전에 일본 교토에서 출판한 책을 한국어로 다시 정리하여 서울에서 출판함으로써 아마도 필자의 연구서 출판은 마감을 할 것이라고 예언한 것이다.

요즘 주변에 100세에도 연구 업적을 내고 강의를 하는 분도 있으니 그 예언이 제대로 맞을지 모르지만 팔순을 맞이한 필자로서는 《동아시아 여러 문자와 한글》이 한글에 관한 마지막 연구서가 될 것으로 생각하고 한글박물관의 구술에서 이제는 더 이상의 한글 연구는 없을 것이라고 유언처럼 말한 것이다.

한글의 제정에 대하여 여러 분야에서 논의되는 것은 좋지만 일반인들의 심심파적 화제에 오르내리는 것을 필자로서 매우 곤혹스럽게 여기지 않을 수 없었다. 그리고 필자로서는 이러한 아마추어들의 논의에 함께 가담하는 것이 정말 괴로웠다. 필자가 한글 제정에 대하여 그러한 결론에 이르기까지 얼마나 많은 자료를 뒤졌고, 여러 분야에 걸쳐 얼마나 고심하며 공부했는지 전혀 모르는 일반인들이 한글에 대한 필자의 주장을 이해하고 평가하기에는 한계가 있다고 보기 때문이다.

최근에 필자에게 보내온 문자 메시지에서 어떤 국어학사의 대석학이신 선배 한 분이 자신은 몇 년에 걸쳐 필자의 논저를 읽고 이제 겨우 이해하게 되었다고 감회를 표하였다. 대단한 전문적인 학식을 가진 원로학자도 필자의 주장을 몇 년에 걸쳐 깨달았다는 소감을 보면서 일반 아마추어들이 과연 필자의 주장을 제대로 이해할 수 있을까 하는 생각이 들지 않을 수 없다.

이 책 또한 어떤 화제를 가져올지 모르지만 반일 감정을 부추기는 데 이용되지 않기를 바라는 마음 간절하다. 필자가 모두冒頭에서 이 책은 일본에서 출판할 일이지 한국에서 간행되는 것은 바람직하지 않다고 한 것은 그런 이유에서였다.

원저를 일본에서 간행한 지 오랜 세월이 지났다. 이 책이 간행된 이후에 일본의 나에시로가와에 정주定住한 피랍 조선인들과 그들이 이룩한 이상적인 고려인 마을(高麗人村)에 대한 연구가 일본에서 매우 성황을 이루었다. 이번에는 한국에서도 그러한 연구가 이어지기를 바라는 마음 간절하다.

2019년 크리스마스를 앞두고 저자

ㄱ